1948년
헌법을 만들다

제헌국회 20일의 현장

1948년 헌법을 만들다

제헌국회 20일의 현장

Making the Korean Constitution of 1948

초판 2쇄 발행 2024년 10월 18일

안도경, 김영수, 최정욱, 서희경, 고중용

발행처	도서출판 포럼
주소	08830 서울시 관악구 참숯1길 19 502-702
대표전화	02-539-1862
등록	제2020-000069호

인쇄처	서울대학교출판문화원
대표전화	02-889-0727

ISBN   979-11-970533-6-8 (93340)

* 이 책은 2019년 대한민국 교육부와 한국연구재단의 지원을 받아 수행된 연구입니다. (NRF-2019S1A5A2A03043021)

1948년 헌법을 만들다

제헌국회 20일의 현장

안도경, 김영수, 최정욱
서희경, 고중용

도서출판
포럼

서문

이 책은 제헌국회의 헌법제정회의 기록을 읽기 쉽게 만든 것이다. 헌법제정 이외 안건에 대한 논쟁과 절차적인 논의들은 최소한으로 줄였다. 중복되는 내용은 축약하고, 문법과 표현을 다듬었다. 그렇게 하여 분량을 원래 회의록의 1/3 정도로 줄였고 일반인들이 읽기에 큰 어려움이 없도록 만들었다. 헌법제정회의의 전반적인 흐름, 핵심적인 쟁점과 입장들을 이해하고 현장의 분위기를 느끼는 데 도움이 되도록 하였다. 일반인들이 읽기 쉽게 한다는 것이 이 책의 편집원칙이라고 할 수 있다. 회의록 구절들에 대한 학술적인 해석을 제공하기보다는 헌법제정 과정 그 자체를 자연스러운 흐름으로 읽을 수 있게 하였다.

헌법제정회의 기록을 포함한 제헌국회회의록은 인터넷 '국회회의록' 사이트에서 쉽게 이용할 수 있다. 그런데도 널리 읽히지 않는데, 그 첫 번째 이유는 대한민국 건국에서 제헌국회와 헌법의 역할에 대한 관심의 부족 때문이라고 할 수 있다. 다른 한편으로는 헌법제정회의 기록을 읽고 이해하기가 의외로 쉽지 않기 때문이기도 하다. 그 어려움을 극복하면 민주공화국의 기원과 헌법의 정신에 대한 이해에 한 걸음 더 다가갈 수 있다.

　헌법제정회의, 정확한 표현으로는 헌법안 제1, 제2, 제3독회는 1948년 6월 23일에서 7월 12일까지 진행되었다. 회의는 오전 10시에서 오후 5시까지, 때로는 저녁 시간을 넘겨 계속되었다. 제헌국회는 1948년 5월 10일 총선거에서 당선된 198명의 국회의원으로 출범하였다. 5월 31일 개회식을 가진 국회의 가장 긴급하고 중요한 일은 헌법을 만드는 것이었다. 헌법을 만들어야 그 헌법에 따라서 정부를 구성하고 국가를 선포하여 독립을 이룰 수 있었기 때문이다. 국회의원과 한국인들 다수는 해방 3주년인 8월 15일에 정부가 수립되기 바랐다. 그러기 위해서는 8월 15일 이전에 헌법이 채택되어야 했다.

　먼저 헌법초안을 만들 헌법기초위원회를 구성해야 했다. 헌법기초위원회는 6월 3일에서 6월 22일까지 총 16차 회의를 열었다. 해방정국에서 만들어진 여러 헌법안과 외국의 헌법들을 참고하고 당시의 한반도 상황을 반영하여 최종안을 만들었다. 그리하여 1948년 6월 23일 국회 본회의에 헌법초안이 상정되었다. 국회는 20일 동안 12차의 회의를 진행하였다. 제1독회 질의응답과 대체토론, 제2독회 축조토론, 즉 각 조항에 대한 토론, 제3독회 자구수정을 거쳐 7월 12일 최종 헌법을 만장일치로 통과시켰다. '대한민국'이라는 국호, 그리고 '대한민국헌법'이라는 헌법의 명칭도 이 기간에 국회에서 의결되었다. 7월 17일에 헌법공포식을 거행했다.

헌법제정회의록은 대한민국 역사에서 매우 중요한 기록이다. 대한민국 건국의 역사와 관련된 여러 논쟁이 이 회의록으로다 해결되지는 않을 것이다. 그렇지만 사실에 기반하여 역사를재구성하고 우리 역사에 대한 최소한의 합의를 이루어 나가는데이 회의록은 중요한 기여를 할 수 있다. 이 책을 통해서 무엇을얻을 것인가는 독자의 몫이다. 우리는 다음과 같은 몇 가지의 감상을 공유하고자 한다.

첫째, '미국이 대한민국을 만들었다', '외국의 헌법을 베꼈다', '그 시대 사람들은 민주주의를 몰랐다'는 흔한 편견을 극복하는데 이 책이 도움이 되기를 바란다. 세상의 모든 국가가 다른 나라와의 관계 속에서 만들어지고, 특히 대한민국의 건국에는 미국을 중심으로 국제사회의 역할이 컸다. 이것은 자랑스럽거나 부끄러운 일이 아니다. 중요한 것은 미국과 국제사회는 건국이 가능한 조건을 제공한 것이지 건국 그 자체는 한국인들의 노력이 없이는 불가능했다는 점이다. 이 책이 보여주는 헌법에 대한 치열하고 수준 높은 토론, 그리고 헌법의 구체적인 내용과 그 조항들에 대한 의미의 부여는 건국의 중요한 요소들이다. 그러한 노력이 없이는 나라를 만들기도 유지하기도 힘들었을 것이다. 또 중요한 것은 이 책이 전하는 헌법제정회의는 그에 선행한 헌법기초위원회 회의, 당시 언론과 시민사회에서의 논의, 해방정국에서만들어진 여러 헌법안을 토대로 한다는 점이다. 길게는 구한말에시작된 자유와 민주 그리고 독립을 향한 이념과 운동을 배경으로 하고 있다.

둘째, 의원들이 민주주의 정치체제의 쟁점들에 대해 매우 이해가 깊다는 사실에 독자들은 놀라게 될지도 모른다. 예를 들면, 사법부의 독립성과 관련한 조헌영 의원과 강욱중 의원 사이의 논쟁이 있다. 미국 루즈벨트 대통령이 대법원을 압박한 것이 사법부 독립성의 침해인가 아니면 뉴딜 개혁을 위한 민주적 책임성의 발현인가에 대해 토론한다. 대통령제와 내각제의 장단점에 대한 유진오 전문위원의 설명은 오늘날 정치학 수업의 교재로 사용해도 좋다. 사실 제헌국회의원들의 지식, 국제적 경험, 외국어 구사 능력, 세계의 물정에 대한 관심과 이해는 후대 국회의원들의 수준을 뛰어넘었다. 그러한 국회의원들이 각자의 이념과 경험을 바탕으로 헌법의 각 조항에 대해서 치열하게 논쟁하였다. 대통령제와 내각제, 국무회의의 성격, 행정부와 국회의 관계, 재산권 보호의 정도와 방식, 외국인의 인권, 근로자의 권리, 여성과 가족의 보호에 이르기까지 대안적인 조항들이 제시되고 논쟁되었다. 각 조항은 헌법의 구색을 갖추기 위한 것이 아니라, 국가의 윤리적 기반과 운영의 방식을 규정하는 힘이 되리라는 것이 국회의원들의 인식이었다. 이러한 인식은 이후, 비록 우여곡절과 부침을 겪었으나, 현실이 되었다.

셋째, 헌법을 만들고 나라를 만드는 일이 어려운 이유 중 하나는 불확실한 미래를 앞두고 상충하는 가치들 간에 선택해야 하기 때문이다. 그러한 선택으로 시작하여 시행착오적 학습을 해나가면서 생존을 유지하고 개선을 추구하는 것이 정치와 역사의 모습이다. 이 보편적인 딜레마가 당시의 한반도에서 발현되고, 한국인들이 그 딜레마에 대처해 나가는 모습이 이 회의록에 담겨있다. 엄중한 현실을 반영할 것인가 민주주의의 근본적인 원칙들을 준거로 삼을 것인가, 제한된 자원을 염두에 둘 것인가 보편적인 교육과 복지의 이상을 중심에 둘 것인가, 과거의 전통에 기반할 것인가 미래의 비전을 우선할 것인가. 어려운 선택과 그 선택을 둘러싼 논쟁이 생생하게 진행되는 모습을 이 회의록에서 볼 수 있다.

무엇보다도 민주적으로 선출된 대표자들을 통해서 헌법을 제정하고, 그 헌법에 근거해 정부를 조직하고 나라를 만든다는 기획 그 자체가 대한민국이라는 국가의 성격을 보여준다. 헌법 각 조항에 대해 치열하게 토론하고 의결하는 헌법제정 과정은 민주국가를 건설하는 기획의 진지한 첫걸음이었다. 이러한 기획과 그 진정성 있는 첫걸음이 결국 오늘날의 자유와 민주와 번영을 가능케 한 힘이 되었다는 것이 우리의 생각이다. 제2차 세계대전 이후 동아시아 국가들의 헌법제정과 건국 또는 재건국의 과정을 보면, 대한민국은 특별히 민주적이고 자주적인 과정을 거쳤음을 알 수 있다.

이 책은 2017년 서울대학교 한국정치연구소에서 시작한 제헌국회회의록 강독회의 5년간의 독서와 토론의 결실이다. 우리는 제헌국회회의록이 건국사를 이해하는데 있어서 매우 중요함을 알게 되었고 더 많은 사람들과 공유하고 싶었다. 그 연장선에서 한국연구재단으로부터 '「제헌국회회의록」을 통해서 본 대한민국의 정치와 이념'을 주제로 연구 지원을 받아 이 책의 편집을 진행할 수 있었다. 우리 연구를 지원해준 한국연구재단, 서울대학교 한국정치연구소와 사회과학연구원, 그리고 무엇보다 그동안 강독회에 참여하여 함께 읽고 토론한 모든 분들께 감사드린다.

2023년 2월 23일
편집자들을 대표하여, 안도경

차례

제2장 헌법안 제1독회 대체토론

제3장 헌법안 제2독회 조항별 심의와 표결

일러두기

1. 이 책은 제헌국회회의록(제17차-제28차)의 헌법안 독회 내용을 1/3로 축약했다.
2. 독자의 편의를 위해 구어체는 현행 맞춤법에 따라 고쳐 썼다.
3. 국회회의록의 순서를 바꾸지 않았고, 헌법안 쟁점에 따라 적절한 제목을 붙였다.
4. 제헌국회의 현장을 생생히 전하는 내용은 가능한 원문을 살렸다.
5. 명백한 오기는 바로잡았고, 그 내용을 각주에 기술하였다.
6. 내용의 이해를 돕기 위한 요약 문구를 박스 안에 표기하였다.

제1장

헌법안 보고와
제1독회
질의 답변

헌법기초위원회, 헌법초안 보고

1948년 6월 23일 수요일(제17차 회의)

(상오 10시 개의)

사무총장 전규홍　곧 개의하겠습니다.

(국기를 향하여 경례)

(순국선열을 위하여 묵념)

부의장 김동원　헌법제정에 대해 헌법기초위원회 위원장 서상일 의원께서 설명하시겠습니다.[1]

서상일, 헌법의 개요를 설명하다

서상일 의원　이 헌법안은 대한민국 임시정부 헌장, 민주의

1　헌법기초위원회 위원인 조헌영 의원이 헌법초안(부록2 참조)을 낭독한 후 서상일 위원장이 헌법안의 개요를 설명하였다.

원에서 제정된 임시헌장, 과도입법의원에서 제정한 약헌 등등을 종합하고, 그 외에 구미 각국의 모든 헌법을 참고하여 기초한 것입니다. 우리 헌법기초위원회 30명과 사법부, 재판소, 법조계, 중앙경제회, 각 학교 교수 등 각계의 권위자 10명의 전문위원을 합해서 40명이 6월 3일부터 6월 22일까지 16차 회의를 거듭해서 이 초안이 나오게 되었고, 여러분 앞에 배부해 드렸습니다.

이 헌법 초안은 우리나라 국가와 민족 만년대계의 기초를 정하는 기본법입니다. 그러한 동시에 우리 삼천만과 우리들의 자손만대가 자유롭고 평화롭게 영원한 행복을 누릴 수 있는 민주주의 국가를 건설하기 위한 기본적 계획도입니다.

아시는 바와 같이, 우리의 노선은 두 가지 밖에 없는 것입니다. 독재주의 공산국가를 건설하느냐 민주주의 국가를 건설하느냐입니다. 이 헌

> **헌법 초안은 민주주의 민족국가 건설을 위한 기본 계획도**

법의 정신은 민주주의 민족국가를 건설하려는 것이고, 이를 위한 기본계획도를 여기에 만든 것입니다.

이 헌법안은 제1장부터 제10장까지, 제1조부터 제102조까지인데 제1장 총칙에 국호문제가 많이 논의되었습니다. 대한민국으로 하느냐 고려공화국으로 하느냐 혹은 조선이라고 정하느냐 혹은 한(韓)이라고 하느냐 하는 문제가 많이 논의되었습니다. 제2장 국민의 권리·의무 장에서는 특권계급 일체를, 특수계급 제도를 부인하였습니다. 사회적, 경제적, 문화적, 정치적으로 모든 영역에 있어서 우리 삼천만과 우리들의 자손만대가 균등한

사회를 이루자는 것이 우리 헌법의 중요한 골자이며 정신인 것입니다. 제3장 국회 장에서 양원제로 하느냐 단원제로 하느냐 하는 문제가 많이 논의되었습니다. 원안은 양원제였는데 단원제로 변경되었습니다.[2]

제4장 정부 장은 대통령 책임중심제로 하느냐 내각 국무총리중심제로 하느냐 하는 문제가 많이 논의되었습니다. 현하 조선 정치정세에 비추어 모든 장래를 전망하고, 정치적 안정 노력을 확보하는 의미에서 대통령중심제를 채용하게 되었습니다. 제5장 법원 장에서는 위헌문제가 생길 때 이것을 어디에서 최종 판결하느냐 하는 문제가 대두되었습니다. 그래서 헌법위원회를 설치하기로 하여 대법관 5명, 국회의원 5명으로 구성하고, 3분의 2 이상의 찬성으로써 위헌문제를 최후 결정하기로 하였습니다. 제6장 경제 장에서는 만민균등경제원칙을 제83조에 확연히 확립을 하였습니다. 또 제10장 부칙에서의 특수한 점은 악질적인 반민족적 행위자를 처벌하는 특별법을 우리 국회에서 제정할 수 있게 하였습니다. 민족정기를 살리기 위해서 이 조문을 넣기로 한 것입니다.

우리 헌법기초위원회에 각처로부터 많은 청원서가 도착했습니다. 될 수 있으면 많은 분들의 의견을 많이 참작해서 여기에 반영하고자 했습니다.

---

2   원안은 유진오 전문위원이 헌법기초위원회에 제출한 유진오-행정연구회 헌법안(부록 1 참조)을 말한다.

유진오, 헌법의 근본정신을 설명하다

전문위원 유진오　　이 헌법의 원안을 기초한 관계로 이 헌법의 근본정신에 대해서 간단하게 말씀드리려고 합니다. 지금 서상일 헌법기초위원회 위원장께서 말씀하신 바

> 정치적 민주주의와
> 경제적 민주주의의 조화
> 자유활동은 보장되나
> 공공의 필요시 제한

와 같이, 이 헌법의 기본정신은 정치적 민주주의와 경제적, 사회적 민주주의와의 조화를 꾀하려고 하는 데 있습니다. 다시 말하면 불란서 혁명이라든가 미국의 독립시대로부터 민주주의의 근원이 되어 온 모든 사람의 자유와 평등과 권리를 위하고 존중하는 동시에 경제 균등을 실현해 보려고 하는 것이 이 헌법의 기본정신이라고 말할 수 있습니다.

　　제2장 국민의 권리·의무에 있어서는 18세기 이래 국민의 자유권 중에서 특히 인신의 자유와 보호에 치중해서 다른 모든 민주주의 국가에서 실시하고 있는 인신보호, 영장의 문제라든지 또는 체포, 구금을 받을 때 즉시 변호인의 변호를 받는 권리 등을 우리도 인정하였습니다. 그리고 경제문제에 있어서 모든 사람의 자유활동을 인정할 뿐만 아니라 특별히 약한 사람은 붙들어주고 강한 사람은 조정하고자 합니다. 즉, 경제문제, 사회문제, 문화문제에 관해서는 단순히 자유를 주는 데에 그치지 아니하고 국가가 이 문제에 적극적으로 참섭(參涉)해서 어떠한 사람은 도와주기도 하고 어떠한 사람은 제한하는 그런 체제를 채용해 봤습니다.

제15조의 재산권에 관한 규정도 이런 정신의 발원입니다. 종래에는 재산권은 오로지 신성하고 불가침하다고 이렇게 규정하였습니다. 그런데 이 헌법에서 재산권은 보장되지만 그 내용과 한계를 법률로써 정하도록 하였습니다. 그러나 그렇다고 해서 재산권을 하등의 조건없이 몰수하는 제도는 채용하지 아니하였습니다. 제15조 3항에 「공공 필요에 의하야 국민의 재산권을 사용 또 제한할 때에는 상당한 보상을 지불하고 법률의 정하는 바에 의하야」 이것을 행한다고 하였습니다.

제16조에는 「교육에 대한 국민의 권리」를 규정하였습니다. 교육에 대해서 국가가 지대한 관심을 가지며 교육을 받는 것은 국민의 권리임을 밝히는 동시에, 특별히 모든 사람에게 반드시 초등교육을 의무적으로 받도록 규정하고자 합니다. 또한 모든 교육기관은 국가의 감독하에 두고 교육제도를 법률로써 정하는 이런 체제를 취해 보았습니다.

국회에 관한 제3장에서 지금 이 헌법은 단원제로 되어 있습니다. 단원제로 하느냐 양원제로 하느냐 하는 문제는 제일 중대한 문제라고

> 신속하게 국가의 중요한 일을 결정해 나가려면 단원제로 해야

말할 수 있습니다. 당초에 저희들은 이 초안을 작성할 때에는 양원제를 취해 보았습니다. 하나는 직접 국민으로부터 선거된 대표로서 구성되는 소위 하원, 우리는 초안에서 민의원이라고 했었습니다. 다른 하나는 선출하는 방식을 달리해서 구성되는 소위 상원, 우리들은 참의원이라고 해 보았던 것입니다.

다른 나라들의 양원제 역사를 보면 민의원은 항상 급진적인 경향을 대표하고, 참의원은 보수적인 경향을 대표합니다. 그러나 원안에서 구상한 양원제도는 그런 보수적인 세력으로써 견제하려고 한 것이 아니라 중요한 국가의 의사 결정을 좀 더 신중하게 하자는 것이었습니다. 그러나 헌법기초위원회에서는 원칙적으로 참의원이 필요하다는 것은 인정되었으나 건국초기에 있어서 참의원을 구성하기 위해서 복잡다단한 사무를 진행시키는 것은 도리어 지장이 있다고 해서 우선 이것을 설치하지 아니하고 단원제로 하기로 결정이 된 것입니다. 국가의 의사가 한 번 결정되면 그대로 나가게 되니까 신속하게 처리될 수 있습니다.

제4장 정부 장에서 제일 염두에 둔 것은 어떻게 정부를 안정시키겠느냐, 어떻게 하면 행정권이 항상 흔들리지 않고 안정된 기초위에 서서 강력한 정치를 추진해 나갈 수 있겠느냐 하는 것이었습니다. 그러므로 애초에 우리들은 정부가 안정성이 있고 강력한 정치를 해 나갈 수 있는 것은 결코 정부와 국회를 따로 떼어 놓고 양자가 서로 간섭하지 못하게 하는 그러한 데서 얻을 수 있는 것이 아니라고 생각하였습니다. 오히려 양자의 관계를 밀접히 해 놓고 국회의 다수 사람이 지지하는 그러한 정부를 수립하는 것이 정부의 안정성과 정치의 강력성을 도모하는 데 있어서 가장 좋다고 생각하였습니다. 그래서 저희들은 소위 대통령제도를 취하지 아니하고 의원내각제도를 취했던 것입니다.

의원내각제도와 대통령제도를 비교해 보면 각각 일장일단을 가졌습니다. 의원내각제도는 정부가 국회 다수 의원의 지지를 받고 있는 동안에는 대단히 좋습니다. 그러나 만일 국회와 정부 사이에 의견의 대립이 생기거나 알력관계가 생기는 경우에는 정부가 그 즉시 영향을 받게 됩니다. 극단의 경우, 국회에서 정부 전부를 불신임하는 결의를 하게 되면 정부는 총사직을 하거나, 그렇지 않으면 국회의 불신임 결의는 국민의 총의가 아니라고 해서 국회를 해산해서 총선거로써 국민의 총의를 묻게 될 것입니다. 의원내각제도에서는 이러한 불신임 결의와 국회에 대한 해산이라는 중대한 권한을 국회와 정부 양자에게 각각 주었습니다. 그러므로 의원내각제도에서는 정부가 국회의 지지를 받고 있는 동안은 좋지만, 정부와 국회 사이의 의견 대립이 생기는 경우에는 지금 말씀드린 그러한 중대한 사태가 벌어질 수 있는 그러한 점이 의원내각제도의 결점입니다.

내각제는 정부와 국회 대립 시 정치 불안정이 문제이다

반면 대통령제도는 내각제도와 정반대의 장점을 가졌다고 볼 수 있습니다. 대통령 즉 정부 측과 국회가 갈려있으므로 정부는 국회 해산권을 행사하지 못하고 국회는 정부의 불신임 결의를 할 수가 없습니다. 대통령제에 있어서도 국회가 입법권을 행하는 외에 국정에 대한 감사도 행할 수 있게 할 수 있습니다마는 그 감사는 오로지 감사에 그치고, 정부에 대한 불신임이라든지 그러한 강력한 수단은 아닌 것입니다. 동시에 정부는 국회 해산을 명할 권한이 없으므로 결국 대통령제도에 있어서는 정부와 국회는 둘로 갈라져서 하나는 입법권을 행사하고 하나는 행정권을 행사하게 됩니다.

그러므로 정부는 그 점에 있어서 안정성이 있다고 말할 수 있겠습니다. 대통령 임기는 4년이라고 되어 있는데, 적어도 대통령 임기 동안에는 국회

의 신임, 불신임 여하를 불문하고 정부는 그대로 정책을 수행해 나갈 수 있겠습니다. 이러한 의미에서 안정성과 강력성이 있다고 볼 수 있겠습니다마는 한편으로 그 장점은 동시에 단점이 됩니다. 즉 국회와 정부가 의견을 달리하는 경우에 이것을 적당하게 조절하는 길이 적어도 법제상으로 없는 것입니다.

헌법기초위원회에서는 의원내각제로 된 안을 가지고 여러 가지로 검토하고 상당한 의견대립이 있었습니다마는 지금 건국 초기에 있어서 무엇보다도 정부의 안정성, 정치의 강력성을 도모할 필요가 있다고 해서 대통령제를 채택하게 된 것입니다. 다만 이 초안에 나타난 대통령제는 '순 미국식 대통령제'가 아니란 것을 여기서 말해 두고자 합니다. 미국식 대통령제에 있어서는 행정 각 장관은 국회에 출석할 권한이 없으며, 동시에 국회에 출석할 의무도 없습니다. 그러나 우리 헌법에 있어서 국무위원은 국회에 출석해서 발언할 수 있고, 또 국회의 요구가 있으면 출석해서 발언을 해야 할 의무를 지게 됩니다. 즉 국회와 정부는 미국식으로 아주 갈라져 있지 않고 항상 밀접한 연락을 할 수 있게 되어 있습니다.

또 한 가지 미국 제도와 다른 것은 미국에 있어서는 각성 장관은 합의체를 형성하고 있지 않습니다. 물론 사실상으로는 미국 행정장관들이 가끔 모여서 회의를 하는 모양입니다마는 그러나 그것은 헌법상의 제도는 아닙니다. 우리 초안에 있어서는 대통령 제도를 채용하되 다시 국무원제도를 두어서 제67조에 「국무원은 대통령과 국무총리 기타의 국무위원으로 조직되는 합의체로서 대통령의 권한에 속한 중요 국책을 의결한다.」 하였습니다. 그러므로 대통령의 권한에 속하는 사항을 대통령 한 사람이 결정하는 것이 아니라 국무원의 의결을 통해서 하게 되는 것이 미국의 대통령제와 우리 헌법의 대통령제의 다른 점입니다.

제5장 법원 장에 있어서는 사법권의 독립을 유지하기 위해서 재판소의 조직을 반드시 법률로서 정하고 법관의 자격 또

법관은 헌법과 법률에 의해서만 재판하고 위헌 판단은 헌법위원회에서

한 법률로써 정하였습니다. 그리고 법관은 반드시 헌법과 법률에 의해서만 재판을 하는 그러한 제도를 취하였습니다. 종래의 제도에서는 사법관의 신분을 종신관으로 하는 것이 통례였습니다마는 이 헌법에서는 법관의 임기를 10년으로 하고 10년 동안 법관은 형벌이라든지 징계처분이라든지 탄핵이라든지 이러한 사유 이외에는 법관의 신분을 보장받도록 하였습니다. 그래서 우리는 법관의 신분을 보장하는 동시에 10년이라는 임기를 둠으로써 일종 청신한 민주주의 공기를 불어넣어 보려고 한 것입니다.

종래의 각국 제도를 보면 미국에서는 법률이 헌법에 위반

되느냐 안 되느냐 하는 것을 판단하는 권리를 대심원뿐만 아니라 모든 재판소가 가지고 있습니다. 이와는 달리, 대륙계통 및 일본에서는 법률이 헌법에 위반되는 여부를 오로지 국회가 스스로 판단하게 되어 있습니다. 국회에서 제정된 법률은 으레 헌법에 합치되는 것이라는 해석을 했던 것입니다. 전자는 사법권 우월주의라고 할 수 있고, 후자는 국회의 우월주의라고 할 수가 있습니다. 우리 초안에서는 법률이 헌법에 위반되느냐 안 되느냐 하는 문제를 제기할 권한을 재판소에 주었습니다. 그러나 문제를 제기하기만 했지 과연 그것이 헌법에 위반된다 안 된다 하는 판단은 재판소에 주지 아니하고 대법관 5인과 국회의원 5인으로서 구성되는 헌법위원회에서 결정하게 하였습니다. 이 새 제도가 잘 운용되어서 우리나라가 훌륭한 법제국가의 성과를 올리기를 기대하는 바입니다.

제6장 경제 장에 규정된 몇 개의 조문은 대체로 자유경제에 대한 국가적 통제의 원칙을 표시한 것입니다. 그러므로 일견 이 경제 장을 보면 경제에 관한 국가적 통제가 원칙이 되고 자유경제는 예외가 되어 있는 것 같은 인상을 받는지 모릅니다. 그러나 그런 것이 아닙니다. 중소상공업에 관해서는 자유경제를 원칙으로 하고, 대규모 기업, 독점성, 공공성있는 기업 이런 기업을 국영으로 하고자 하였습니다. 그리고 국방상 또는 국민생활상 긴절한 필요가 있을 때에 법률로써 사기업을 국영 또는 공영으로 이전시킬 수 있다는 소위 기업 사회화의 원칙을 이 경제 장에서 규정하였습니다. 그러므로 경제적 활동은 원칙적으로 자유입니

다. 그러나 그 경제적 활동이 공공성을 띠는 정도에 이를 때에는 국가권력으로써 경제문제에 간섭을 하도록 하겠다는 것이 제6장의 기본정신입니다.

특히 제83조는 경제문제에 관한 우리나라의 기본원칙을 규정한 것입니다. 모든 사람의 경

> 사회정의의 실현과 균형있는
> 국민경제의 발전이 기본정신

제상 자유를 인정하지만 그 경제상 자유는 사회정의의 실현과 균형있는 국민경제의 발전이라는 두 가지 원칙하에서 인정되는 것입니다. 사회정의라는 것은 모든 국민에게 생활의 기본적 수요를 충족할 수 있게 하는 것입니다. 자유경쟁을 원칙으로 하지만 만일 일부의 국민이 생활의 기본적 수요를 충족시키지 못한다고 하면 그 한도에서 경제상의 자유는 마땅히 제한을 받을 것입니다. 그러므로 우리 헌법은 균등 경제의 원칙을 기본정신으로 하였습니다.

다시 말씀하면 경제상의 약자를 도와줄 뿐만 아니라 국민경제 전체의 균형있는 발전을 경제의 기본정신으로 정하였습니다. 국가적 필요로 보아서 어떠한 부문의 산업을 진흥시킬 필요가 있는 경우 또 국가적 필요로 보아서 어떤 부문 산업을 제한할 필요가 있는 경우 그러한 때에는 국가권력으로써 이 모든 문제에 관해서 조정을 할 것입니다. 대개 이러한 것이 경제에 관한 기본적 제 원칙입니다.

부의장 김동원 오늘 상정된 헌법초안은 어제 오후까지 심의를 거친 끝에 오늘 오전에 겨우 인쇄가 완료되었습니다. 모레까

지 휴회를 하고 그 사이에 연구 많이 하셔서 서면제출 해주시고
글피 회의에서 질의응답과 토론을 진행하겠습니다.

(하오 12시 10분 산회)

제2절
헌법초안에 대한 본회의 질의응답

1948년 6월 26일 토요일 (제18차 회의)

(상오 10시 개의)

국호와 대한민국 임시정부의 계승 관련

서상일 의원　　어제까지 들어온 질의서를 정리하였습니다. 정치문제는 주로 유진오 위원이 답변을 하겠고, 법률문제는 주로 권승렬 위원이 답변하겠습니다. 먼저 헌법 초안 제1조에 「국호를 대한이라고 정한 의의와 근거가 무엇이냐」라고 곽상훈 의원이 질의하였습니다.

대한이라고 하는 말은 청일전쟁 중에 마관조약(馬關條約)에서 썼던 것을 여러분이 역사적으로 잘 아실 것입니다.[3] 그것이 한일합병으로 말

> '대한'국호는 3·1혁명 후 대한민국 임시정부와 국회 개회 때 사용

3　대한(大韓)이라는 국호는 1895년 마관조약(시모노세키조약)이 아니라 1897

미암아 대한이라고 하는 글자는 없어지게 된 것이올시다. 그러나
3·1혁명 이후에 해외에 가서 임시정부를 조직해서 대한이라고
이름을 사용하였습니다. 또 이 국회가 처음 열릴 때에 의장의 식
사에서도 대한민국 36년[4] 연호를 썼습니다. 그리고 이 헌법 초안
에서도 누가 이렇게 국호를 정해라 저렇게 정해라 할 수가 없어
서 대한이라고 그대로 인용해서 사용했습니다.

다음 박해정 의원이 민주공화국과 공화국의 차이가 무엇이
냐고 물으셨습니다. 대개 나라에 있어서는 국체와 정체가 있는
것이올시다. 국체라고 하는 것은 군주국이냐 민주국이냐고 하는
것이고, 정체라고 하는 것은 공화국이냐 군주국이냐 전제국이냐
또 입헌국이냐를 구분하는 것입니다. 이 헌법에 우리나라 주권
은 국민에게 있다고 규정하였습니다. 그러면 주권이 과거에 군주
1인에게 있었던 것이 삼천만 민중에게 다 같이 나눠진 것입니다.
그래서 우리나라는 국체로서 민주공화국이 될 것이올시다. 또 정
체로서는 공화국이라고 할 수 있습니다.

김장열 의원이 제2조와 52조, 55조의 논리적 타당성에 관해
질문하였습니다. 주권이 국민에게 있다면 그 주권에 의해서 대통
령을 직접선거 해야 하는데 간접적으로 하려는 이유에 대해서
질문했습니다. 그러나 반드시 직접선거로 하지 않는다고 해서 주
권이 국민에게 있지 않다고 말할 수는 없습니다. 민주주의가 가

년 대한제국 때 공식적으로 처음 사용했다.
4   30년의 착오이다.

장 발달되었다고 하는 미국 같은 데서도 대통령 직접선거를 하지 않는 것을 여러분이 잘 아실 것입니다. 즉, 제2조 국민에게 주권이 있다고 해서 제52조와 제55조와 모순성이 없다는 것을 말씀드리는 바입니다.

최운교 의원   전문(前文)에 「3·1 혁명의 위대한 독립정신을 계승하여」 이렇게 되어 있습니다. 5월

> **헌법초안은 대한임정의 삼균주의를 계승하였나?**

31일 개원식에서 의장의 식사 가운데 대한민국 임시정부를 계승한다는 말씀이 있었는데 그것이 여기에 적혔는가 하는 것을 듣고 싶습니다. 임시정부로 말하면 약헌(約憲)과 헌법을 정해서 30년간 대외와 국내에 선포했던 것입니다. 그러면 임시정부의 정치, 경제, 사회의 삼균주의가 분명히 있어야 하는데 이 헌법은 그 정신을 계승했는가 하는 것을 말씀하십시오.

서상일 의원   이 헌법 전문을 보시면 하필 삼균주의 그것만이 아니라 모든 영역에 있어서의 만민균등주의가 확인됩니다.

최운교 의원   만민평등의 민주주의와 공화정치를 할 때에는 최소한 세 가지가 중요합니다. 여기 전문에는 정치, 경제, 사회, 문화 네 가지가 들어 있습니다. 여기에서의 세 가지 주의가 삼균주의인지 알 수가 없습니다.

서상일 의원   정치, 경제, 사회, 문화라고 하는 것은 모든 영역을 쓴 것입니다. 모든 영역하면 아까 제가 말씀한 대로 다 포함한 것입니다.

김명동 의원   최운교 의원의 전문에 대한 질의에 대해 서상

일 의원께서 답변하시기를 「우리는 임시정부 정신을 계승한다.」
그랬습니다. 그렇다면 임시정부 헌법이 있는데도 불구하고 새로
운 헌법을 기초한 의도가 어디 있나, 또한 거기에 고칠 것이 있
다면 그것을 고치든지 하지 새로 헌법을 기초할 필요가 없다고
생각하는데 그 점을 자세히 설명해 주기 바랍니다.

서상일 의원　　임시정부 정신을 계승한다는 말이지 임시정부
의 헌장이라든지 임시정부의 모든 제도를 계승한다는 말은 아닙
니다. 3·1혁명의 독립정신을 계승한다는 것은, 말하자면 3·1혁
명으로 말미암아서 그 때에 임시정부가 된 것이니 그 정신을 계
승해 나간다는 것입니다. 새로운 국회로서, 정식 국회로서 새로
운 헌법을 제정하는 것이 당연한 순로입니다. 그렇다고 해서 해
외에 있던 정부의 제도라든지 법이라든지 그러한 것을 오늘날
그대로 계승할 필요는 없다고 생각합니다.

국민의 권리의무

전문위원 권승렬　　권태희 의원이 축첩을 인정하면 우리의 미
풍을 어디에다가 유지할 수가 있는가, 그리고 결혼 문제에 대해
헌법상 명시가 필요치 않느냐고 질의했습니다. 박순석씨 질의로
서 사회적 특수계급을 부인하지 않으면 축첩제도가 인정되지 않
는가, 또 사회적 신분에 대해 구체적 설명을 요청했습니다. 그리
고 국가의 단위가 되며 사회질서의 기초가 되는 가정의 구성과

권리에 대해, 또 결혼 문제와 여권(女權) 등에 대해 헌법에 하등 보장이 없음은 중대한 결함이라고 질의했습니다.

제8조에 「모든 국민은 법률 앞에 평등하며 성별, 신앙 또는 사회적 신분에 의하여 정치적, 경제적, 사회적 생활 모든 영역에

> 모든 국민은 **법률 앞에 평등**, 헌법에 여권(女權) 보장이 없음은 중대한 결함

있어서 차별을 받지 아니한다.」고 규정했습니다. 이것은 모든 사람이 국민으로서, 즉 법률상 평등하다는 것을 의미합니다. 사람이 국민으로서 자격이 있고, 또 가족제도 상에 가족으로서도 자격이 있을 것입니다. 친족법상으로 말하면 가족의 지위가 있을 것입니다. 지금 헌법에서 취급한 것은 국민으로서의 평등입니다. 헌법은 국민에 대해서 법률상 균등을 말한 것이고, 축첩제도에 관한 것은 민법과 친족법과 관련됩니다. 이것을 헌법에다가 쓸 수는 없는 것입니다. 그러니까 법률상 평등이라고만 작정하고 헌법을 만들 적에 이 정신을 존중해서 나갈 수밖에 없습니다.

권태희씨 질문하신 것은 친족제도의 문제가 될 것입니다. 헌법에서는 민법과 형법의 대원칙만 세우면 될 것입니다. 그 다음 사회적 특수계급이라고 하는 것은 사회의 계급을 말하는 것이고 가정이나 이런 것을 말한 것은 아닙니다. 우리는 귀족제도와 백작제도 등 그런 제도를 두지 않습니다. 즉 말하자면 법률적으로 평등해서 국민적으로 계급을 안 둔다는 말입니다. 사회적 신분이라는 것은 친족법상 신분이나 기타 특별법상 신분이 아닙니다.

제10조에 국외 거주와 국적 변경 문제는 여하히 해석할 것

인가 이것은 장면 선생의 질의입니다. 이 문제는 헌법에서보다도 국적법에서 취급할 것입니다. 본 헌법 제3조에 「대한민국의 국민 되는 요건은 법률로써 정한다.」고 규정했습니다. 우리는 여태까지 국적법이라는 것을 가지지 않고 국제조례라고 하는 것을 공포한 것이 있습니다. 그러나 그것은 임시조례에 불과하고 완전한 것은 아닙니다. 국적법을 만들 적에 제일 곤란한 것은 우리나라 동포로서 일본에 호적을 가진 이들에게 문제가 있을 것입니다. 그것은 국적법을 제정할 때에 여러분이 의논해서 결정할 것이고, 헌법은 제3조에 대지(大旨)만 열거할 뿐입니다.

　제12조 양심의 자유와 한계에 대해 권태희씨, 박해정씨, 박순석씨, 황병규씨, 김경도씨 제씨께서 질문하였습니다. 또한 장면 선생은 종교단체가 자율적으로 재산을 취득, 소유, 보관하고 종교적, 교육적, 자선적 기관을 건영(建營)할 권리를 보장하며 이러한 사업에 대한 면세가 명시되어야 하지 않겠느냐고 질의했습니다. 그리고 본조의 신앙의 자유 규정과 제8조의 관계에 대해 권태희씨, 박해정씨가 질의했습니다.

　제12조는 「모든 국민은 신앙과 양심의 자유를 가진다.」고 규정했습니다. 법률이 어떤 정도로 국민의 정신생활을 취급하겠는가 이 문제입니다. 자기 마음속에 있는 것을 발표 안 하는 이상 법률이 규제할 도리가 없습니다. 그래서 외계에 파문을 일으켜야 그 파문이 좋겠다 나쁘다 하는 것을 판단할 수 있지, 파문이 일어나지 않은 남의 마음속에 있는 것을 이편 쪽에서 추측해서 결정할 수는 없을 것입니다. 각국의 헌법을 보면 양심의 자유,

신앙의 자유를 취급한 것이 많이 있습니다. 이는 양심과 신앙을 존중한다는 의미일 것입니다.

전문위원 유진오   조중승 의원께서 15조의 「재산권은 보장된다.」는 것은 막연하지 않는가 이런 질의를 하였습니다. 재산권의 내용과 한계는 법률로써 정하지만 그러나 법률로써 정하더라도 이유없이 재산을 수탈하는 경우는 없다는 것을 보장한다는 말로서 표현한 것입니다.

제16조에 관해서 박순석 의원과 장면 의원 두 분으로부터 의무교육을 초등 이상에 실시할 시기가 있지 않을까 하는 질의가 있습니다. 물론 우리가 될 수 있으면 중등교육까지를 의무교육으로 실시하기를 바랍니다. 그러나 지금 우선 초등교육을 의무제로 하는 것도 대단히 큰 문제이고 앞으로 상당히 시일이 걸릴 것입니다. 6년제 초등교육에서 의무교육이 실시된 다음, 다시 이것을 늘려서 8년간 의무제를 실시한다는 것도 생각해보았습니다. 초등교육을 의무제로 한다 할 것 같으면 중등 이상의 교육은 치중하지 않는다는 것 같은 인상을 혹 받을는지 모르나 그런 취지는 아닙니다. 중등교육 이상을 얼마든지 확충해야겠지만 아직 우리의 국력, 기타 모든 것을 보아서 중등 의무교육은 하지 못한다는 그런 취지입니다.

그 다음은 제16조에 관해서 사립학교가 관·공립과 동일 지위에 있음을 명시할 것에 대해 장면 의원이 질의했습니다. 16조 제3항에 「모든 교육기관은 국가의 감독을 받으며 교육제도는 법률로서 정한다.」라고 규정했습니다. 사립학교와 관·공립학교가 동일한 지위에 있다는 것을 명시는 안 하였습니다만 그것을 전제로 하고서 이 조문을 작성한 것입니다.

제17조에 관해서 권태희 의원으로부터 근로의무를 행하지 아니하는 자에 대한 대책은 무엇인가 하는 질의가 있습니다. 박해정, 박윤원 양 의원으로부터 근로의 권리는 법률로써 정할 것인가, 그러면 국민은 국가에 대하야 이를 주장할 수 있는가, 실업자는 국가에 대하여 실업수당을 청구할 수 있는가 이러한 질의가 있었습니다. 또한 김익노, 박해정, 박윤원 세 분으로부터 근로의 권리를 가진다는 것은 근로자가 절대로 실직이 없을 것을 보장한다는 의미인가 라는 이러한 질의가 있었습니다.

제17조의 근본정신은 근로를 모든 국민의 의무로 삼는 것입니다. 근로를 하고 싶은 사람이나 근로를 할 자리가 없어서 근로를 하지 못하는 사람에게 직장을 제공하도록 하자는 것입니다. 근로를 국가를 세우는 기본으로 중요시한다는 그 정신을 17조에서 나타낸 것입니다.

그러나 제17조 근로의 권리와 의무는 헌법상의 권리와 의무입니다. 그러므로 이 헌법상의 권리와 의무를 우리가 실지 생활에 있어서 구체적으로 주장하려고 하면 반드시 이것을 구체화하는 법률이 제정되어야 합니다. 그러면 앞으로 실업문제에 관한 것이라든지 근로자의 직장에 관한 문제라든지, 또는 국민에게 근로의 의무를 과할 경우라든지 그런 것은 앞으로 제정될 법률에 의해서 구체화될 것으로 생각합니다.

이 조문을 만들 적에 기초자들 사이에서 이 헌법상의 권리와 의무를 도의적인 권리와 의무라고 보면 어떠냐 하는 말도 있었습니다. 그런데 도의적인 권리, 도의적인 의무라고 할 것 같으면 하필 헌법에 제정할 필요가 없습니다. 헌법에 근로의 권리와 의무를 가진다고 규정했지만 이것으로서 곧 구체적인 권리와 의무가 창설되는 것은 아닙니다.

　　그 다음 류래완 의원으로부터 27조에 관해서 헌법에 열거되지 않는 자유와 권리의 범위를 고시하라는 말씀이 있었습니다. 이 헌법에는 여러 가지 국민의 자유와 권리가 규정되어 있습니다. 그러나 국민의 자유와 권리는 결단코 이 헌법에 열거된 것에 한하지 않습니다. 이외에 여러 가지 권리와 자유를 가졌습니다. 가령 잠자는 자유, 길을 걸어다니는 자유, 사상의 자유 또는 여행·왕래의 자유 이런 것을 구체적으로 예를 들 수 있습니다. 또 권리와 관련해서 이 헌법에 규정된 것은 대개는 공권입니다. 사권에 재산권이 있습니다마는 대부분의 사권은 이곳에 열거되지 않았습니다. 그러나 우리가 가지고 있는 공권이나 사권은 이 헌법에 열거된 이외에도 얼마든지 있습니다. 즉 이 헌법에 열거되지 않은 자유나 권리라고 하더라도 이 헌법에 열거된 권리와 자유와 마찬가지로 똑같이 권리와 자유가 보장된다는 것을 27조 제1항에서 말한 것입니다.

　　이항발 의원　　제18조에 「근로자의 단결, 단체교섭과 단체행동의 자유는 법률의 범위 내에서 보장된다.」고 했는데 실제적으로 근로자들이 일체 행동을 자유로 할 수 있다면 공무에 관계되는 것, 또는 파업같은 것도 가능한지요? 제19조에는 「노령, 질병,

기타 근로능력의 상실로 인하여 생활유지의 능력이 없는 자는 법률의 정하는 바에 의하야 국가의 보호를 받는다.」고 그랬는데 그러면 근로능력을 상실하지 아니하고 일할 수 있는 사람들로서 실업한 사람들에게 대해서는 어떠한 대책을 취하는지 이것으로 보면 이 조문은 불가하다고 생각합니다.

전문위원 유진오　　제18조 근로자의 단결, 단체교섭과 단체행동의 자유의 구체적 내용에는 파업의 자유까지도 포함할 수 있습니다. 다

> **단체행동의 자유는 파업의 자유도 포함되나 법률의 범위 내에서**

만 그것은 법률의 범위 내에서 보장되는 것이므로 이 근로에 대한 법률이 어떻게 제정되겠느냐 하는 것은 여기서 미리 말씀드릴 수가 없습니다. 그러나 대개 선진국가의 예를 보면, 근로자는 단번에 파업이라는 형태로 들어가지 아니하고 서로 많이 조종을 하는 그런 과정을 밟습니다. 그런 후에 최종수단으로서 파업을 하게 되는 제도가 발달되었습니다. 이런 과정에서 모든 것이 법률에 맡겨져 있고, 법률이 정하는 바에 의해서 실행됩니다. 그리고 때로는 지금 말씀하신 것 같은 파업의 자유가 포함되는 경우도 있을 줄로 생각합니다.

제19조에 관해서 생활유지의 능력이 있는데 불구하고 일할 자리가 없는 사람을 어떻게 하느냐 하는 말씀에 대해 답변하겠습니다. 일시 직장이 없는 사람에게 국가가 직장을 제공할 의무가 있느냐 없느냐 하는 그 말씀으로 생각하는데 헌법상 국가는 그러한 의무를 지게 됩니다. 그러나 그 의무를 구체적으로 실행

하기 위해서는 불가불 법률로써 규정되어야 합니다.

배헌 의원　제9조에 보면 「모든 국민은 신체의 자유를 가진다. 법률에 의하지 아니하고는 체포, 구금, 수색, 심문, 처벌과 강제노역을 받지 아니한다.」 그런데 심문에 고문도 포함이 되는가 하는 점을 묻고자 합니다. 그리고 제2항에 가서 「단 범죄의 현행범인의 도피 또는 증거인멸의 염려가 있을 때에는 수사기관은 법률의 정하는 바에 의하야 사후에 영장의 교부를 청구할 수 있다.」고 규정했습니다. 그러면 「사후」라는 것은 막연합니다. 한계를 좀 명백히 말씀해 주시기를 바랍니다.

전문위원 권승렬　지금 9조의 심문에 고문까지 들어가느냐 안 들어가느냐 하는 말씀인데 고문은 즉 범죄행위입니다. 국가가 어떤 기관을 만들고 그 기관내에서 어떤 직무를 만들 적에 법에 의해서 행동하라는 것입니다. 고문으로 인해서 상해가 되면 상해죄가 될 것이고, 죽으면 상해치사죄까지 될 것입니다. 그리고 「사후」라고 한 것에 대해 퍽 막연하다고 말씀하셨는데 저 역시 모호하다고 생각합니다. 그러나 2항에 「법률의 정하는 바에 의하야」라고 하였으므로 그 법률이 분명히 명시된 것이 나올 것입니다. 법률이 나오면 명료하게 될 것입니다.

오택관 의원　12조 2항에 「국교는 존재하지 않으며 종교는 정치로부터 분리된다.」 이것은 무슨 의미로 삽입했는지 설명해 주시기를 바랍니다.

전문위원 권승렬　종래의 역사적 관계 때문에 그와 같은 것을 넣었습니다. 아직도 아마 이 세계에서는 정치와 종교가 분리

안 된 나라가 있는 것 같습니다. 우리나라는 그것과는 다르겠습니다마는 이것은 여러분의 의사에 따라서 결정될 것입니다.

이성학 의원　　12조의 신앙의 자유는 중대한 것이라고 생각합니다. 그런데 보천교니 백백교니 이런 종교들에게도 자의로 내버려두면 어떻게 되는지 그런 생각을 해보았습니다.

전문위원 권승렬　　물론 단적으로 말하면 신앙이라는 것도 심적 자유일 것입니다. 자기가 무엇을 생각하고 무엇을 신앙하든지 다른 사람이 알 길이 없을 것입니다. 그러나 헌법에 나타난 신앙의 자유는 신앙이 외부에 나타나게 되는 그 의식을 말하는 것입니다. 말하자면 보천교가 인심을 문란하게 하면 그것은 범죄행위이니까 물론 여기에 해당되지 않습니다. 그 종교의 의식 여하가 우리 국민생활에 유조(有助)하냐 안 하냐 하는 기준에 따라서 판단될 것입니다.

홍순옥 의원　　제15조에 「재산권은 보장된다. 그 내용과 한계는 법률로서 정한다. 재산권의 행사는 공공복리에 적합하도록 하여야 한다.」고 쓰여 있습니다. '보장한다'는 것은 좀 막연한 감이 있으니 구체적으로 명문을 넣어서 표현할 수가 없을까요?

전문위원 유진오　　이 15조에 재산권은 보장된다는 것을 원칙으로 말해놓고, 그 내용과 한계는 법률로써 정한다고 그랬습니다. 그러니까 재산권은 법률에서 정해진 내용과 한계 내에서가 아니라면 집행할 수 없을 것입니다. 다만 여기서 말씀드릴 것은 이 재산권에 관한 생각이, 가령 일본 민법에 있던 재산권에 관한 생각과는 대단히 다릅니다. 그전에는 재산권은 절대적

으로 인정되었지만, 지금은 공공 필
요에 의해서 불가불 이것을 수용해
야 하는 경우에는 법률의 정하는 바
에 의해서 상당한 보상을 지불함으

공공필요의 경우,
재산권은 법률에 따라
보상을 지불한 후 수용

로써 행한다고 하였습니다. 그래서 재산권을 절대적인 것이라
고 보지 않고 법률로써 재산권의 내용을 정하고 법률로서 그
한계를 정해 재산권은 그 허용하는 한계 내에서 용인이 된다고
규정하였습니다.

김봉두 의원　　　제29조「모든 국민은 법률의 정하는 바에 의하
여 국토방위의 의무를 진다.」했습니다. 그러면 29조 규정에 따
라 국민은 법률에 정하는 바에 의하여 국토방위의 의무에 들어
가는 것인지, 그렇지 않으면 따로 법률을 정해서 국방군을 편성
하게 되는지 이 한계를 분명히 해 주시기 바랍니다.

전문위원 유진오　　　국방군의 조직과 편성에 관한 것은 60조에
있습니다. 60조「대통령은 국방군을 통수한다. 국방군의 조직과
편성은 법률로써 정한다.」이렇게 되었으니까 국방군에 관한 것
은 전부 60조로서 해결이 될 것입니다. 그리고 제6조에「국방군
은 국토방위의 신성한 의무를 수행함을 사명으로 한다.」고 규정
했습니다. 즉 우리나라 국방군은 남의 나라를 침략치 않는다고
쓴 것입니다.

　29조에서「모든 국민은 법률의 정하는 바에 의하여 국토방위
의 의무를 진다.」고 했는데 그러므로 국토방위를 부담하는 것은
병역뿐만이 아니고, 병역 이외에 국민의 의무는 정부가 정하는 것

이 아니라 법률로써 정하는 바에 의지해서 부담하는 것입니다.

국회와 정부의 관계

전문위원 유진오　제33조에 대해서 박준 의원이 국회 정기회 의일을 12월 20일로 정한 이유를 물으셨습니다. 이것은 예산 심사를 생각해서 회계연도에 따른 것입니다. 일본 제도는 4월 초입니다. 다른 나라의 사례를 보면 대개 4월부터 익년 4월 말까지가 보통례입니다. 우리도 역시 국회에서 회계연도 시작되기 전에 예산심의가 결정되어야 하니까 그 회계연도로 결정되기 전 3개월 동안 국회를 열어야 되겠다 그런 견지에 생각을 한 것입니다.

제34조에 대해서 김경도 의원으로부터 제2항에 「국회는 지체없이 당연히 집회한다」는 것이 공고없이 개회한다는 말인지 질의했습니다. 이것은 공고없이 집회한다는 말이 아닙니다. 그 공고는 국회법에 정해 있을 줄로 압니다.[5] 여기에 당연이라는 말은 제34조 제1항에 대통령이 요구하거나 또는 국회의원 3분지 2 이상의 요구가 있을 때에 임시회의를 여는 것이 원칙이라는 의미입니다.

조옥현 의원　제41조 「국회는 국제조직에 관한 조약, 구화조약, 통상조약, 국가 또는 국민에게 재정적 부담을 지우는 조약,

---

5　국회법은 6월 10일 제7차 회의에서 통과되었다.

입법사항에 관한 조약에 비준과 선전포고에 대하여 동의를 한다.」이랬는데 그 입법사항에 관한 조약의 비준이라는 것이 정부에서 비준하는 것입니까, 국회에서 비준하는 것입니까? 그 다음에 선전포고에 대한 동의를 한다. 이 동의라는 것이 아까 설명하신 말씀을 들으면 국회에서 동의할 수도 있고 동의를 안 할 수도 있다 했는데 여기에 보면 반드시 능동적이 아니라 피동적으로 동의한다는 것밖에 안 됩니다.

전문위원 유진오　비준은 국가의 원수가 외국에 대해서 하는 것입니다. 그러므로 이 경우에 비준권은 대통령이 가지고 있습니다. 다만 대통령이 임의대로 비

> 대통령은
> 국제조약 비준 시
> 국회 동의를 얻어야

준하는 것이 아니라 반드시 국회의 동의를 얻어서 비준해야 한다, 국회의 동의를 얻지 못하면 비준하지 못하게 되는 것입니다. 국회가 동의를 할 권한을 가진 것으로 되니까 동의할 수도 있고 안 할 수도 있습니다. 순전히 국회의 권한이라고 이렇게 해석하고 있습니다.

제41조에 대해서 이요한 의원으로부터 만일 국회에 동의를 얻지 않고 정부가 조약을 비준하면 어떻게 되느냐 하는 질의가 있었습니다. 물론 위법입니다. 그런데 탄핵의 경우, 연대책임이 성립이 안 되는 것으로 생각합니다. 탄핵은 헌법이나 법률을 위반한 행위를 한 경우에 해당됩니다. 탄핵은 소추하고 그것에 대해 판결을 하는 일종의 소송제도입니다. 소위 내각의 연대책임 문제는 내각의 정치적 책임상에서 일어나는 문제입니다.

제46조에 들어가서 박윤원 의원은 부통령이 탄핵재판장이

되는 이유를 질의했습니다. 필연적인 이유는 없습니다. 미국에서는 부통령이 상원 의장이고 탄핵재판을 상원에서 합니다. 이러한 외국의 예도 있고 해서 부통령에게 맡기고자 하였습니다. 다만 대통령과 부통령이 탄핵재판을 받는 때에 부통령이 재판장이 된다는 것은 성립이 되지 않습니다. 그때에는 46조 1항 단서에 대법원장이 재판장의 직무를 행한다고 하였습니다.

46조에 가서 김중기 의원이 탄핵재판소 구성에 있어서 대법관과 국회의원을 동수로 한 이유를 질의하였습니다. 국회에서 탄핵의 소추를 결의하는 것이기 때문에 만일 국회의원만으로서 탄핵재판소를 구성한다고 하면 탄핵재판소는 별도로 구성할 이유가 없는 것입니다.

> **탄핵은 헌법에 의한
> 특수 재판이고
> 국회가 탄핵 소추,
> 부통령은 탄핵재판장**

대개 양원제도를 채용하는 국가에서는 하원에서 결의해 가지고 상원으로 넘어가서 상원에서 탄핵재판을 합니다. 그런데 우리 헌법은 양원제를 채용하지 않고 단원제를 채용하였습니다. 이 단원제 국회에서 탄핵소추의 결의를 하였으므로 불가불 탄핵재판소를 별도로 구성해야 합니다. 그 경우에 국회의원만으로서 구성한다면 별도로 구성할 의미가 없습니다. 그러므로 국회에서 5명 또 대법원에서 5명, 그리고 부통령을 재판장으로 삼는 그러한 구성방법을 취해 본 것입니다.

박해정 의원　제46조 4항에 「탄핵 판결은 공직으로부터 파면에 그친다.」는 말이 있습니다. 탄핵재판소에서 유죄판결을 받으면 민사상이나 형사상의 책임이 면제되지 않을 뿐만 아니라 행정법상에 책임도 면제되지 않는 데 그 점을 상세히 설명해 주시기 바랍니다.

　　전문위원 권승렬　　대개 국민이 법을 위반할 때에는 사법재판소에서 재판을 합니다. 관리가 법을 위반할 때에는 징계위원회에서 할 것입니다. 징계위원회에서는 감봉과 정직과 파면, 면직 네 가지가 있습니다. 그런데 헌법 위반에 대해서는 어떻게 하느냐 이것은 탄핵에 그칩니다. 국법에 관한 중요한 직위에 있는 사람을 탄핵할 경우, 감봉한다든지 혹은 잠시 그만두어라 그렇게 하기는 대단히 어렵습니다. 그래서 파면하느냐 파면 아니하느냐 이 두 가지에 그치는 것입니다.

　　김교현 의원　　제45조에 「대통령, 부통령, 국무총리, 국무위원, 심계원장, 법관, 기타 법률이 정하는 공무원이 그 직무수행에 관하여 헌법 또는 법률에 위반한 때에는 국회는 탄핵의 소추를 결의할 수 있다.」여기에 대해서 아까 전문위원의 답변이 탄핵시 연대책임을 안 진다고 하였습니다. 그렇게 본다면 54조에 「부통령은 대통령 재임중 재임한다.」이랬는데 이것과 모순되지 않습니까? 대통령이 탄핵을 당해서 사직하게 되면 물론 부통령은 책임을 지지 않아야 옳을터인데 54조 2항은 대통령이 사직하면 당연히 부통령도 사직하게 되어 있습니다. 거기에 설명해 주십시오.

　　전문위원 권승렬　　헌법 초안에 채용한 것은 대통령의 궐위가 있을 때에는 부통령이 대통령으로 올라간다는 미국식이 아닙니다. 이와는 달리, 대통령이 나가면 부통령이 동시에 나간다고 정한 것입니다. 대통령에게 사고가 생겨 대통령이 물러갈 때에는 부통령도 물러가도록 하고 그 대신에 다른 이가 들어오도록 이렇게 54조에 규정하였습니다.

탄핵은 대체로 높은 관리들에게 하는 것인데 여러 가지 이유가 있습니다. 대통령이나 부통령이나 혹 사법관을 그대로 형사재판소에 보내기는 어려운 것입니다. 그래서 미리 파면시킨 이후에 일반 국민이 된 후에 민사상, 형사상에 해당하는 일반법을 적용하고자 합니다. 따라서 대통령과 부통령이 같이 협의해 가지고 하였다든지 국무위원과 같이 일을 하였다든지 할 때에는 물론 탄핵을 같이 당합니다. 그런데 이것은 개인별로 책임을 당하는 것입니다. 탄핵은 자기 잘못으로 인한 것이니까 잘못하지 않은 사람까지 탄핵을 하는 것은 아닙니다. 탄핵이라는 데 있어서는 연대라는 것은 없습니다.

이진수 의원 　제45조에 대통령이 헌법 혹은 법률에 배치되어서 나가는 그 때에 부통령까지도 같이 나가야 한다고 하는 전문위원의 말씀은 모호하다고 생각합니다. 또 제52조에 대통령과 부통령은 국회에서 무기명투표로서 각각 선거한다고 하면서도 대통령과 부통령은 밀접한 관계가 있기 때문에 같은 당에서 나오지 않으면 안 된다고 말했습니다. 그 이유가 어디 있습니까? 대통령과 부통령이 꼭 한 당에서 되리라고 하는 것은 어떻게 예측하고 그 답변을 하였는지, 꼭 한 당에서 대통령과 부통령이 나오게 되리라고 생각하십니까?

전문위원 권승렬　　민주주의 국가에 있어서는 정당이 생기고, 정당이 생기면 당쟁이 생기는 것이니까 대개 대통령과 부통령은 다수당에서 나올 일이 많다는 것입니다. 꼭 그렇다는 것은 아니올시다. 대통령과 부통령은 의사가 맞아야 합니다. 대통령이 궐위될 때에 부통령은 그대로 두고 대통령을 다시 선임하게 될 것 같으면 뜻이 맞지 않으리라는 가정적 말씀입니다. 꼭 그렇게 한 당에서 나온다는 말씀은 아닙니다. 만일 그렇다면 취소합니다.

신성균 의원　　지금 탄핵에 대해서 개별적으로 책임지는 것이고 연대책임은 없다고 설명하셨습니다. 그런데 국무총리 이하 국무위원 전부를 대통령이 임명하게 되어 있습니다. 그러면 국무총리가 헌법을 위반하거나 법률에 위반해서 탄핵를 받아가지고 쫓겨나가는데 그를 임명한 대통령은 아무렇지도 않다는 것입니까? 대통령 스스로가 생각해도 좀 염치가 없을 것 같은데 전문위원은 어떻게 생각하십니까?

전문위원 권승렬　　대통령이 법률 위반을 알고서 용허했다면, 대통령이 책임이 있는 것입니다. 그러나 그 책임은 대통령이 알면서 용허한 그 책임입니다. 대통령이 전연 관계가 없고 국무위원이 잘못한 것을 대통령이 모르면 책임을 질 수 없습니다. 만일 자기가 임명하고 자기가 쓴 사람이 국법을 위반하는 것을 막지 못해서 탄핵되었다면, 이것은 지시·감독을 잘못한 책임으로서 탄핵을 당하는 것입니다. 대통령이 국무총리가 잘못한 책임을 아무 관계없이 지는 것은 아닙니다. 자기 행위에 대해서 자기가 책임을 지는 것입니다.

황두연 의원　　대통령이 파면을 당해서 나가게 되면 부통령도 따라서 나갈 수밖에 없다고 했습니다. 만일 부통령은 아무 죄가 없지만 대통령이 탄핵을 당하여 나갈 때에는 부통령도 따라서 나갈 수밖에 없다고 하면 대통령과 부통령을 국회에서 각각 선거할 것 없이, 그냥 대통령만 선거해 놓고 대통령이 자기 당의 자기 뜻에 맞는 사람을 임명해서 쓰면 되지 않을까요? 국회에서 무기명투표로 선거해 놓은 부통령을 대통령이 데리고 나갈 수가 있겠는가. 이점에 대해 질의를 합니다.

전문위원 유진오　　대통령과 부통령은 서로 합해서 손이 잘 맞아야 할 것입니다. 부통령의 임기와 관련하여, 가령 미국과 같이 대통령, 부통령을 직접 민선으

> 국회에서의 대통령 선거가 직선보다 용이하므로 부통령이 대통령을 승계할 이유 없다.

로 한 경우에는 다시 선거하는 것이 용이하지 않습니다. 그러니까 대통령 임기 중에 궐위가 있을 때에는 부통령이 대통령의 남은 임기중 대통령 노릇을 하는 것입니다. 그러나 우리 초안에는 직접 민선이 되지 않고 국회에서 선거하게 되어 있습니다. 국회에서 대통령을 선거한다는 것은 비교적 간단하게 할 수 있는 일입니다. 그래서 국회에서 선거하면 그 대통령이 그만두는 경우에 다른 훌륭한 대통령을 낼 수 있는데도 불구하고 억지로 남은 임기 동안 부통령을 대통령으로 승격할 이유가 없을 것으로 생각해서 부통령은 대통령 재임 중 재임한다 이런 규정을 두었습니다.

최국현 의원　　제32조에 국회의원의 임기는 4년이라고 하였습니다. 그런데 선거법에는 2년으로 되어 있어요. 그런데 이것을 부칙에까지 설치한 이유가 어디있는지? 우리가 나올 적에 2년이라는 전제하에서 나왔으니까 2년을 더 한다면 비난을 받을 것입니다. 또 3항에 있어서 대통령선거를 국회에서 한다고 하였습니다. 우리 국회의원은 여기에 나올 적에 대통령선거를 국회에서 하라는 그런 위임을 받고 나오지 않았습니다. 그러니까 이것을 부칙에 넣는 것이 필요하지 않다고 생각합니다. 저는 그것이 의문입니다.

전문위원 권승렬　　여러분은 이 헌법에 의해서 선거법을 제정하고 그 선거법에 의해서 선임되지 않았습니다. 즉 헌법을 만들기 위해 모인 제헌회의의 의원입니다. 이 헌법에 의해서 선거법을 만들고 그 선거법에 의해 선거해서 국회가 성립되면 의원의 임기는 4년이 될 것입니다.

이번 선거 때에 많은 의견이 있었습니다. 도저히 그대로 해나갈 수 없으니까 제헌회의 기간을 2년으로 하였습니다.

> 현 의원은 헌법을 만들기 위해 모인 제헌회의의 의원
> 헌법제정 후 의원의 임기는 4년

다. 이 제헌회의에서 헌법과 헌법 부속법을 만드시면, 헌법에 의지해서 당연히 국회의원이 되신다고 우리들은 생각하고 쓴 것입니다. 그리고 연장문제는 여러 가지 문제가 있습니다. 처음에 공약이 있었던 것을 없앤다면 국민이 무엇이라고 하겠습니까? 미군정법령으로 된 국회의원 선거법에 2년이라고 하였으니까 2년

을 그대로 하자는 그런 의미에서 넣은 것입니다.

윤재욱 의원　　제39조에 「국회에서 의결된 법률안은 정부로 이송되어 정부의 이의가 없는 한 이송된지 15일 이내에 대통령이 공포한다. 만일 이의가 있는 때에는 대통령은 이의서를 부하여 국회로 환부하고 국회는 재의에 부한다」 하였습니다. 그러면 지금 이 「국회에서 제정한 법률안」은 누가 심의를 할 수 있습니까? 대통령이 있다면 대통령이 이것을 심의할 수 있으리라고 믿습니다. 여기에 재의안은 출석의원 3분지 2 이상의 찬성으로써 결정한다고 하였습니다. 이 법률안은 누가 심의하여 누가 이의할 수 있는지 대단히 의아스럽습니다.

전문위원 유진오　　지금 이 국회가 아까 권승렬 전문위원으로부터 말씀하셨습니다마는 보통 국회가 아니라 헌법제정회의입니다. 그러니까 여기에서는 보통의 규정이 그대로 모두 적용되는 것이 아닌 특별회의입니다. 여기서 헌법을 만드시는 경우에 물론 이 헌법은 이송할 정부가 아직 없습니다. 그러나 그렇다고 해서 여기서 만든 헌법이 법률이 안 되는 것은 아닙니다. 그렇기 때문에 부칙 98조에서 이 헌법만은 이 헌법을 제정한 국회의 의장이 선포한다고 그렇게 하였습니다.

지금 대통령이 없고, 물론 이 헌법이 효력을 발생하지 않으면 대통령을 선거한다든지 정부를 조직한다든지 모두 할 수 없기 때문에 이것만은 특별히 이 헌법을 제정한 국회의 의장이 공포한다고 이렇게 된 것입니다. 그리고 이 헌법제정회의에서 헌법을 제정하실 때에 의결 능력은 몇 명 출석에 몇 명 이상이 찬성해야 한다, 이런 경우에 가결한다, 그러한 문제는 여기서 별도로 결정하실 문제라고 생각합니다.

김우식 의원　　제42조에 국회는 국정을 감사한다고 하였습니다. 이 감사라는 글자가 제 생각에는 대단히 의아합니다. 감사라는 것은 대개 어떤 사회에서 쓰는 문자인지요? 감사라는 용어는 대개 우리 회의에서 써온 용어가 아니라고 생각합니다. 감찰이라고 고쳤으면 좋겠습니다.

전문위원 권승렬　　국민을 대표하는 국회에서 국가의 의사를 결정해 가지고 법률안을 작정하면 그것을 정부에서 집행합니다. 그러면 그것을 잘하느냐 못하느냐를 판단하는 것은 재판소에서 재판하는 것입니다. 그래서 삼권분립제도가 되는 것입니다. 의사를 결정하는 것이 입법입니다. 그래서 의사를 결정해 가지고 집행시켰으면 그 집행을 잘하는가 못하는가를 감사할 필요가 있을 것입니다. 예산을 결정해 가지고 예산을 집행시키고 그 결산보고를 받아가지고 심사할 것입니다. 그 외에도 국정에 관해서 조사하실 필요가 있을 것입니다. 그런데 이 감사라고 할 것 같으면 조금 감독한다는 의미가 들어있는 것 같습니다. 지금 감찰이라고 말씀하셨는데 감찰의 「찰」은 조금 다릅니다. 감찰은 조사한다는 의미, 탐지한다는 의미가 들어 있습니다. 그러므로 국가가 실지에 의해서 수사망을 편 것처럼 되는 것으로 해서 그런 의미에서 「찰」자를 쓰지 않고 감사라고 썼습니다.

김병회 의원　　제47조에 보면 「국회의원은 지방의회의 의원을 겸할 수 없다.」고 되어 있고, 52조에 「4항에 대통령과 부통령은 국무총리 또는 국회의원을 겸하지 못한다.」이렇게 규정되어 있습니다. 그러면 국무총리나 국무위원은 국회의원을 겸할 수 있다고 해석할 수 있습니다. 그런데 우리 헌법 초안을 본다면 내각책임제를 취하지 않고 대통령책임제를 취하고 있습니다. 제43조에는 「국무총리, 국무위원과 정부위원은 국회에 출석하여 의견을 진술할 수 있다.」는 규정이 있습니다. 국회의원을 겸할 수 있는 국무총리나 국무위원들과 그 외에 정부위원이 국회에 나와서 모든 발언을 하고 의견을 진술할 수 있다면 너무 행정부로서 입법부를 간섭하는 것이 되지 않는가 하는 생각이 있습니다.

전문위원 유진오　제43조에서 「국무총리, 국무위원과 정부위원은 국회에 출석하여 의견을 진술하고 질문에 응답할 수 있다.」고 규정한 것은 국회에 대한 정부의 권한을 확대하는 것이 아니라 국회와 정부와의 관계를 밀접하게 운영해 나가게 하는 것입니다. 미국에서는 국회와 정부가 확연히 갈려가지고 장관은 국회에 출석할 권한도 없고 의무도 없습니다. 헌법상 국회와 행정부 사이를 밀접하게 해서 원활하게 운영해 나가는 것이 좋다고 해서 43조가 규정이 된 것입니다.

제52조에 「대통령과 부통령은 국무총리 또는 국회의원을 겸하지 못한다.」는 것은 국무총리나 국무위원이 국회의원을 겸한다는 문제와는 별도의 문제입니다. 미국에서는 국회의원이 장관을 겸하지 못하기 때문에 국회와 정부와의 관계가 원만히 운용되기 어려운 점이 있습니다. 따라서 우리는 겸할 수 있게 하는 것이 가하다고 생각합니다.

정부위원에 관한 문제는 43조에 있습니다. 정부측에서 무슨 발언을 많이 하라고 하는 취지는 아닙니다. 국무총리와

국무위원이 국회에 와서 답변하는데 부족한 경우가 많이 생깁니다. 그것을 돕기 위해서 정부위원이 출석하라는 것입니다. 정부위원이라고 해서 그 수효가 많지는 않습니다. 대개 헌법상 기재되지 않았지만 중요한 높은 지위를 점하고 있는 관리를 정부위원으로서 특별히 임명하게 되는 것으로 생각합니다.

대통령의 법률안 재의권, 대통령 선출방식

백형남 의원　　제39조「국회에서 결의된 법률안은 정부로서 이송되어 정부의 이의가 없는 한 이송된지 15일 내에 대통령이 공포한다. 만일 이의가 있는 때에는 대통령은 이의서를 부하여 국회로 환부하고 국회의 재의에 부한다. 재의의 결과 국회의 재적의원 3분지 2 이상의 출석과 출석의원 3분지 2 이상의 찬성으로 전과 동일한 의결을 할 때에는 그 법률안은 법률로서 확정된다. 법률안이 정부에 이송된 후 15일 내에 공포 또는 환부되지 아니하는 때에는 법률안은 법률로서 확정된다.」라고 했습니다.

그런데 국회에서 의결된 법률이니까 실제 문제에 있어서 3분지 2 이상의 찬성으로 된 것은 별로 없고 과반수 의결이 많을

것입니다. 그러면 과반수로 결의한 법안은 대통령의 결정 여하에 있어서 시행이 못될 지경에 있습니다. 그런 까닭으로 실제 문제에 있어서 대통령은 입법권을 가지고 있다고 볼 수가 있습니다. 대통령이 결국 입법권을 가지게 되는 것에 대해 기초위원은 어떻게 생각하시는지 묻고자 합니다.

전문위원 유진오　　물론 삼권분립제도하에서 입법권은 입법부가, 행정권은 행정부가 행하는 것이 원칙입니다. 그러나 국가의 삼권분립이라는 것은 전연 다른 삼권이 아니라 동일한 국민권력이 세 가지 다른 방면으로 흘러가는 것에 지나지 않습니다. 영국이나 불란서 같은 소위 의원내각제를 취하는 국가에서 만일 국회에서 도저히 정부로서 행할 수 없는 법률을 만들든지 또는 정부 측에서 꼭 만들어야겠다고 하는 법률안을 만들지 않고 부결시키는 경우에 정부가 이에 대항해서 행동을 하는 이런 제도가 있습니다. 그러면 입법권은 국회에 속하는 것이지만, 정부 측에서 강력한 발언권을 가지고 있다고 볼 수가 있습니다.

　　그와 반대로 미국제도는 입법부와 행정부를 판연하게 갈라 놓은 제도를 쓰고 있습니다. 그렇지만 이렇게 분립제도를 쓰고 있는 미국에서도 양자의 절대적인 분립을 용인하지 않고 입법권은 의회에서 행하되 제정된 법률은 반드시 대통령이 공포하도록 하였습니다. 대통령이 법률안이 불가하다고 생각할 때에는 의회로 돌려보내서 재의에 부하도록 하는 이런 제도를 쓰고 있는 것입니다. 다시 말하면 삼권분립이라는 것은 결국 절대적인 분립이 될 수가 없습니다. 서로 밀접한 관계를 가지고 있는 것입니다.

그러니까 만약 입법부가 만
든 법률안이 불가하다고 생각
하는 경우에는 미국식 제도를
따라서 대통령이 이의서를 국

회로 보내 재의에 부하도록 하는 권한을 준 것입니다. 미국식 제
도를 보든지 의원내각제도를 보든지 간에 입법권과 행정권은 결
단코 법적으로 분리되어 있는 것이 아니올시다.

전문위원 유진오　제52조에 대해서 박윤원, 조옥현, 권태욱,
권태희 네 의원으로부터 의견이 있습니다. "대통령을 국회에서
선거하는 것은 제2조의 정신과 배치되지 않는가, 직접선거하는
것이 타당하지 않는가, 국회에서 선거하는 이유를 설명하시오."
라고 질의했습니다.

제2조에 「대한민국의 주권은 국민에게 있고 모든 권력은 국
민으로부터 발한다.」고 했습니다. 이는 국가의 모든 중요한 일을
국민이 직접 전부 처리하라는 얘기가 아닙니다. 만일 제2조를 그
렇게 해석한다 할 것 같으면 법률을 만드는 것과 기타 중요한 국
가의 의사를 결정하는 데에 있어서 일일이 국민투표를 해서 국
민이 직접하지 않으면 아니될 것입니다. 제2조의 의미는 다음과
같습니다. 원칙적으로 국민이 직접 주권을 행사하고 국민투표로
서 결정할 것입니다.

그러나 경우에 따라서 직접으로 행사 아니하고, 국민은 다
만 권리자에 지나지 않고 국민의 대표가 국민의 뜻을 대변해서
국민이 가지고 있는 주권을 행사하는 것입니다. 그러니까 원래

법률 제정은 국민이 가진 권한입니다. 그러나 국민이 직접 법률을 만들 수 없으니까 국민의 뜻을 선거해 가지고 그 뜻으로 하여금 법률을 제정하는 것입니다. 대통령 선거에 있어서도 이같은 논리가 타당합니다. 경우에 따라서는 국민이 직접 선거할 수도 있고, 또 경우에 따라서는 국민이 선거한 결과에 따를 수도 있습니다. 국회에서 선거하는 것은 결국 주권재민의 원리와 배치되는 것이 아닙니다.

다만 아까 말씀드린 바와 같이, 대통령의 권한을 국회와 분립시키는 경우에는 아마 원칙적으로 국회의원 선거 가운데에 대통령을 직접 선거하는 것이 타당할 것입니다. 그

> 대통령 간선은
> 다사다난한 시기에
> 특별한 정치적 상황에서
> 비롯된 것

러나 대통령의 권한을 국회에 의존시킨 경우에는 국회의원 선거와 별도로 선거할 필요가 없다고 생각합니다. 이 헌법 초안에서 국회가 입법권을 가지고 대통령은 행정권을 갖는 이런 제도를 썼음에도 대통령은 국회에서 선출하고자 하였습니다. 이것은 우리의 다사다난한 시기에 특별한 정치적인 사정으로부터 이런 제도가 만들어진 것으로 생각합니다. 대통령이나 부통령을 국회에서 선거한다는 것이 민주주의 원칙에 위반된다고 할 수 없습니다. 민선으로 하느냐 국회에서 하느냐 하는 문제는 반드시 주권 문제와 관계가 있다기보다도 오히려 대통령 권한과 입법 권한을 조정하는 문제와 중요한 관련이 있는 것입니다.

제54조에 있어서 남궁현 의원으로부터 "대통령의 임기는

4년이고, 제101조에 초대 국회의원의 임기는 2년이 된 관계로 대통령 선거 시기와 의원 선거 시기가 차이가 있으므로 민의를 행정

부에 반영시키는데 지장이 없는지"라는 질의가 있었습니다. 미국에서도 대통령의 임기는 4년이고 국회의원의 임기는 2년이기 때문에 그 대통령을 선출한 당이 소수당이고 반대당이 다수당인 경우에 역사상 대통령과 의회 사이에 마찰이 일어났습니다. 한 대통령이 수회 거부권을 행사한 역사상 실례가 있습니다. 따라서 이 점에 대해서 지장이 생길 수가 있다고 생각합니다. 다만 이 헌법 초안은 국회와 정부를 당연히 될 수 있는 대로 밀접하게 연락시키려는 이런 취지를 택하고 있습니다.

조종승 의원은 1차 중임으로 제한한 이유에 대해 질의했습니다. 1차 중임에 관한 문제는 아시다시피 미국 헌법에 재선, 3선 이런 규정이 없습니다. 그래서 루즈벨트 대통령은 4선까지 했습니다. 이렇게 되면 민주주의 정치에 지장이 있다 그래서 미국에서도 대통령 중임을 규정했습니다. 또한 중화민국을 볼 때 1차 중임할 수 있게 되어 있습니다. 적임자인 경우에는 반드시 다른 사람으로 대통령을 내야겠다 할 필요도 없겠고, 또한 한 사람을 세 번, 네 번씩 선임하게 할 필요도 없다고 생각해서 1차 중임 제도를 생각해 본 것입니다. 제56조에 대해서 김명동 의원과 이정래 의원은 "대통령에게 과도한 권리를 주어 팟쇼적이 될 염려가 없는가"하는 질문을 하였습니다. 이 56조는 소위 긴급명령권입

니다. 우리들은 아무쪼록 제56조의 긴급명령권을 발하는 기회가 적기를 희망합니다. 그러나 전시 또는 비상사태가 발생할 경우, 공공의 질서를 유지하기 위해서 어떠한 조치를 하도록 할 필요가 있습니다. 전시 또는 비상사태의 경우에 질서유지를 못하는 것은 오히려 국민의 권리·의무를 존중하는 소위가 아닙니다. 이러한 비상사태라는 예외의 경우에 법률의 효력을 가진 법령을 발할 수 있는 또는 재정상 필요한 처분을 할 권한을 대통령에게 준 것입니다.

다만 일본의 과거 법률에 비추어보면 국회가 폐회하였을 때는 긴급명령은 절대로 발하지 않습니다. 국회

대통령의 비상사태라는 판단을 국회가 동의해야 국회 동의 얻지 못하면 효력 상실

개회 중에만 긴급명령을 발할 수가 있었습니다. 56조에 국회 폐회 중에 이러한 긴급한 필요가 생긴다 하더라도 만일 임시국회를 소집할 여유가 있다면 국회에서 통과시켜야만 하겠습니다. 임시국회를 소집할 여유가 없는 때에 한해서만 56조 긴급명령을 발할 수 있는 것입니다. 그러니까 이것은 이러한 비상사태의 경우 예외적인 규정이므로 과도하게 운용되리라고 믿지 않습니다.

신성균, 김병회 의원은 "비상사태라는 것은 실례를 들면 무엇인가, 그것을 누가 인정하는가"라고 질의했습니다. 비상사태라고 인정한 것이 정당하느냐 안 하느냐 그것은 국회에서 판단할 것입니다. 국회가 승인하지 않을 때에는 어떻게 되느냐 하면

효력을 상실하게 될 것입니다. 동시에 그 명령을 낸 정부는 책임을 받아야 할 것입니다.

부의장 신익희 지금 토의시간은 다 됐어요. 시간은 정한 대로 꼭 지키고 월요일 본회의에서 계속하기로 하고 시방은 산회합니다.

(하오 5시 산회)

1948년 6월 28일 월요일 (제19차 회의)

(상오 10시 개의)

부의장 김동원 헌법안 제1독회 질의응답을 계속하겠습니다. 3장 51조까지일 것 같은데, 서면으로 제출되어 있는 질의에 대해서 유진오 전문위원께서 설명해 드리겠습니다.

전문위원 유진오 제56조 3항에 대해서 원용한 의원으로부터 질의가 있었습니다. 56조 1항에는 「긴급한 조치를 할 필요가 있는 때에는 대통령은 국회의 집회를 기다릴 여유가 없는 경우에 한하야 법률의 효력을 가진 명령을 발하거나 또는 재산상 필요한 처분을 할 수 있다」고 규정 하였습니다. 이는 국회의 집회를 기다릴 여유가 없으므로 대통령이 이 조항에 의해서 법률의 효력을 가진 명령 등을 행할 수 있다는 것입니다. 제2항에서 「전항의 명령 또는 처분은 지체없이 국회에 보고하야 승인을 얻어야 한다」한 말은 명령과 처분을 행한 후, 국회가 집회 했을 때에 지체없이 보고하여 승인을 얻어야 한다는 말로 해석됩니다. 제3항에 「만일 국회의 승인을 얻지 못한 때에는 그때부터 효력을 상실하며 대통령은 지체없이 차를 공포하여야 한다」하였습니다.

원용한 의원은 "기왕 법률의 효력을 발한 명령과 재정상 처분한 사항은 어찌되는지"에 대해 질의를 하였습니다. 지나간 일에 대해서는 할 수 없는 것입니다. 국회의 동의를 얻지 못하는 그때 이후로 효력을 상실하게 됩니다. 국회의 승인을 얻지 못할 것이면, 그 명령이나 처분이 지나간 효력에 대해서는 영향을 줄수 없고 그 명령이나 처분을 내린 행정부의 책임문제가 되겠습니다. 우리 헌법 초안에서 그 책임을 묻는 수단으로써 가령 국회에서 불신임을 결의한다든지 그러한 수단이 인정되지 않으므로 행정부의 행위가 만일 헌법이나 법률에 위반되는 경우에 탄핵을 할 수 있게 되는 것입니다.

대통령 지위와 권한, 국무원 임면권

전문위원 권승렬 이원홍 의원으로부터 제67조 「대통령 권한에 속한 중요한 국책」이란 말과 제71조의 관계에 대해 질문이 있었습니다. 대통령의 권한에 속하는 일이란 행정부의 업무 전체입니다. 즉 국회에서 의결한 사항을 집행하고 수행한다는 것입니다. 그 다음에 국무원은 대통령과 국무총리와 기타 국무위원으로서 조직한 합의체가 국무원입니다. 대통령이 의장으로 될 것은 당연한 일입니다. 그리고 국무원이 합의체니까 의사규칙에 따라서 대통령의 권한에 속하는 일을 국무원의 의사로서 의결하는 것입니다. 국무원의 의결에도 불구하고 대통령이 반대하면 대통령은 집행을 거부할 수도 있을 것입니다.

김준연 의원　　저는 기초위원의 한 사람으로 지금 전문위원 권승렬씨의 말씀과

대통령은 국무원 합의체의 의장 의장은 국무원 의결에 복종해야

생각이 다릅니다. 국무원은 대통령과 국무총리, 기타의 국무위원으로 조직되는 합의체로서 대통령의 권한에 속한 중요 국책을 의결한다 그랬습니다. 지금 말씀하기를 합의체로서 대통령의 권한에 속한 그것이 의결되더라도 대통령이 불가하다고 할 것 같으면 집행 안 할 수가 있다 그와 같은 말씀을 했지만 나의 해석은 다릅니다.

합의체로서 대통령도 일원이 되어가지고, 대통령이 의장이 되어가지고 다수결로 결정한 이상에, 설령 대통령이 국무원 의사에 불만이 있다 하더라도 대통령은 합의체의 의장으로 그것에 복종하지 아니하면 안 될 줄로 생각합니다. 이것이 우리나라 대통령중심제와 미국 헌법에 있는 대통령중심제와 다른 점입니다. 미국에서는 국무성, 내각성 등등에 장관이 있지만 대통령의 보좌관에 지나지 않습니다. 우리의 헌법과 대단히 다른 것입니다. 우리는 대통령을 국무회의의 일원으로, 국무회의 의장으로 규정했습니다. 따라서 대통령도 그 결의에 복종해야 한다는 것이 기초위원의 의견이라고 나는 생각합니다.

전문위원 권승렬　　지금 김준연 의원으로부터 67조에 대한 말씀이 있었습니다. 67조 수정할 때 저는 없었습니다마는 67조의 뜻이 지금 김준연 의원 말씀한 그것이라면 수정해야 할 것이며, 제가 말씀드린 것은 취소합니다.

헌법 초안 67조의 글자를 수정하지 아니하면 대다수 법률가들이 대통령 권한에 속하니까 대통령의 권한 안에서 의결한다고 볼 것입니다. 김준연 의원 말씀하신 뜻이 지극히 좋은 말로 지극히 찬성합니다마는 그것은 국무원의 권한에 속할 것이고, 그렇다면 대통령은 국무원의 의장이라든지 국무원의 대표기관이라고 해야 할 것입니다. 저는 그렇게 해석하고 싶습니다. 67조 글자 그대로 해석해서 말을 여쭌 것이고, 취지에 찬동하는 것이 아닙니다.

그리고 박순석 의원으로부터 68조에 대해서 국무총리와 국무위원은 대통령이 임면하고, 제72조 제2항에 국무총리가 행정 각부 장관을 통리·감독함은 모순이 아닌가 그러셨는데, 68조에 말씀하신 것과 같이 국무총리, 국무위원은 대통령이 임명한다고 그랬습니다. 그런데 72조는 국무위원이 아니라 행정 각부의 얘기입니다. 대통령이 임명한다는 것과 또 행정 각부의 감독이라는 것은 다른 것입니다. 제72조 행정 각부라는 것은 국무회의에서 의결한 것을 각 의사에 대해서 행정 각부 사무에 분배가 돼서 진행하는 것이고, 국무총리는 국무위원하고 한 마음으로 대통령 직무를 겸하는 일도 있습니다. 따라서 행정사무에 대해서는 통리하고 감독한다 하더라도 모순은 아니될 줄 압니다.

김장열 의원으로부터 68조 제1항과 제72조 제2항에서 대통령이 국회와 관련없이 국무총리, 국무위원, 행정 각부 장의 임면을 전행(專行)하게 하였는데 이는 민주국가의 당연한 조치인가하는 질의가 있었습니다. 이것은 대단히 중대한 정치문제입니다.

이 헌법은 대통령중심제를 취하기 때문에 대통령이 직접 자기와 같은 사람을 국무총리와 국무위원으로 마음대로 썼으면 자유스럽겠다 이러한 의미하에서 국회의 동의없이 할 수 있다고 그랬습니다마는, 행정부와 달리, 사법부의 각 장관격인 대법관은 국회의 인준이 있어야 임명한다고 했습니다. 이러한 점을 고려해서 국무총리라든지 혹은 국무위원 전체라든지를 임명하는 데 국회의 동의가 있으면 좋을 것 같습니다.

조헌영 의원 기초한 사람으로서 잠깐 보충을 하려고 합니다. 67조에 권한에 속한 문제에 있어서 권승렬 전문위원과

대통령의 권한은 국무총리와 국무위원의 의견을 무시하고 행사할 수 없다

기초위원 김준연 의원께서 견해를 말씀하셨습니다. 국무위원 결의가 대통령 의견과 다를 때에 대통령이 마음대로 할 수가 있다는 전문위원 말씀이 있었습니다. 여기에 분명히 하고자 합니다. 58조「대통령은 조약을 체결하고 비준하며 선전포고와 강화를 행하고 외교사절을 신임·접수한다.」이것은 대통령 권한에 속한 것입니다. 그 다음 41조에「국회는 국제조직에 관한 조약, 강화조약, 통상조약, 국가 또는 국민에게 재정적 부담을 지우는 조약, 입법사항에 관한 조약의 비준과 선전포고에 대하여 동의를 한

다.」 대통령이 국회의 동의없이 하면 어떻게 하느냐, 아까 권승렬 위원이 해석한 대로라면, 그것은 해석상 중대한 문제가 생기리라고 봅니다. 그러니까 대통령 권한은 권한이라 하더라도 국회의 동의를 얻음으로써 비로소 대통령 권한이 확립되는 그와 같은 해석을 하지 아니할 수가 없습니다.

제65조 「대통령의 국무에 관한 행위는 문서로서 하여야 하며 모든 문서에는 국무총리와 관계 국무위원의 부서가 있어야 한다. 군사에 관한 것도 또한 같다.」 이것은 대통령 권한에 속한 문제이지만 국무총리라든지 국무위원의 부서가 없다면 그것을 대통령 권한을 행하지 못하게 되는 것입니다. 이점에 있어서 대통령 권한은 당연히 국무위원의 의견을 통해서 행사할 수 있지만, 국무원의 의견을 무시하고는 행사할 수 없습니다. 이 점은 김준연 의원의 해석과 같으므로 우리 기초위원은 그렇게 해석한다는 것을 분명히 알아주시기 바랍니다.

조국현 의원　　조헌영 의원께서도 말씀하시고, 그 65조에 대한 김준연 의원의 해석을 참고해 볼 것 같으면 대통령의 책임제가 아니라 내각책임제를 의미하는 것 같습니다. 왜냐하면 권한을 대통령에게 주어놓고 국무위원의 부서가 있어야만 된다 그러면 대통령은 허수아비란 말이예요. 여기에 모순이 있지 않은가 그것을 물어보고 싶습니다.

전문위원 유진오　　제67조에 관한 문제에 대해서 저는 원안을 집필한 한 사람으로 지금 말씀드리겠습니다. 미국 대통령은 각 장관을 임명해서만 정책을 집행할 수 있습니다. 그와 반대로 우리 제도에서 대통령에 속하는 권한은 반드시 국무원의 결의를 통해서 한다고 되어있습니다. 대통령의 권한은 67조 때문에 제한을 받는다고 보겠습니다. 대통령의 권한에 속하지만 대통령의 권한을 행하는데 있어서 반드시 국무원 회의의 의결을 거쳐 행할 수 있을 것입니다. 그럼 어떤 사항에 있어서 국무원 회의의 의결을 거쳐야 하느냐 그것을 71조에 열거하였습니다. 71조에 열거되어 있는 사항은 전부 대통령의 권한에 속하는 사항입니다. 그러나 국무원은 대통령에 속하는 권한에 대해서 전부 의결을 하고 대통령은 국무원 회의에 의장으로 국무원의 의결에 따라 이를 집행해야 할 것으로 생각합니다.

신성균 의원　　아까 전문위원 답변 중에 대통령이 행정수반이라면 모든 기관의 관리를 당연히 임면을 할 수가 있는 것 같이 말했는데 과연 그러한 것인가 묻고 싶습니다. 그 다음에는 대통령이 사법관의 임면권까지 가지는 것이 민주주의적이냐 아니냐 하는 질문에 대해서 반드시 그것이 비민주주의적인 것은 아니라고 모호한 답변이 있었습니다. 전문위원께서는 법률가로서 법 이론만 가지고 민주주의적이냐 아니냐 이것만 명백히 말씀을 해주시기 바랍니다. 그리고 국무원에서 결의가 안 되면 대통령의 권한이 없는 것 같이 말씀을 하셨는데, 그것은 그렇게 해석할 수 있지만 국무위원 전부를 대통령이 임면할 권한이 있는 이상 자기 말을 안 듣는 사람이 있으면 오늘 파면시키고 내일 자기가 제정한 대로 할 수도 있을 것입니다. 어떻든지 이것은 좀 비민주주의적이라고 생각하는데 전문가의 법률 견해는 어떤 것인지 대답해 주시기 바랍니다.

전문위원 유진오　　대통령의 관리 임면권에 관해서는 60조에
「대통령은 헌법과 법률이 정하는 바에 의하야 공무원을 임면한
다.」 이렇게 되어 있습니다. 대통령이 마음대로 행하는 것이 아
니라 전부 헌법과 법률에 정하는 바에 따라서 해야 합니다. 국회
의 동의를 얻어서 임명할 수도 있고 또는 가령 사법관 임명 같은
경우는 전부 법률로써 정할 것입니다. 지금 말씀하시기로 국무원
의 의결을 얻지 않으면 대통령이 행할 수 없어야 하지만 대통령
의 의사에 맞지 않는 국무위원을 파면하고 다른 사람을 임명해
서 국무회의의 의결을 진행할 수 있기 때문에 그것은 대단히 무
력한 것이라는 취지의 말씀을 하셨습니다. 지금 말씀하신 취지가
대단히 이유가 있는 말씀이고 그것은 대단히 일리가 있는 말씀
이라고 생각합니다.

부의장 김동원　　시간이 되었습니다. 오전 회의는 이로써 마
치고 오후 회의는 2시에 계속해서 회의하겠습니다.

(상오 12시 휴게)

(하오 2시 계속 개의)

부의장 김동원　　계속해서 회의하겠습니다. 서면질의가 몇 조
문 들어와서 거기에 대한 답변이 있은 뒤에 구두질의를 시작하
겠습니다.

대법원, 헌법위원회

전문위원 권승렬　김병회 의원으로부터 대심(大審)에 대한 설치가 필요한가 이런 것이 있습니다. 제75조에 「사법권은 법관으로서 조직된 법원이 행한다. 또 최고법원인 대법원과 하급법원의 조직은 법률로써 정한다.」 여기서 법률로써 정한다고 했기 때문에 국회에서 법률로써 정할 수 있을 것입니다. 그래서 헌법에는 대심제도를 취급하지 않았습니다.

또 박찬현 의원은 행정재판소를 설치하지 않는 이유를 질의했습니다. 삼권분립이기 때문에 사법에 대한 것은 한곳에 몰아가지고 해야 합니다. 행정재판에 대해서 일반 사법제도를 들어서 하느냐 그렇지 않으면 일반 사법제도 이외에 따로 행정재판제도를 법원 조직에다가 넣을 것인가 이런 등등은 그 나라 사정에 따라서 다를 것입니다. 지금 이 헌법에서는 행정재판소를 따로 두지 아니하고 사법제도에다 합하였습니다. 또 박찬현 의원은 군법회의에 대해서도 질의했습니다. 군법회의에서 처리할 것과 사법회의에서 처리할 것이 있습니다. 군인일지라도 위반하면 일반 헌법에 의해서 처리할 것입니다. 특히 내란을 야기하려는 반역죄는 군인에 관한 것이 있습니다. 이것은 대개 국가의 중대한 일인 까닭에 일반에게 공개하지 않고 사법부와 분리해서, 즉 말하자면 군법회의를 열든지 군사재판을 하든지 그렇게 하는 것이 보통 상례인 까닭에 여기에다가 취급하지 않았습니다.

부의장 김동원　서면질의는 끝났습니다. 그 외에 구두로 질의하실 이는 말씀하십시오.

송창식 의원　제80조 2행에 「법률이 헌법에 위반되는 여부가 재판의 전제가 되는 때에는 법원은 헌법위원회에 제청하여 그 결정에 의하여 재판한다.」고 하였습니다. 그런데 국회의원이 만들어낸 법률이 헌법에 위반하는 경우는 없으리라고 생각합니다. 혹 자기가 낸 법률에 대해서 자기가 위반하면 자기가 재판할 수 있을까 이것을 묻는 것이올시다.

전문위원 권승렬　법률이라고 하는 것은 여러 가지 만드는 중에 서로 좀 모순되는 점도 있습니다. 헌법에서 「재산권은 법률이 보장하고 또 그 한계는 법률로써 정한다.」고 되어 있습니다. 만약 이 국회에서 농민에게 공출을 시킨다고 하는 법률이 나오고 행정부에서도 어떤 난국을 타개하는 데 퍽 적절하다고 생각해서 그대로 집행하고자 하는 경우를 생각해볼 수 있습니다. 그때 외부에서는 그것이 재산권을 마음대로 뺏는 것이니, 이것이 자유를 보장하는 것이냐 문제가 제기될 수 있고 그러면 헌법에 위반이 되느냐 안 되느냐 하는 문제가 일어납니다.

그래서 모든 법률을 판정하기 위해서 국회에서 다섯 분을 내고 대법관에서 5명을 내서 헌법위원회를 구성한 것입니다. 거기서 우리의 국리민복을 도모하는 생활상 적당한가 아닌가를 보아서, 적당치 않으면 헌법 위반이라고 하겠고 적당하면 헌법 위반이 아니라고 이렇게 판정할 것입니다. 그런 의미에서 이런 제도를 쓴 것입니다. 이 4항에 헌법위원회 회의에서 의안을 결정할 때에는 의원 3분지 2 이상의 찬성이 있어야 한다고 규정했습니다. 신중을 기하기 위해서 과반수로 하지 않고 3분지 2로 한 것이올시다.

송창식 의원　제가 묻는 것은 자기가 만든 법률을, 자기가 만든 헌법을 위반한다고 하면 자기가 재판할 수 있느냐 이것을 묻는 것이올시다.

전문위원 권승렬　지금 국회에서 법률을 제정하는 데에 있어서는 소위 다수결이라는 것으로 결정이 됩니다. 국회의원으로 계시다가 헌법위원회의 위원으로 임명이 되면, 국회의원이라는 자격과 아주 별개로 헌법위원회의 위원으로서, 헌법상 기관이 되는 것이니까 국회에 대한 기관하고는 다른 것입니다.

이진수 의원　제80조 3항에 「헌법위원회는 부통령을 위원장으로 하고 대법관 5인과 국회의원 5인의 위원으로 구성한다.」 제67조에 「국무원은 대통령과 국무총리, 기타 국무위원으로서 조직되는 회의체로서 대통령의 권한에 속한 중요 국책을 의결한다.」 했어요. 부통령은 국무위원이 아닙니다. 그러면 삼권분립으로 국무위원과 조직위원이 되지 않은 부통령이 대통령과 정치를 보조하는 부통령으로서 여기에 헌법위원회 위원장이 될 의도는 어데 있느냐 이것을 묻고자 합니다.

전문위원 유진오　법률이 헌법에 위반이 되느냐 안 되느냐 하는 문제에 있어 대개 두 가지가 있습니다. 하나는 국회가 스스로 법률을 정하는 것. 국회에서 제정하는 법률은 의례히 헌법에 위반되지 않는 것이라고 보는 것과, 또 하나는 법률이 헌법에 위반되느냐 안 되느냐 하는 것을 재판소에서 작정하도록 하는 것

입니다. 그 두 가지 방식은 각각 일
단일장을 가지고 있습니다.

> 부통령이 헌법위원회의
> 위원장이 된 것은
> 탄핵재판소의 재판장이
> 된 것과 같다.

　우리가 이 초안을 만들 때는
이 두 제도의 장점만 합해서 만든
것이 헌법위원회의 정신입니다. 즉
법률을 만드는 국회에서 5명을 내고, 또 재판소에 헌법 위반 여
부를 심사하는 정신을 취해서 대법관에 5명을 이렇게 합 10명
을 냅니다. 이 10명이 헌법상의 기관을 구성해서 거기에서 헌
법에 위반이 되느냐 안 되느냐 하는 것을 의논하도록 이런 구
성을 하였습니다. 부통령이 헌법위원회의 위원장이 된 것은 탄
핵재판소 구성에서 부통령이 재판장으로 된 것과 차이가 없습
니다. 꼭 부통령이 해야만 될 이유는 없습니다. 부통령은 대통
령을 대행하는 이외에 헌법상 직접 부통령의 권한으로서 되어
있는 것이 적습니다. 그러므로 부통령이 헌법상 행할 수 있는
위권(威權)의 하나로서 탄핵재판소와 헌법위원회의 위원장이라
는 중요한 직무를 생각해본 것입니다.

경제의 기본 원칙

전문위원 유진오　　김명동 의원은 경제제도가 만민공생의 균
형적 입장에서 고찰하면 모호한 점이 있지 않은가 라고 질의했
습니다. 물론 이 헌법에서 자세한 것을 정한 것은 아닙니다. 그렇

지만 경제제도의 기본원칙을 헌법에 규정하였습니다. 이 경제에 관한 규정을 헌법에 넣는 것은 경제적, 사회적 민주주의가 발전되어 가지고 국가가 경제적, 사회적 기능을 광범하게 수행한다는 점에 있고 이것은 현대적 사상의 결과입니다. 우리 국가의 기본 방침과 제도는 어느 정도 밝혀졌다고 생각합니다. 83조에 관하여 이재형 의원과 김경도 의원은 '경제적 자유의 제도'는 제5조의 '개인의 자유'와 모순되지 않나 하는 질의를 했습니다. 이 제5조에서 개인의 자유의 의미는 개인의 자유, 평등과 창의를 존중하고 보장하며 공공복지의 향상을 위하여 이를 보호하고 조정한다는 것입니다. 제83조의 자유경제의 의미는 모든 사람의 경제 균등을 목표로 경제균등에 위배되지 않도록 한 규정입니다. 따라서 그 내용이 모순된 것이 아니라고 생각됩니다.

김도연 의원은 83조에서 균형있는 국민경제 발전을 기하는 구체적 방법에 대해 질의했습니다. 균형있는 국민경제의 발전이라면 여러 가지 생각할 수 있습니다. 모든 산업 부분에서 균형을 정한다는 그것은 명시되어 있지 않습니다. 앞으로 여러 가지 산업경제와 관련해서는 입법으로 구체화될 것이라 생각합니다. 역시 83조에 대해 조규갑 의원은 생활의 기본적 수요를 충족할 수 있도록 하는 사회정의의 실현이라는 의미가 자유경제 조직을 통제하여 갈 것을 지시함인가 하는 질의가 있었습니다. 모든 사람의 생활의 기본적 수요를 충족하는 사회정의 실현에 방해되지 않는 모든 경제적 자유는 보존됩니다. 그러니까 경제상 자유행동은 이 83조에 쓴 것과 같이, 법률에 따른 정책을 통해서 그것을 실현할 줄 생각합니다.

84조에 관하여 말씀하면 수산과 산림에 관한 문제로 헌법기초위원회에서 많이 논의가 됐습니다. 산림을 국유로 하느냐 안하느냐 하는 문제가 기본적인 문제가 될 것입니다. 헌법기초위원회에서 산림을 국유로 한다면 도저히 양목(養木)이 되지 않는 경향이 있다고 보았습니다. 양목하기 위해서는 사유로 하는 것이 좋지 않은가 생각해서 산림에 대해서는 84조에서 뺐습니다.

수산에 대해서도 여러 논의가 있었는데 빠졌습니다. 개인의 의견으로서는 연해안의 어류는 시기에 따라서 또 근해안의 어류는 연해안으로 이동하므로 국유로도 하기 어렵고 사유로도 하기 어려워서 수산자원은 빠졌습니다.

박순석 의원은 제85조 「농지는 농민에게 분배함이 원칙으로 한다.」는 규정과 관련하여 비농민에게는 분배할 수 있는가' 이런 질의를 했습니다. 물론 농지는 농민에게 분배함이 원칙이고 농민에게 분배해야 합니다. 그렇지만 경작하는 사람이 아니라 할지라도 농지에 대한 필요가 있을까 해서 모든 문제를 법률에 일임한 것입니다. 농지를 농민에게 분배하는 문제는 조금도 빈틈이 없을 것입니다. 그러나 만일 직접 경작하는 이외에 생산을 위한 필요가 있다면 법률로 그것을 조치하고자 합니다.

이병관 의원은 농지 외의 재산을 분배치 않는 이유를 질의

> 농지는 농민에게
> 분배함이 원칙
> 농지분배율과 농지소유
> 한도를 명시할 것

했습니다. 농지를 분배하는 것이 지금 우리가 민주주의적 제도를 수립하는 데 있어서 가장 기본적 문제로 되어 있기 때문에 농지를 분배하는 것입니다. 민주주의를 위해서는 종래에 토지에 예속되어 영유(領有)치 않는 농민을 해방시켜야 합니다. 여기에 토지개혁의 목표가 있는 것입니다. 그러므로 이 헌법에 농지에 관한 것을 규정한 것입니다.

조종승 의원은 농지분배율을 헌법에 명시함이 어떤지 질의했습니다. 농지분배율을 명시할 수 있게 결의된다면 물론 좋겠습니다. 그러나 헌법을 급히 제정하여 상정시켜야 했고 또 구체적 문제를 논의하려면 장구한 시간이 걸리기 때문에 법률에 미루고 헌법에 넣지 않았습니다.

김명동 의원은 농지 소유의 한도를 명시하지 않은 이유에 대해 질의했습니다. 이를 손쉽게 결정할 수 있다면 결정하는 것이 좋습니다. 그러나 이것은 상당한 통계숫자를 갖지 않고서 명확한 문자를 산출하기 어렵습니다. 분배하는 것만을 헌법에 제시했습니다.

전문위원 유진오　83조에 관해서 송창식 의원은 생활의 기본적 수요라는 것은 무엇을 목표로 한 것인지, 국가의 경제는 통제경제를 기본원칙으로 하고 자유경제는 예외로 한다는 것인지 질의했습니다. 대개 외국 헌법 예에도 이와 유사한 말이 나옵니다. 독일헌법에 생활의 기본적 수요라는 규정이 있습니다. 또 일본헌법에는 문화적인 생활이라는 말이 있습니다. 먹고 입는 것만으로는 사람다운 생활이라고 할 수 없습니다. 생활의 기본적 수요라는 것은 먹고 입는 것 이외에 최저한의 문화에 욕망을 취할 수 있어야 경제적 기본균등이 실현될 것이라 생각해서 말을 써 본 것입니다.

그리고 경제 조항은 결코 통제경제를 원칙으로 하고 자유경제를 예외로 한다는 말이 아닙니다.

자유경제가 기본 원칙이나 일부는 통제경제

자유경제가 의례히 원칙이 된다는 점을 전제하고, 경제 조항에 속하는 몇 가지는 통제경제를 한다 이런 취지입니다. 헌법에 나타나지 않는 조문은 자유경제가 되겠습니다. 지하자원이라든지 대규모 공공 대기업이라는 것을 국유로 한다, 국영으로 한다는 취지입니다.

86조에 관해서 송봉해 의원은 '「공공 필요에 의하여 사영을 특허하거나 또는 그 특허를 취소할 수 있다」하면 사영의 범위가 확대될 염려가 있지 아니한가'라고 질의했습니다. 이 사영 특허의 취지는 다음과 같습니다. 운수, 통신, 금융, 보험, 전기, 수도, 까쓰 및 공공성을 가진 기업을 국영 또는 공용으로 한다고 했다가, 만일 국가나 공공단체가 이것을 운영할 능력이 충분치 못하여 실제로 운영이 되지 않으면 공공의 필요를 위한다는 취지와 배치되게 됩니다. 국가나 공공단체의 권리라 해서 사적 사람에게는 하지 못하게 하였는데, 만일 국가나 공공단체가 운영하지 못할 것이면 도리어 우리에게 해가 될 것입니다. 만일 그러한 때에는 공공의 필요가 있으니 사용을 특허한다든지 또는 더 이상 사용을 특허할 필요가 없다고 하면 취소해서 국가가 운영하도록 한다는 이러한 취지입니다. 이 운영 여하에 따라서 사영의 범위가 넓어질 수 있습니다. 아무쪼록 국가나 공공단체가 국영 또는 공영사업의 운영상에 있어 능력을 발휘해서 직접으로 국가경제에 이익이 되도록 운영하기를 바랍니다.

부의장 신익희   지금 서면으로 질의된 것은 다 답변이 되었습니다.

(「또 있습니다.」 하는 이 있음)

시간이 됐으므로 이만 5분간 휴회하십시다.

(하오 3시 30분 휴게)

(하오 3시 37분 계속 개의)

부의장 김동원   그러면 서면으로 들어온 데 대해서 계속해서 응답해 드릴건데 한 가지 주의 말씀 드릴 것은 시간적 여유가 있게 서면질의를 제출해 주시면 좋겠습니다. 응답하는 도중에 제출하시면 누실되기 쉽고 또는 여기에 대한 연구도 해야 하니까 등등 생각해서 내일 답변할 것이 있으면 될 수 있는 대로 오늘 제출해 주시면 좋겠습니다. 이제 서면 들어온 데 대해서 말씀드리겠습니다.

전문위원 유진오   황윤호 의원으로부터 85조 농민의 한계에 대해서 질의가 있는데 그것은 전부 법률로써 정하게 되고 또한 분배방법도 법률로 정하게 됩니다. 또 제15조의 그 분배방법에서 무상몰수를 의미한 것인데 그 무상분배를 어느 것을 표준하는가 라고 질의하셨는데 무상몰수라는 것은 없습니다. 몰수는 국가가 몰수할 경우, 몰수입니다.

(「옳소」하는 이 있음)

몰수라는 말은 적절치 않

습니다. 88조 공공 필요에 의해
서 국민의 재산권을 침해할 때
에는 반드시 보상금을 주게 되어 있습니다. 그러니까 무상도 없
습니다. 그 범위와 내용은 법률로 정할 것입니다.

김도연 의원으로부터 무역을 국가가 통제한다고 하니 그것
을 통제로 하느냐 관리하느냐 감독하느냐 세 가지를 설명하라고
하셨는데, 그런데 감독이라면 원칙적으로 개인이 하는 일을 국가
가 감독하는 것입니다. 관리라고 하면 무역을 국가가 직접 운영
하는 것을 관리라 하겠습니다. 통제라는 것은 국가가 직접 취급
하는 것이 아닙니다. 대외적 수출을 위해 어떤 물건을 내가든지
또는 수입하는 데 있어서도 어떠한 물건은 안들여와야 한다든지
그러한 것을 모두 국가가 간섭할 경우입니다.

정해준 의원　　83조를 보면 근본적으로 균형이라는 문자를
쓰셨습니다. 경제정책에 있어서 계획경제와 통제경제, 자유경제
에 대해 헌법기초위원회에서 어떤 논의가 있었는지 그것을 한
번 듣고 싶습니다. 또한 그 한계 내에서 보장된다 하는 그것을
법적으로 기초할 수 없을까 이것 묻고 싶습니다.

전문위원 유진오　　83조는 입법의 기본방침을 규정한 것입니
다. 그러니까 법률을 만들 때 이러한 정신으로서 만들고 국가가
경제정책을 운영하는데 이 기본정신을 발휘할 것입니다. 가령 노
동조건은 법률로 정할 것입니다. 그것 역시 83조 정신으로 나타

나게 될 것입니다. 이 국민복리 경제를 실행하기 위해서 어떠한 경제제도를 써야 하느냐, 그것은 구체적으로 전부 법률로서 나올 것이고 또 국가의 경제정책에 나타날 것입니다.

국가 예산의 심의와 의결

전문위원 유진오   제90조에 제3항 「국회는 정부의 동의없이는 정부가 제출한 지출예산 각항의 금액을 증가하거나 또는 신비목(新費目)을 설치할 수 없다.」에 관해서 이원홍 의원은 '제3항 중 감액할 때는 정부의 동의가 필요치 않은가'라고 질의하였습니다. 감액할 때에는 정부의 동의가 필요치 않습니다. 김도연 의원으로부터 '국회는 정부의 동의없이는 예산 각항을 증가할 수 없게 되어있는데 그 이유가 무엇이냐'고 하는 질의가 있었습니다.

이러한 조문을 국회 권한에 넣은 것은 특별히 영국 의회에서 대단히 중대한 의미가 있다고 합니다. 국회의원은 집행하는 기관이 아니며 집행에 대해서는 책임은 지지 아니하는 기관입니다. 국회가 만약 국가수입이 얼마인지 고려하지 않고서 여러 가지 이상적인 계획을 제출·가결한다면 정부는 그것을 집행해 나갈 수가 없습니다. 그러므로 국회에 모인 여러분은 정부가 제출한 지출을 삭감해서 국민의 부담을 경하게 하는 그점에만 치중해야 할 것입니다. 정부가 제출한 예산을 증가시켜서 국민 부담을 증가시켜서는 안 된다는 그런 취지에서 예산 각항을 증가시키지 못한다고 이렇게 한 것입니다.

제93조에 관해 박순석 의원은 '계속적으로 매년 예산이 의결되지 아니할 때에는 정부는 여하히 할 것인가' 질의하셨는데 말씀대로 만약 매년 예산 의결이 안 된다고 하면 큰 야단입니다. 외국에는 정부가 전제정치를 하기 위해서 예산을 쥐고 있다가 회기가 거의 끝날 때에 제출해 가지고 성립을 안 시키고 전년도 예산을 실행해 나가는 이러한 예가 있었습니다. 그러나 정부측으로서는 그러한 일을 해서는 안 되겠고, 국회로서도 예산을 성립시켜야 할 것입니다. 만일 예산이 의결되지 아니한 때에는 이 헌법 초안 93조에 의해서 전년도의 예산을 정부가 실행할 수밖에 없습니다. 그러니까 이러한 사태는 일어나지 않기를 희망하는 것밖에는 도리가 없습니다. 미국에서는 국회에 대한 해산제도가 없으니 예산이 회계연도 이전에 잘 성립이 됩니다. 그런 외국의 좋은 예는 우리도 본받을 것이라고 생각합니다.

94조에 관해 김병회 의원은 「결산을 국회에 제출하여야 한다.」고 규정되었는데 제출만으로 정부의 책임이 해제되는가' 하셨는데 물론 '제출하여야 한다' 이 말은 그냥 제출만 하는 것이 아니라 제출을 해 가지고 국회의 찬성을 얻어서 책임 해제를 받아야 한다 그 취지입니다.

김병회 의원은 또 '예산의 제출 기간이 명시되지 않으면 고의로 제출을 지연시키고 전년도 예산을 습용(襲用)할 경우가 일어나지 않을까'라고 질의하셨는데 이것은 아까 말씀한 중에 포함이 되어 있습니다. 물론 고의로 제출을 지연한 악례도 외국에 없지 않습니다. 그러나 초안할 때에는 그런 것은 우리나라에는 없으리라고 생각해서 제출기간을 여기다가 규정하지 않았습니다.

김준연 의원　　기초위원의 한 사람으로 또 말씀을 드리고자 합니다. 지금 94조 제2항 「정부는 심계원의 검사보고와 함께 결산을 차년도의 국회에 제출하여야 한다.」 이것을 유진오 전문위원께서 설명을 하시면서, '제출만 하는 것이 아니라 책임면제를 받아야 된다고 하는 그 의미가 포함이 되었다'고 말씀을 하였습니다. 그러나 나는 그점에 있어서 유진오 전문위원하고 의견을 달리합니다.

이 결산은 정부가 제출하는 것인데 의회에서는 단순히 심계원의 그 보고와 혹은 숫자에 착오가 있는지를 심사하는 정도에 그치는 것이 당연하다고 생각합니다. 돈을 쓰는 것이 잘못되었다. 또는 잘 되었다. 이렇게 해 가지고 정부의 책임을 묻게 된다고 할 것 같으면, 그것은 정부에 대한 불신임안 결의의 형식으로 표현이 될 염려가 있습니다. 그런 까닭에 원안에서 정부가 제출해서 책임면제까지 받아야 된다고 그와 같이 작정이 되었습니다. 이 초안은 내각책임제라는 제도를 두지 않아서 내각에 대한 불신임안 결의를 주지 않았기에 제출만 한다고 했습니다. 거기에 대해서 면책의 결의까지 하게 되어야 할 것인가 하는 데 대해서 나는 의문을 가집니다.

전문위원 유진오　　지금 그 책임면제에 내용에 관해서 김준연 의원으로부터 말씀이 계셨는데 물론 이 헌법 초안은 책임내각제를 취하고 있지 않기 때문에 그 책임의 면제를 받아야 한다는 것을 법률적으로 따진다면 탄핵을 성립시키는 것 이외에는 없습니다. 가령 책임내각제라고 하면 불신임안 결의를 하든지 그런 것이 되겠는데 이 헌법 초안에서는 인정되지 않으니까 그 지출의 내용이 위법인 경우에 탄핵이 성립되는 것 이외에는 책임을 물을 법률상의 수단은 없습니다.

정광호 의원　　93조에 대해서 기초위원이라든지 전문위원들이 회계연도의 시작과 끝을 생각해 본 일이 있는지, 그것을 왜 규정하지 않았는지, 과거에 내려오던 4월 1일이 회계연도의 시작이고 3월 말일이 회계연도의 끝인지 분명히 좀 알고 싶습니다. 지금 우리 국회법을 보든지 헌법 규정에 보면 그 의도가 4월 1일을 예상해서 국회를 가장 추울 때 12월 중 소집되도록 되어 있습니다. 거기에 대한 장단 몇 가지를 좀 알고 싶어서 묻습니다.

전문위원 유진오　　회계연도는 4월 1일에 시작되어서 익년 3월 말일에 끝난다는 것을 전제하고서 쓴 것입니다. 외국을 조사해 보았더니 역시 4월 1일부터 시작된 나라가 많았습니다. 또한 우리가 여러 해 동안 그러한 제도하에 살아왔기 때문에 그냥 그 제도를 습용하는 것이 좋다고 생각했습니다. 회계연도를 헌법에 명시하지 아니한 것은 회계법을 정할 때에 거기에다가 정할 것입니다. 12월 20일 국회가 집회하게 된 것은 지금 말씀드린 대로 4월 1일로부터 회계연도가 시작되는 것을 예상했기 때문입니다. 12월 20일에 집회하면 그때에 예산안이나 기타의 중요한 법률의 배포를 받아가지고 석 달 동안 충분히 심의해서 결정할 시간이 있으리라고 생각됩니다. 미국은 7월부터 회계연도가 시작되는데 그 제도에 대해서는 저는 잘 모르겠습니다.

김교현 의원　　　회계연도가 시작될 때까지 예산이 결의되지 아니한 때에는 정부가 전년도의 예산을 실행한다고 했습니다. 그런데 회계연도가 하루나 이틀이 지났다고해서 1년의 예산을 전부 답습 하느냐 안 하느냐 하는 것이 대단히 의문이 됩니다.

전문위원 유진오　　　이 93조는 외국제도에 비해서 대단히 비민주주의적인 제도라고 말씀할 수 있겠습니다. 그러나 여기서 이러한 제도를 채택한 이유는 이것이에요. 처음에는 예산이 의결되지 아니한 때 예산이 의결될 때까지 전년도의 예산을 실행한다고 이렇게 초안을 했었습니다. 그런데 예산이 가령 3월 말일까지 의결이 안 되었는데 그 동안에 의결이 될 때까지 전년도의 예산을 실행한다고 할 것 같으면 국회가 3월이 지난 후에도 통상 열려있다는 것을 전제로 해야만 그러한 조문이 들어갈 수 있습니다. 국회법에서는 회기를 90일로 하기로 되어 있습니다.

예산이 의결되지 않은 때에는 전년도의 예산을 실행한다고 하는 것은 누가 생각하든지 대단히 좋은 제도라고 할 수가 없습니다. 그러니까 저의 의견

> **전년도 예산 실행은 비민주주의이지만 불가피한 제도이다**

으로도 국회가 1년 중 상설되는 그런 기관은 아니지만 여기에 어떻게 해서든지 예산이 성립될 때까지라는 취지를 써넣었으면 합니다. 한편으로 외국 제도에 따라서 가예산을 한다든지 기타 적당한 방법으로 지출을 해 나가게 하고, 또 다른 한편으로 국회의 회기가 아니더라도 회기를 연장한다든지, 또는 일단 폐회한다고

하더라도 임시회의를 소집한다든지 기타 적당한 방법으로 예산을 반드시 성립시키는 방책을 취하는 것이 좋은 줄로 생각합니다.

장면 의원　정부에는 반드시 그 해의 예산을 기안해서 똑똑히 이것을 성립시키도록 노력하지 아니하면 아니되겠습니다. 헌법에 제정해 놓는 것이 정당하다고 생각이 됩니다. 만일 이대로 그냥 실행한다면 정부측에서는 내년도의 예산이 편성이 되지 못하더라도 전년도의 예산을 답습할 만한 것을 이미 확보하고 있는 것이 됩니다. 그러니까 예산에 대한 방책이 충분치 못할 염려가 있습니다. 혹은 경우에 따라서 고의로 이것을 지연시키는 일이 없다고 단언할 수가 없다는 말입니다. 그리고 일본식 재래의 제도를 여기에 넣는 것은 문제가 있다고 생각합니다. 전문위원께서 그것을 인정하시면서 채택하신 이유가 어디에 있습니까?

전문위원 유진오　그 이유는 아까 말씀드린 대로 순전히 회기 관계에 있습니다.

반민족행위자 처벌

전문위원 권승렬　제100조에 「이 헌법을 제정한 국회는 단기 4278년 8월 15일 이전의 악질적인 반민족 행위를 처벌하는 특별법을 제정할 수 있다.」고 규정하였습니다. 그런데 해방 이후의 간상배, 모리배 등의 죄악을 범한 자에 대한 처벌법이 규정되지 않은 이유에 대해 윤석구 의원, 송봉해 의원, 박순석 의원, 황호현 의원, 조옥현 의원 다섯 분이 질의를 하였습니다.

제100조에서 규정한 처벌 법률은 범죄 행위를 한 당시의 법률에 의해서만 처벌을 받고 그 후에 다시 법을 만들어 소급해 가지고 처벌하지 않는다는 법률상 원칙이 있습니다. 즉 일제시대에는 당시 법령으로 범죄가 아니었는데 그 후에 소급해 가지고 범죄라고 할 수가 있는가 없는가? 그것은 법리상으로는 안 됩니다. 그러나 우리는 반민족행위자들을 그대로 둘 수가 없습니다. 또 다른 나라의 선례를 보더라도 민족정기를 위반하는 일, 자기 나라를 파멸로 인도하는 사람들을 그대로 내버려 두지를 않았습니다.

헌법초안 제22조에 「모든 국민은 행위시의 법률에 의하여 범죄를 구성하지 아니하는 행위에 대하여 소추를 받지 아니하며, 동일한 범죄에 대하여 두 번 처벌되지 아니한다.」라는 이 규정이 있는 까닭으로 지금 이 100조를 만들어 가지고 이 원칙을 깨뜨려 둔 것입니다. 해방 이후의 모리배나 악질적 행위는 지금 현행법으로 처벌할 수 있습니다. 탐관오리에 대한 처벌 법령이 있고, 모리배를 처벌하는 규정으로 폭리취체규정이 있습니다.

그 다음에는 황호현씨는 '100조가 규정되지 않아도 본 국회는 악질적인 반민족행위를 처단하는 특별법을 제정할 수 있다고 생각하는데 이 조문을 영구한 헌법에 규정한 이유가 무엇인가' 또 '8·15 전에 한한 이유가 무엇인가' 라고 질의했습니다. 지금 말씀한 이유와 같습니다.

부의장 김동원　　서면질의는 끝났는데 그러면 이제 구두로 질의하실 일이 있으면 말씀하십시요.

노일환 의원　　부칙 제100조의 규정은 적극성이 없고 대단히 소극적입니다. 이 문제는 민족이 가장 주시하고 있는 문제인데 이렇게 소극적으로 표시한 이유가 어디에 있는지 설명해 주시기를 바랍니다.

전문위원 권승렬　　물론 우리 형편으로는 지극히 긴절합니다. 그러나 법 이론상으로 보면 큰 논란이 있습니다. 시일이 간 후에 그 행위가 적법이냐 불법이냐 하는 것을 결정하려면 미리 이렇게 규정해 두어야 문책을 할 수가 있습니다. 소극적으로 한다는 것이 아닙니다.

부의장 김동원　　오늘은 시간이 되었으므로 이로서 휴회합니다.

(하오 5시 산회)

헌법안
제1독회
대체토론

대체토론 첫째 날

1948년 6월 29일 화요일(제20차 회의)

(상오 10시 개의)

부의장 신익희　　시방부터 개회하겠습니다.

발언시간 제한과 기초위원 발언 문제

　　부의장 신익희　　오늘은 상오부터 대체토론을 개시하겠습니다. 대체토론을 개시하기 전에 우리가 주의할 것은 우리의 의사를 완전히 교환하되 좀 길게 된 것은 짧게, 잘못된 것은 바르게 해야 할 것입니다. 그러나 많은 시간을 그대로 허비하면 우리 안팎의 정세가 허락하지 않습니다. 200여 명의 의원들이 다 각각 발언을 해서 대체토론을 한다고 하면 시간이 많이 걸릴 것입니다.

　　그래서 첫째로 시간제한이 필요합니다. 그러므로 대략 우리의 반수 이하로 한다면 60인 정도의 의사가 반영이 되지 않을까, 60인의 발언은 대개 5분 내외로 제한하는 것이 좋을까 합니다. 대체토론에 있어서 구두로 발언하지 못하게 되는 때는 서면으로 제출하셔도 의장의 허락을 얻어가지고 속기록에 게재할 수가 있습니다. 그러면 전국민에게 우리 의사 전부가 다 전달될 것입니다.

둘째로 대체토론에 있어서 발언하시는 분은 다른 분이 발언한 점과 중복되지 않도록 주의해 주시기 바랍니다. 제2독회 중 동의안을 제출할 수 있지만 조문을 어떻게 수정했으면 좋겠다는 수정동의안은 반드시 서면으로 제출하시기 바랍니다. 구두로는 우리가 조문을 기억하기가 어렵고 하니 극히 신중한 태도로 반드시 서면으로 수속을 밟아서 하시기 바랍니다. 만일 수정동의안이 제출되지 않는 경우에는 제2독회 때 이의가 없는 것으로 인정할 것입니다.

마지막으로 수정동의안에 대해서 동의자가 취지를 설명한 후에 찬부를 표시하는 것은 세 분 이내로 발언했으면 좋겠습니다. 찬부간에 수정동의가 나오면 찬성은 물론이고 부편이라도 세 분의 의안이면 대략 우리의 의사가 반영되리라는 그러한 뜻으로 말씀드리는 것입니다.

조봉암 의원　너무 여러 가지 의장께서 제약하시니까 일일히 기억하기가 곤란합니다. 대체토론이라는 것은 나는 찬성하오 반대하오 하는 의사표시만 하는 것이 아니라 대체로 여기에 대한 토론을 전개하는 것이올시다. 5분 동안으로 한다는 것은 불가능한 일일 뿐만 아니라 전연 못하게 하는 것과 똑같은 성질이 되는 것입니다.

유진홍 의원　　지금 대체토론에 있어서 우리의 이론과 우리의 의사를 충분히 발휘하자는 것은 좋습니다. 그러나 무제한으로 시간을 그대로 내맡겨둔다면 이 대체토론이라는 것이 며칠 갈 것인지 모르겠습니다. 그래서 의장 말씀은 5분간이라고 하지만 5분간은 조금 짧은 감이 있어서 저는 10분간으로 시간을 정하고 충분한 요령만 따서 대체토론하고자 합니다.

부의장 신익희　　그러면 시방부터는 대체토론을 즉시 개시해요. 여기에 청구하신 차례순대로 다 배열되어 있습니다. 찬과 부를 교체해서 발언권을 드리겠습니다. 우선 첫째 반대의사로 조봉암 의원께서 발언하시겠습니다.

김준연 의원　　조봉암 의원은 헌법기초위원의 한 사람이올시다. 헌법기초위원회에서 신중히 토의해서 여기에 제안한 그것을 조봉암 의원이 반대한다고 하는 것은 불가한 줄 생각합니다.

(「옳소」 하는 이 있음)

(「의장」 하는 이 있음)

부의장 신익희　　시방 김준연 의원의 말씀이 정당한 말씀입니다. 그러나 기초위원회에 있어서 기초한 초안자라도 자기의 의견이 있는 경우 토론하는 자유는 있을 것입니다. 헌법기초위원회에서 작정된 것이라도 소수의 의견은 위원장을 통해서 소개할 수 있습니다. 그 이유는 물론 민주주의 원칙에 의해서 소개할 수 있습니다. 만일 기초위원의 한 사람으로서 반대 방면 의사를 절대적으로 표시할 수 없다는 것을 규정하면 조봉암 의원은 말씀하기 어렵겠습니다.

박기운 의원　기초위원으로 나와 가지고서 헌법의 초안을 만들어서 제출된 것에 기초위원의 입장으로서 반대 발언권이 없다는 것은 대단히 모순입니다.

이남규 의원　기초위원이라고 하더라도 위원회에서 자기 마음대로 되지 못했을 적에 여기에 나와서 의원으로서 당당히 발언할 수 있습니다. 그러나 기초위원 아닌 다른 의원의 충분한 토의 또는 설명이 있은 다음에 자기 의사가 그대로 나오지 않을 경우, 설명할 필요가 있습니다. 기초위원으로서 기초위원회 석상에서도 상당한 시간을 허비했으리라고 생각하는데, 그럼에도 불구하고 이 대체토론이 시작되는 초두에 기초위원으로서 반대의사를 먼저 표명하는 것은 시간을 허비하는 것이 됩니다. 그러므로 첫째 번 순서를 안 주는 것이 옳다고 생각합니다. 기초위원은 찬부를 막론하고 다른 이의 발언이 끝난 다음에 하는 것이 좋겠습니다.

서상일 의원　잠깐 기초위원회에서 경과된 사실을 간단히 말씀드리고자 합니다. 그때 조봉암 의원은 아마 재석하지 않았던 모양입니다. 기초위원회에서는 신중히 토론한 결과 결론을 내야 되는 까닭에 본회의처럼 가부를 물어서 결정하였습니다. 그래서 전원일치로 이 조문이 다 통과된 것은 아니었습니다. 하지만 이미 기초위원회로서 이 안을 초안이라고 제출한 이상에는 우리들이 의견의 대립이 있었더라도 본회의에 나가서 의견을 각각 진술할 때에는 논하지 않기로 했습니다. 그것은 기초위원의 구성 관계도 있고 기초위원으로서 연대적으로 이 의무를 실행하는 데 있어서 모순이 없도록 하기 위함입니다. 그래서 본원에 나가서 가부 거수에 손을 들지언정 찬부의 논의를 하지 않기로, 찬성은 물론이지만 반대의견도 안 하기로, 그렇게 기초위원회에서 결의가 된 것입니다. 이것을 여러분에게 보고해 드리지 못한 까닭에 이러한 문제가 생긴 줄 아는 동시에 조봉암 의원은 그 결의를 통과할 때에 그 때에 재석하지 않았습니다.

부의장 신익희   조금 용서해 주십시오. 시방 기초위원회에서 결의가 있었다고 하는 것을 알게 되었습니다. 이야기를 시작하시기 전에 원칙 몇 가지를 이야기하느라고 거진 한 시간을 허비하였는데 이 이야기는 이만 줄이겠습니다. 그러면 시방은 찬성하는 방면으로 곽상훈 의원 발언하겠습니다.

단원제와 대통령제

곽상훈 의원   제가 찬성한 것은 단원제를 찬성한 것이올시다. 우리는 아직 남북이 통일된 완전 자주독립국가가 아닙니다. 우리는 남북이 통일된 완전 자주독립국가를 전취하고자 하는 목적을 위해서 이 의회를 구성한 것이고, 이를 위해 남조선 이천만이 우리를 이 의회의 대표로 보낸 줄 압니다. 우리들이 이 회의를 구성하여 앞으로 빨리빨리 중앙정부를 조직하는 것이 무엇보다도 완전 자주독립국가를 전취하는데 가장 빠른 길입니다. 그래서 우리는 심혈을 다해서 매일 거듭 회의를 하고 있습니다.

그런 때문에 이 완전 자주독립국가를 전취하는 이외에 소소한 일은 법리적이라든지 논리적이라든지 모든 의논을 다 버리는 것이 우리의 독립 전취에 가장 빠른 길입니다. 그래서 우리가 총대표인 이천만, 삼천만의 대표가 되실 대통령에게 정권을 주어서 독립 전취하는 투사의 앞재비로 내세웁시다. 여러 가지로 시간만 보낸다면 우리의 존귀한 목표는 달성하기 어렵습니다. 따라서 양원제가 불필요하다 생각합니다.

물론 일단일장이 있습니다. 국가대사를 정하는 데 있어서 단원제에서만 판정하는 것이 아니라 상·하원에서 신

> 단원제가 국내외 정세에 적합 단정이라고 반대하는 세력에게 시간을 줄 수 없다

중히 토론하는 것이 백년대계에 옳은 이치입니다. 그러나 우리는 완전 자주독립국가가 아닙니다. 그렇게 시간을 거듭거듭 보낼 필요가 없다고 생각합니다. 우리의 대업을 이루고자 하는데 여러 가지 방해가 있다는 것을 우리는 다 같이 알고 있습니다. 그런 까닭에 될 수 있는 대로 시간을 단축해야 합니다.

만약 지금부터 양원제도로 한다고 하면 적어도 한 달 내지 두 달이 걸릴 것입니다. 또한 남북통일이 아니다. 이것은 단정이므로 반대한다 하면서 이렇게 중앙정부 수립을 지연시키느라고 애쓰고 있는 것을 모릅니까? 그런 까닭에 우리는 그런 불순분자인 동지에게 시간을 줄 수 없습니다.

진헌식 의원　　단원제로 하느냐 양원제로 하느냐 하는 점에 있어서는 순리적으로 생각할 때에 국가주권의 원천인 국민의 입법에 관한 대표기관은 일원적임을 원칙으로 할 것입니다. 더구나 미국과 같이 귀족이라는 특권계급을 찾지 아니하고, 또 연방의 구성국가인 주의 대표자가 존재치 아니한 우리나라에 있어서는 이 원칙이 한층 더 타당합니다.

그러나 정치 운영의 실지에 있어서 양원제가 보유하며 발휘하는 기능적 견제와 조절의 기능적 작용의 결과로서 기대할 수 있는 온건타당한 국가 의사의 결정 등을 우리는 높이 평가하는 바입니다. 특권계급을 부인하는 이태리나 불란서 등 다수의 국가에서 양원제를 채용하고 있다는 사실을 묵과하기 어렵습니다. 다만 결과적으로 말하면 단원제는 입법 작용의 능률적인 추진을 약속할 것이며 양원제는 국가의사의 합리적인 발현을 도울 것이니 전자는 당면한 우리의 입장에 부합할 것이고 후자는 정상적인 사태에 적응할 것입니다. 우리의 현재의 입장을 고려하면 단원제가 실정에 부합하므로 반드시 단원제이어야 된다고 역설합니다.

그다음 대통령책임제냐 내각책임제이냐 하는 문제에 있어서는 심각한 논의가 있습니다마는 저는 반드시 대통령책임제라야 된다고 역설합니다. 우리가 신생국가 건설에 있어서 비약과 전환을 요하는 이때에, 더구나 쇄신과 추진을 희망한다고 하면 대통령책임제를 채용하는 것이 가장 적절한 것으로 믿습니다. 이 점에 있어서 헌법 초안을 하루바삐 통과시켜서 우리 삼천만이 갈망하고 있는 국권을 하루바삐 회복하기를 바랍니다.

박우경 의원　　국회와 대통령에 관련한 것을 냉정히 고찰할 필요가 있습니다. 38조 「정부는 법률안을 제출할 수가 있다.」 이것은 대통령의 국회에 대한 권한이올시다. 또 59조에 「대통령은 중요한 국무에 관하야 국회에 출석하여 발언하거나 또는 서한으로 연락한다.」, 43조에 「국무총리, 국무위원은 국회에 출석하여 의견을 진술하고 질문에 응답할 수 있으며 국회의 요구가 있을 때에는 출석·답변할 수 있다.」 이와 같은 권한이 있고 또 39조에 대통령은 국회에 대해서 법률안 거부권이 있습니다.

이렇게 해서 미국과 같은 소위 대통령중심제도보다 더 우리나라 대통령에 있어서는 여러 권한이 있습니다. 원칙적으로 대통령책임제에 대체로 찬의를 표합니다마는 68조에 국무총리와 국무위원은 대통령이 임면한다 이 점에 있어서는 국무총리는 반드시 국회에 승인을 얻어 국회와 대통령 사이의 그 조절을 하면 좋다고 생각합니다.

권태희 의원　　여러분 헌법 전문에는 국민이라는 말을 세 번 썼습니다. 제1장 총강에는 역시 국민이라는 말을 세 번 썼고, 제2장 국민의 권리·의무에는 스물 두 번 썼습니다. 제6장 경제 장에는 국민이라는 말을 세 번이나 썼습니다. 그래서 헌법 초안에 나타나는 모든 조문 가운데에 설흔 한 번이나 국민이란 말을 써 놓았고 첫머리 전문끝에는 우리들의 자손에 안전과 자유와 행복을 영원히 확보할 것을 결의하는 문자가 씌여 있습니다.

그런데 어떻게 헌법초안에서 결혼문제와 가정문제에 대해서 한 조목도 두지 않았습니다. 국민의 반수는 여자입니다. 헌법에서 일천오백만이나 여자가 있는 사실을 잊어버리고 있습니다. 또한 우리들의 자손의 복리를 말하면서 자손에게 가장 밀접한 관계가 있는 가정문제란 말은 한 마디도 없다는 것은 이 헌법에 기초적인 착오로 생각합니다.

(「소성」, 「옳소」 하는 이 있음)

제5조와 제85조에 재산권 및 농지의 소유제도를 법률로써 정한다고 명문을 밝혀 놓았습니다. 그러나 한 남자가 아내 둘도 셋도 소유하는(소성) 데 대해서 명문에 제한이 없습니다. 이것은 너무나 현실을 부인하는 것일 뿐만 아니라 비도의적, 비윤리적, 비도덕적인, 비양심적인 악독간악한 만행인 행동을 그대로 묵과한 것으로 봅니다.

현명하신 국회의원 여러분, 독일 헌법 제109조에는 이러한 말이 있습니다. 「남자와 여자는 원칙적으로 국민으로서의 동일한 권리가 있으며 의무를 가진다.」 또 119조에 「호적은 가족생활, 민족의 발달을 정식으로 고쳐하므로 헌법의 특별한 보호를 받는다.」 가장 민족적 요건인 결혼문제와 가정문제가 헌법에 한 조목이 없는 것은 말할 수 없는 비애와 실망이올시다.

강욱중 의원 국가 만년에 기초가 되는 헌법을 제정할 우리 태도는 어디까지나 양심적이어야 할 것입니다. 지금 헌법 전문을 보건데 다소 부자연한 공기가 흐르지 않는가 합니다. 이 헌법이 어떠한 인물을 대통령으로 가상하고 그 인물을 기초로 하여 기초하지 않았는가 생각합니다. 대통령책임제의 장점이라든지 정변을 피했다는 것 등의 주장이 이런 이유와 관련됩니다.

또 대통령책임제에 있어서는 외부의 간섭을 받지 않고 정치를 할 수 있다고 말했습니다. 그

러나 국무원책임제를 채택해서 정부가 부패할 때에 국회에서 불신임 행사하고, 국회가 부패할 때에는 정부에서 해산권을 행사시켜 정치를 언제든지 생생하고 언제든지 쇄신적인 그러한 정국을 만드는 것이 좋을 줄 생각해서 대통령책임제보다도 국무원책임제를 주장합니다. 그리고 국회라는 입법부에서 행정부의 수반을 선거한다는 것은 법리적 모순이라 생각합니다. 초대 대통령은 국회에서 선거하고 그 다음의 선거는 국민이 직접 선거하는 것이 좋을 줄 생각합니다.

이주형 의원　본 의원은 대통령중심제를 찬성하는 것은 아닙니다. 그러나 현 우리나라 국내 정세로 보아서 당분간 대통령 책임제를 취하는 것도 역시 어쩔 수 없는 사정입니다. 그러나 이 헌법 전체를 통해서 볼 때 국가정권이 거진 대통령 한 사람에 집중되어 있는 것은 능히 간취할 수 있습니다. 왜냐하면 제56조에 대해서 비상사태가 무엇인지 규정이 없습니다. 그런데 대통령 한 사람만이 국회의 승인이나 어떤 동의도 얻을 필요도 없이 이와 같은 사태는 비상사태라고 규정할 수가 있습니다. 이렇게 대통령 자신이 능히 법률가 같은 해석을 할 수 있게 되어 있습니다. 그리고 대통령이 국회의 승인을 얻지 못한 때에는 그때부터 효력을 상실하며 대통령은 지체없이 이를 공포한다 했는데 그 기한이 없는 까닭에 역시 어떠한 일이라도 대통령이 능히 할

수 있게 되어 있습니다.

제일 문제점은 법률안을 대
통령이 자기 의견대로 할 수 있
다는 것입니다. 국회가 있는 이상
법률에 대한 입법권은 우리 국회

에 맡겨야 합니다. 그러나 39조에 보면 만일 법률안이 대통령 마
음에 맞지 아니하면 국회에 환부할 수 있고, 재의의 결과 국회의
재적의원 3분지 2 이상의 출석과 출석의원 3분지 2 이상의 찬성
을 얻어야 법률로 발생을 한다는 조문이 있습니다. 이것을 다시
해석할 것 같으면 재석의원 3분지 2의 동의를 얻지 못할 것 같으
면 법률안은 법률로서 효과를 나타내지 못할 것으로 해석이 됩
니다. 또한 대통령이 국무총리하고 국무위원을 자기 마음대로 임
명하게 두었습니다. 그렇게 되면 이상의 비상대책의 권리, 예산
에 대한 권리, 비상사태의 문제, 국회의 입법에 대한 어떠한 권한
까지 대통령이 침해하고 있습니다.

지난 날 가장 전제로 통치한, 자기 마음대로 한 무솔리니,
히틀러가 자기의 희망대로 헌법을 제정했어도 이보다 더 훌륭하
기는 어렵다고 생각됩니다. 이 헌법을 지금 열거한 것에 대해 수
정 없이 통과한다면 우리나라 민족이라는 것이 이름뿐이고 어떠
한 불행한 사태가 일어날 줄 모릅니다.

이원홍 의원   (미발언 원고 등재) 대통령제냐 내각제냐 하는 문
제에 대하여 본 의원은 대통령제를 찬성합니다. 정부가 흔들리
지 아니하고 태산과 같이 안정되어 있어야 나라가 커지고 국민

이 평안하게 된다는 것은 재언할 필요도 없거니와 정부가 안정되려면 내각제보다 대통령제라야 합니다. 대통령제는 정부와 국회가 갈리어 있으므로 정부는 국회에 대하여 책임을 지지 아니하는 동시에 국회는 정부에 대하여 불신임안을 제출하지 못합니다. 뿐만 아니라 대통령은 국회에 대하여 해산명령을 발할 권리도 없거니와 또한 필요도 없습니다.

그러므로 정변이 없어서 정부는 자연 안정적이게 되는 것인즉, 건설 초의 우리나라에 있어서는 대통령제가 적당합니다. 혹은 대통령제를 취하면 대통령과 국회가 의견대립 될 때에는 혁명 이외에는 아무 해결책이 없다고 하며 남미의 예를 들고 있으나 대통령제라고 하여서 반드시 혁명이 있는 것이 아니요, 내각제라고 하여서 혁명이 없는 것은 아닙니다. 미국은 대통령제를 오랫동안 실시하여 왔으나 혁명이 일어난 일이 없고, 그 어떠한 나라는 내각제를 실시하여 왔으나 종종 혁명이 일어난 것은 역사가 증명하는 바입니다. 혁명은 결코 대통령제에 있는 것이 아니요, 민족성 여하가 큰 원인이 되고 있는 것입니다.

그리고 우리 헌법 초안은 단순한 대통령제로 만든 것이 아닌, 대통령제와 내각제의 중간을 취한 독특한 헌법이 되고 있습니다. 대통령제를 실시하고 있는 어떠한 나라에서도 일찍이 예를 보지 못한 국무원이라는 합의체를 설치하였습니다. 대통령이 구성원이며 의장이 되어 중요국책을 합의·결정하는 동시에 국무에 관한 행위에 대하여는 문서로 하여 관계 국무위원이 부서를 하게 했습니다. 또한 대통령은 국회에 출석하여 발언할 수 있으며 문서로 연락을 취하도록 되어 있고 대통령, 기타 국무위원이 큰 실책이 있을 때에는 탄핵판결에 의하여 그 진퇴를 결정할 수 있습니다. 그러므로 대통령은 결코 독재를 쓸 우려가 없다고 생각합니다.

황병규 의원　이 헌법으로 말하자면 국가의 기본이 되는 법이므로 한 번 이것을 제정한 뒤에는 다시 개정한다는 것은 외국의 예를 보더라도 대단히 어려운 문제입니다. 미국의 실례, 혹 불란서의 실례, 일본의 실례를 보더라도 사실이 증명하고 있습니다. 그렇기 때문에 저는 좋은 대통령, 진정한 사람이 나와가지고 현실주의로 나간다고 하지마는 앞으로 우리의 자손만대에 존속해야 하는 데에 있어서 과거 히틀러, 무솔리니와 같은 그런 독재주의 정치가가 안 나올 것을 누가 부인할 수가 있습니까? 그러므로 우리는 상당히 냉정한 비판을 가해서 건실하게 이것을 토의하여 주시기를 바라는 바이올시다.

김병회 의원　우리가 군국주의를 싫어하고 독재나 전제를 싫어합니다. 그러면 우리가 국가 만년의 기반이 되는 헌법을 제정하는 데에 있어서 모든 방면에 있어서 가장 민주주의적이라야 할 것입니다.

그러면 민주주의적으로 우리가 이 법령을 제정하는 데에 있어서 어떠한 태도가 필요할 것인가? 언제나 다스리는 사람이 있다면 그 다스리는 것을 받는 피치자가 있다는 것을 생각하고 강자와 약한 자가 있다면 약한 자를 생각해야 합니다. 현재 우리가 유력한 입장에 있다면 앞으로 우리가 무력한 입장에 갈 때에 어떻게 하느냐 하는 것을 언제든지 생각해야합니다. 그것만 충분히 생각한다면 모든 법령이나 정책이 가장 민주주의적으로 되리라고 믿습니다. 그런데 여기서 지금 우리가 토의하고자 하는 헌법 초안은 제가 보기에는 현재 유력한 입장에서 강한 자의 입장에서 이것을 결정한 것이 아닌가 이렇게 생각이 됩니다.

우선 대통령 책임제로 해 가지고서 대통령에게 모든 권리를 부여하였습니다. 이 권리

헌법 초안의 대통령제는 대통령에게 모든 권력을 준 것

범위를 보면 이것을 잘 만든 것이라고 할 수가 있겠습니까? 대통령이 국무총리와 국무위원을 임면하게 만들었습니다. 또 대법원장을 임명하게 하고, 또 사법관의 책임을 가장 보장해야 할 것인데 법관의 임기를 10년이라고 하고 법률의 정하는 바에 의해서 다시 중임시킬 수 있다고 했습니다. 또 대통령에게 법률안 제출권을 주고 또 그것이 국회에서 통과된 다음에 제 의사에 맞지 않는 경우에는 또 거부권까지 주고 있습니다.

또 헌법 개정에 있어서 대통령에게 헌법 개정의 제안권을 주고 있습니다. 대통령을 국민이 직접 선거하는 미국인도 대통령에게 헌법 제정이나 개정권을 주지 않았습니다. 도대체 일본 천황에게도 헌법의 개정권을 주지 않고 있습니다. 그 외에 56조에 규정한 긴급명령이라든지 또는 66조에 규정한 그 내용을 본다고 할 것 같으면 실제에 있어서 신성불가침의 규정입니다.[6] 이런 모

---

6   헌법초안 66조 대통령은 내란 또는 외환의 죄를 범안 때 이외에는 재직중 형

든 권력을 대통령에게 주면 국회에서 순종할 것이 어디 있느냐? 그것을 나는 대단히 위험스럽게 생각합니다.

우리 남조선은 인구 1,900만, 그중에서 우리 국회의원 198명의 득표수를 조사하여 보면 유권자 813만 2,517명중 겨우 336만 2,862명에 불과하고, 낙선 입후보자에게 대한 투표, 즉 사표가 476만 9,655명의 다수입니다. 국회의원이 대통령을 선거한다는 것은 결국 소수의 의사로 다수의 의사를 제어하는 결과가 됩니다. 남한의 전인구 1,919만 877명을 고려하면 대통령의 국회 선출은 더욱 말할 수 없는 비민주적 규정이라고 아니할 수 없는 것입니다.

그러나 그렇다고 하여서 원칙만을 주장하는 것은 아닙니다. 불멸의 대전인 우리 헌법에 국민 직선 원칙을 명확히 규정하고 금번만은 국회에서 간접선거를 행하도록 경과규정을 설치한다면 우리가 희구갈망하는 자주독립의 조속 전취에도 하등의 지연이 없습니다. 그러므로 본 의원은 민주주의 원칙에 가장 적합한 양원제와 내각책임제를 주장하는 것이요, 만일에 대통령책임제로 하더라도 대통령을 국민으로 하여금 직접선거케 하여 언제나 민의를 충분히 반영하도록 하여야 한다는 것을 주장합니다.

사상의 소추를 받지 아니한다.

국호 대한과 대통령 선출방식

조국현 의원　　국호를 대한이라고 하는 것을 저는 찬성할 뿐만 아니라 반드시 써야 할 것이라고 주장합니다. 일본에게 침략당했던 대한을 찾아서 광복하자는 것입니다. 이민족에게 뺏겼던 주권을 찾는 것을 광복이라고 하는 것입니다. 혹은 말씀하시기를 대한은 일본놈에게 병합을 당해서 망해버린 국호이니 모욕적이라 쓸 수가 없다고 합니다. 우리는 그럴수록 우리 대한의 국호를 찾아내서 기어코 써야만 합니다. 그럼으로써 그 모욕을 역사적으로 씻어버리는 것이 떳떳한 일이올시다. 예를 들면 8·15 이전에 우리 민족은 강제로 왜적에게 창씨를 9할 이상이 당하지 아니하였습니까?(나는 안 하였습니다마는) 8·15 그날부터 누구의 명령이나 지시를 받지 않고 본래의 성을 찾아서 쓰는 것이 민족적 양심입니다. 우리가 여기에 이론할 것 없이 국호를 대한으로 정하는 것이 바로 국민의 본분이라 생각합니다.

또 말씀하시기를 대한은 제국주의적이다, 대청이니 대영이니 등등의 칭호와 같다 그래서 쓸 수가 없다라고 합니다. 그러나 그것은 그렇지 않습니다. 우리는 과거 삼천년 전부터 대한이라고 써온 것만은 역사가 증명합니다. 마한, 진한, 변한은 모두 연방국으로서 각각 총왕이 있었습니다. 그중 마한은 곧 「말한」이올시다. 「말」은 높다는 뜻도 되고 크다는 뜻도 되며 「한」도 역시 크다는 뜻입니다. 그러면 마한은 곧 대한의 의미입니다.

혹은 또 말씀하기를 대한민국은 그때에 토지도 없고 인민도 없고 주권도 없었다. 그래서 쓸 수가 없다라고 한 이가 있습니다. 제2차대전 당시 영국 런던에 망명하였던 벨기에, 덴마크 등의 9개국 정부가 무슨 토지와 인민과 주권의 3대 요소를 구비하였습니까? 그 상황은 우리 대한민국과 똑같은 현실이었습니다. 그러나 대전 종결에 따라서 그네들은 각기 복국할 때 독일에게 망한 나라 이름이 모욕적이라 해서 국호를 개정한 나라는 하나도 없습니다.

여러분, 우리는 세계 무비한 기미 3·1운동의 민족정신을 잠시라도 기억하지 않으면 안 됩니다. 우리는 제1차대전 후 민족자결주의에 의하여 대한독립을 고창하였습니다. 세계만방의 시청을 용동(聳動)케 한 그 운동이 인도 불복종운동보다 1년을 앞서지 아니하였습니까?

여러분 우리가 이 거룩한 대한민국의 헌법을 제정해서 하루라도 바삐 중앙정부를 수립한다면 세계 20억 인구중 3분지 2 되는 약소민족들은 모두 우리와 같이 기념할 것입니다. 이 3·1운동은 세계 노동자가 기념하는 5·1(메이데이) 기념보다 몇층 더 훌륭한 것입니다. 여러분, 또 과거 36년을 기억하십니까? 대한이라고 말만 하여도, 쓰기만 하여도 악독한 왜적으로부터 가두고 때리고 죽이고 하는 가진 잔학, 가진 형벌을 당하지 아니하였습니까? 모두 우리 대한을 찾자는 것이올시다. 우리의 순국선열은, 우리의 애국지사는, 우리의 대한임정은 무엇 때문이었습니까? 모다 우리 대한을 찾자는 것이올시다.

현명하신 여러분, 우리 대한을 광복하는 오늘에 있어서 새

삼스럽게 다른 국호로 변경하는 것이 옳다고 생각하십니까? 이것은 절대 불가한 것이올시다. 우리는 대한민국의 국호를

씀으로써 거룩한 3·1운동을 살려내며 세계에 천양하고, 대한 임정의 법통을 계승하여 반만년 찬란한 역사를 접속하는 의미에서 나는 우리 국호를 대한이라고 생명을 놓고 절대 주장합니다. 만일 여러 의원중에서 고려니 조선이니 하는 국호를 가지고 운위한다면 나는 그때마다 이 자리에 나와서 일일히 배격할 것입니다.

신성균 의원   여러분, 국회에서 대통령을 선거하고 그 대통령이 국무위원 전체를 임명한다고 하면 대통령이 마음대로 뽑은 이런 국무위원중에서 과연 민중에게 맞는 결의를 꼭 하리라고 누가 보장하겠습니까? 여러분, 여기에는 어떤 세력있는 일당, 일파가 대통령을 내고 대통령이 국정을 통괄하여 우리 민중의 의사를 무시할 우려가 있는 정신이 흐르고 있습니다.

대통령을 간접으로 선거한다는 것에 여러 가지 의논이 있지만, 간접으로 선거하고 대통령책임제로 한다는 것은 법리상 도저히 되지 않는 것입니다. 대통령을 책임제로 한다면 직접 선거할 것이고, 대통령을 간접으로 선거할 것 같으면 내각책임제로 해서 우리가 탄핵의 길을, 가장 쉬운 길을 열어두지 않으면 민중의 의사가 반영되기 어렵습니다. 법은 좋아도 반영 여하에 따라서 이것이 민중에 안 맞을 수 있다는 것을 우리가 현실에서 보고 있습니다. 만일 이 뜻을 이대로 채용한다고 할 것 같으면 대통령 임기

4년이라는 것은, 그 대통령이 가장 현명한 사람이면 모르거니와 현명치 못한 사람이라 할 것 같으면 우리는 4년간 전제를 받아야 할 것입니다.

그리고 이 탄핵의 길을 잘 보세요. 국회에서 다섯 사람, 대법관 다섯 사람, 무엇무엇 이러한 뜻으로 한다면……, 아까 말씀과 같이 다수당을 점령하는 그 사람들 중에서 재판하는 것이 가능하냐 안 하냐 이것은 고칠 필요가 있습니다. 국무총리 이하 전부 대통령이 임명합니다. 만약 대통령이 잘못 임명해 가지고 우리 국민을 유린하고 학정을 할 경우, 그 사람만 쫓아내면 대통령은 또 자기가 좋은 사람을 임명할 수 있습니다. 이러한 민주주의가 어디 있습니까?

여러분, 우리 국회가 만들려는 헌법은 전세계에서 가장 민주주의적이고 합리적이어야 합니다. 어떠한 사람이 보든지 비난할 점이 없어야만 우리가 목적하는 정부가 세워질 것입니다.

박순석 의원　대한이라는 두 글자를 쓰는 것에 대해 말씀을 드리려고 합니다. 왜냐하면 우리의 정신이 대한에서부터 나온 것이올시다. 이 대한을 잊어버리고는 이준 선생 이하 여러 선열의 그 정신을 찾을 수가 없습니다.

> **선열들의 정신과 완전히 합치하려면, 국호는 '대한'으로**

그들은 해외에서 무한한 피를 흘려가면서 이 이름을 찾으려고 했던 것입니다. 이것을 찾는 것이 우리의 사명이란 말입니다. 우리가 오랫 동안 이 대한을 찾기 위해서 힘써 나왔고 이제 찾는 경로에 섰습니다. 대한을 찾는 이때에 좋은 이름이 있다 할지라도 지금은 그 정신 그대로 나가지 아니하면 안 되리라고 생각하는 것이올시다.

또 태극기는 순전히 대한 때 쓰던 태극기를 그대로 쓰고 있습니다. 국호를 고친다는 안이 있다면 이름만 고치는 것입니다. 또 38 이남에서 정신이 하나가 되지 못하고 두 갈래로 갈려 있습니다. 만일 우리가 다른 이름을 들고 나간다면 해외에서 고생하시는 동지들에게 면목이 없습니다. 우리는 대한을 찾기 위해 싸웠습니다. 38 이남에 같은 진영에 있어서도 조선공화국이라든지 분열이 일어나는 현실을 목도하고 있습니다. 향후 38 이북을 통일하여 완전히 독립될 때 한 자리에 앉아 고칠 수도 있습니다. 지금은 그대로 나가야 선열들 정신과 완전히 합칠 수 있습니다.

전진한 의원 헌법 초안을 통독해 보면 개인주의 사상과 사회주의 사상 그 두 사상을 조화하려고 애쓴 흔적이 있습니다. 즉 말하자면 자본주의와 통제주의를 잘 절충하려고 애썼습니다. 그러나 모든 것을 종합해서 보면 너무나 형식적입니다. 특히 실질적인 경제적 민주주의, 즉 경제적 문제에 있어서는 너무 추상적이고 그 규정성에 있어서 매우 결함된 점이 있는 것을 발견했습니다.

지금 전세계의 인류가 가장 곤란을 느끼고 고심하는 문제는 노동자와 자본가 사이의 문제이고 또 오늘날 조선에 있어서 가장

> 자본주의와 통제주의의 조화를 추구했지만, 실질적 경제적 민주주의는 미흡

민족을 사상적으로 분열을 시키고 모든 혼란, 모든 상쟁을 일으

제2장 헌법안 제1독회 대체토론

키고 있는 그 원인이 이 노자문제에 있는 것입니다.

　　제5조에 있어서 경제, 정치, 사회, 문화 모든 영역에 있어서 개인의 자유를 존중했습니다마는 노동자의 체제에 있어서 일대 변혁이 없다고 하면 결국 개인의 자유는 실현되지 못할 것입니다. 또 교육문제에 있어서 교육이 기회균등을 말씀하는 것이올시다마는 역시 임금생활을 하고 있는 근로대중을 위해서 헌법에 획기적 창의가 없어서는 도저히 되지 않을 것입니다. 물론 이 초안에도 있습니다마는 대개 부르조아 민주주의 국가에서는 온정적으로 노동자를 대우하려고 합니다. 그러나 노동자가 국가의 일원으로서 모든 건설면에 진출하여 그 재능과 창의를 발휘하도록 하고 적극적으로 평등과 자유를 향유할 수 있는 이런 법률의 창의가 없습니다. 그러므로 이 초안을 전체적으로 볼 때 결국 이것은 헌법 사상에 있는 조항을 갖다가 모아 놓은데 불과한 것이고 민족적 창의라든지 우리 민족의 의사라든지 민족적 정신이 없습니다.

　　이 민족 혼란기에 있어서 앞으로 사상적으로 완전히 통일되지 않고는 결단코 민족통일을 기대하기 어렵습니다. 우리는 계급대립의 사상을 완전히 해소해야 합니다. 노동자, 근로대중에게 이 국가는 정말 우리의 국가요, 이 국가야말로 만민평등의 국가라는 이러한 신념과 이러한 국가에 대한 애착을 주어야 합니다. 그렇지 않고는 도저히 오늘날의 혼란한 현상을 타개할 수 없을 것입니다. 결국 말하자면 민족통일이라는 것이 중대 과업인데 이 과업을 완수하느냐 하는 것이 절대적으로 중요합니다.

이러한 의미에서 이번 대한노총, 기타 근로대중의 조직체가 이 국회에 8개조 안건을 내었습니다. 노동과 자본이 통일된 처지가 되어야만 창의성을 발휘할 것입니다. 이러한 이상을 앞으로 남북통일을 하는 사상적 근거로 삼고자 합니다. 남북이 완전히 통일되는 그때에 비로소 사상적 투쟁이 떠날 줄 압니다. 이 헌법 전체를 통해서 사회, 경제에 자유스러운 창의와 한국민족의 정신이 있기를 바랍니다.

김장열 의원   우리 헌법 초안중 대통령에 관한 각 조항 제52조 대통령의 간접선거를 비롯하여 대통령의 권한, 국무위원의 임면(68조), 국무회의 의장(69조), 행정 각부 장의 임명(72조), 대법원장의 임명(77조) 등의 행사에 있어서 국회와의 하등 관련이 없습니다. 단「대법원장은 대통령이 임명하고 국회의 승인을 얻어야 한다.」는 규정이 있을 뿐입니다.

또 제3장 국회의 각 조를 본다면 행정 각부의 임면, 행정부에 대한 신임 여부의 권한이 전연 누락된 것을 발견할 수 있습니다. 이러한 몇 가지의 부면으로 보아서 우리 국가와 정부는 완전하게 대통령의 전제권으로 운영될 것을 소정(素定)할 수 있는 것입니다. 여기에 대해 반대이론이 전개된 것이 당연한 사실입니다. 왜냐하면 민주주의의 정치원리에 상치될 수 있기 때문입니다. 대통령제를 지지하는 국회의원들은 누구든지 미국 대통령의 예를 인용하면서 우리는 비상시인 만치 모든 건설을 위해서 완강한 대통령제의 실시가 있어야 급촉적 발전을 볼 수 있다는 것을 강조합니다.

우선 나는 여기에 대해 한 국가의 헌법 설정에 대한 근본정신이 법리로 보는 원칙성과 그 국가의 정치적 현실로 보는 특수성을 혼돈하지 말고 엄격하게 구별할 것을 주장합니다. 또한 어떠한 인격을 특정해서 장차 대통령으로 추대할 것을 전제로 그 실천에 해당한 구상을 갖지 않고, 국가만년의 기본이념만을 고집한 정신을 강조합니다. 이러한 정신으로 구성되는 헌법은 국가와 민족으로 하여금 민주주의적인 발족을 기약할 것입니다. 따라서 이 국회가 선거할 대통령과 그 모든 권한문제를 미국의 제도에 결부시켜서 제반 행정권을 대통령중심제로 나간다는 논법에 대해서 일언을 가하고자 합니다.

미국 대통령선거는 우리가 행하고자 하는 간접선거와 그 원리가 틀린 것을 알아야 합니다. 미국 대통령선

> **미국 대선은 형식은 간접선거이나 그 내용은 민의가 그대로 반영된 직접선거**

거에 있어서 후보자는 일정한 정당원이며 그 정당에서 대통령후보자로 지정한 자입니다. 후보자는 대통령직에 나아가서 자신의 정당의 정강과 정책을 여실하게 실천한다는 것을 국민에게 제시합니다. 이 정강과 정책에 대한 국민의 비판과 신임 여부에 따라 투표를 실행하게 되는 것입니다. 그래서 일시에 대다수의 국민 투표를 수집채점하는 복잡한 방식을 간편하게 하기 위해서 국민 각자가 투표하고자 하는 정당의 대통령 선거위원을 먼저 선출합니다. 이것은 입후보자 소속정당의 지방당원에게 입후보자의 선거행위를 위임한다는 의미입니다.

이것은 겉으로 보면 간접선거 같지만 민의가 그대로 반영되는 직접선거 제도입니다. 우리 헌법에 규정된 대통령 간접선거와 비교해 본다면, 미국의 제도와는 전혀 다른 것입니다. 우리 국회의원들의 간접선거 행위는 우리 국민의 의사와 하등 관련이 없는 순전히 우리들 주관에서 결정된 인물을 투표·선정하게 되는 것입니다.

우리 헌법기초위원들이 이러한 사리를 모르지 않습니다. 그런데 누구든지 미국의 예를 인용하여 변명하는 것은 심히 유감천만인 것입니다. 미국제도를 인용한다면 정당히 국민 직접선거라야 그 원리에 부합될 것입니다. 또 민주정치의 원리에도 합당할 것입니다.

또 헌법기초위원들이 말하는 것은 우리는 비상시이므로 대통령 집권주의를 요한다고 주장했습니다. 그러나 민주

대통령직선제와 내각책임제를 원칙적으로 택하고 초대 대통령에 한하여 간접선거 하자

국가에 있어서 한 국가의 정국안정원리가 대통령 집권주의의 실시에 있는 것이 아니라는 것을 확실히 알아야 할 것입니다. 원내의 대다수 국회의원이 소속한 대정당이 출현한다면 그야말로 비상시의 정국안정을 담당하고 모든 건설을 위하여 강력적으로 추진할 수 있는 의원내각제가 실현될 수도 있는 것입니다. 이것이 대통령중심제보다도 모든 의미로 보아서 얼마든지 강력적인 것을 알 수 있는 것입니다. 이러한 모든 이유 아래서 대통령 직접선거제와 내각책임제를 우리 헌법에 원칙적으로 규정할 것을 주

장하는 바입니다. 다만 우리나라의 모든 긴박한 정치적 사정을 통감하고 그야말로 비상시적 대책으로 초대 대통령의 간접선거와 기타 사정의 긴급 실천을 위해 필요하다면 국회의 결정에 따라 부칙으로서 원만하게 진행할 수 있습니다. 이렇게 원칙성과 특수성을 구별해서 이 헌법을 설정하여야 우리 국가의 기본법칙인 존엄성과 지속성이 보전되리라고 믿는 바입니다.

오기열 의원　　이 헌법상으로 본 대통령의 권한은 거대합니다. 제50조 행정권의 수반이며 국가를 대표하는 권한을 위시해서 제58조에 규정된 조약 체결권이라든가 선전포고권, 외교사절 접수권 등, 제60조 국방군 통솔권, 제62조의 특사권, 제68조에는 국무총리와 국무위원의 임면권에 이르기까지 전부 대통령의 권한입니다. 제72조에 있어서는 국회의 승인을 얻어야 한다고는 하나 대법원장의 임명도 대통령이 할 수 있게 되어 있습니다. 말하자면 독재정권이 될 수 있는 어마어마한 권한을 우리나라 대통령은 가지게 되어 있습니다.

제2조 「대한민국의 주권은 국민에게 있고 모든 권력은 국민으로부터 발한다.」고 규정했습니다. 그런데 유감천만하

> 대통령을 국회에서 선거하지만
> 국회가 대통령의 권한에
> 견제할 부분 적어

게도 제52조에 있어서는 대통령과 부대통령은 국회에서 무기명 투표로서 각각 선거한다는 조문이 있습니다. 초안된 헌법 조문상에는 국회가 대통령을 선거하였음에도 불구하고 대통령의 권한에 참여할 부분은 찾아보기 힘들만치 한 점도 없다 해도 과언이

아닙니다.

그러므로 대통령은 정당하게 국민의 직접선거를 받아야 할 것입니다. 우리가 세우려는 우리의 나라가 민주공화국이므로 대통령 선거는 국민이 직접해야 할 것입니다. 대통령을 국회에서 선거한다면 대통령의 권한은 여하한 세부에까지라도 국회가 일일히 간섭하는 조문을 반드시 넣어야 할 것입니다.

본 의원은 제52조를 수정해서 대통령을 국민 직접선거하도록 할 것을 강력히 주장한다는 의견을 말씀드립니다. 만약에 제52조를 그대로 둔다면 이야말로 우리 삼천만 국민을 여지없이 무시하는 것입니다.

부의장 신익희　시간이 다 되었습니다. 오늘 상·하오를 통해서 질서있게, 혼란없이 대체토론을 원만히 진행하신 여러분들의 노력에 대해서 특별히 감사의 뜻을 표합니다. 내일 아침 계속하기로 하고 산회합니다.

(하오 5시 산회)

대체토론 둘째 날

1948년 6월 30일 수요일(제21차 회의)

(상오 10시 개의)

사무총장 전규홍　　곧 개회하겠습니다.

지금 출석인원은 148인이올시다.

부의장 김동원　　지금 개회하겠습니다.

의장께서 오늘 일이 계셔서 제가 대리하게 되어 있습니다.

정부형태 변경에 대한 논란과 이유

이문원 의원　　국회의원으로서, 아니 국민의 대표로서 헌법에 대한 기본태도가 어떻게 되어야만 할 것인가 여기에 대해서 나는 의문을 가지고 있습니다. 우리가 이 헌법을 법리론적으로 통과시켜야 할 것인가 또는 정세론에 치중해 헌법을 통과시켜야 될 것인가? 이러한 점에 대해 나는 당연히 헌법은 만년불멸의 대전인 관계로 순전히 이 헌법을 통과시켜놓고 정세에 따르는 것은 부칙적으로 해결할 수 있다고 생각합니다. 이러한 점을 볼 때 특히 이 국회는 너무 정세론적으로 흐릅니다. 그 점에 유감이 있습니다. 그 예를 볼 것 같으면 우리가 하루빨리 정부를 세워야 될 것이라 이러한 말을 합니다. 그러면 이 헌법을 어서 빨리 통과해 달라고 합니다. 여러분이 오늘이라도 이 헌법을 통과하면 우리나라는 완전히 자주독립할 수 있는 것입니까?

유엔위원단이 이 초안으로써 우리 독립을 확실히 인정한다고 보장할 수 있을 것인가? 나는 오히려 그러한 정

> **어떤 간부 진영에서 의식적으로 모순된 헌법을 만들어 통과시키려 한 것 아닌가?**

세론으로 흐르지 않고 기본적 태도에 치중을 해서 그야말로 인민이 갈망하는 헌법을 반드시 통과해야 할 것으로 생각합니다. 그럼으로써 그 민중이 직접선거를 해서 완전 자주독립을 국내적으로 실현하고, 이후 국제적으로 승인이 되어야 할 것이라고 믿습니다. 그럼에도 불구하고 이것을 어떤 간부 진영에서 의식적으로 모순된 헌법을 만들어가지고 자꾸만 이것을 통과시키려고 합니다. 이렇게 자신들의 의도를 달성하려고 하는 것은 인민이 우리를 보낸 본의가 아닙니다.

이정래 의원 　지금 이문원 의원 발언중에 헌법을 어떤 간부가 서로 해 가지고 통과시키려고 한다는 말씀을 했는데 그런 말씀은 대단히 실언인 줄 압니다. 왜냐하면 우리는 정당한 수속을 밟아서 기초위원을 내고 그 기초위원에게 초안을 해서 내달라고

한 것입니다. 그러므로 어떤 간부라는 것은 무슨 말씀인지 대단히 알 수가 없으며, 따라서 그 말씀은 당연히 실언이라고 봅니다. 취소해 주시기 바랍니다.

서우석 의원   지금 이문원 의원의 발언에 대해서 보충발언을 하려고 합니다. 간부는 누구를 지칭하는 것인가? 또 간부가 의식적으로 자기 개인을 위해서 이와 같은 헌법을 제출하였다는 말씀도 있습니다. 이것은 확실히 우리 국회의 위신을 손상시키는 언구라고 인정하지 않으면 안됩니다. 의장은 과연 그 언구를 정당하다고 인정하시는지, 만일 정당치 않다고 생각하실 때에는 발언을 취소하라고 말씀해 주시기 바랍니다.

만일 의장이 그러한 주의를 안 하신다면 저는 반드시 그 말을 취소하기를 요구하고, 만일 요구를 듣지 않을 것 같으면 징계위원회에 부칠 것을 동의하고 싶습니다.

(「취소하시요.」하는 이 다수 있음)

이윤영 의원   헌법기초위원의 한 사람으로 대답을 드리겠습니다. 기초위원들은 이 국회에서 선택해서 기초하라고 한 기초위원들입니다. 또 기초위원들은 최선을 다하고 모든 것에 신중을 기하기 위해서 어떤 때에는 밥을 먹지 못한 적도 있어요. 우리는 이 헌법을 기초하는 데 있어서 모든 노력을 해왔습니다. 어떤 간부의 말을 듣고 하였다면 우리 기초위원은 아무 머리도 쓰지 않고 생각도 없이 다른 사람이 나팔부는 대로 하는 기계에 불과한 것입니다. 그러나 기초위원들은 우리의 마음에, 우리의 머리에, 우리 생각에 모든 것이 소화될 때에 비로소 그것이 옳다고 해서

충분히 논의한 후 여기에 내놓게 된 것입니다. 결코 이와 같은
일이 우리에게 있다고 할 것 같으면 기초위원을 모독하는 것입
니다. 또한 여기 나와서 대체토론한다는 것은 적당하지만 여기에
나와서 누구를 공격하는 것 같은 이런 것은 우리가 도저히 용허
할 수 없는 일이라고 생각합니다.

「옳소」 하는 이 다수 있음)

그런 고로 이것은 단순히 취소에 그칠 것이 아니고 본인의
생각으로는 마땅히 징계위원회에 부쳐서 이 일을 징계하지 않으
면 안 될 것입니다.

서상일 의원　헌법기초위원회에 관한 문제가 발생이 되었으
므로 먼저 기초위원장으로서 기초위원회를 대표해서 말씀드리
겠습니다. 이문원 의원의 발언은 대단히 실언입니다.

헌법기초위원회에서 제1차로 유진오 위원을 중심으로 한
소위원회에서 월여(月餘)를 두고 검토한 원안이 있고, 그 원안에
의지해서 법전편찬위원회의 참고안이 나와서 그것을 중심으로
해서 우리들이 검토해 온 것입니다. 2주일 넘어가도록 10여차 회
의에 부쳐서 검토한 와중에 여러분께서 속히 제정하라는 독촉이
있었습니다. 토요일이어서 부득이 제3독회도 아직 경과하지 못
했고 또 인쇄도 되지 못했으니까 화요일까지 상정하겠다고 제가
여기에 나와서 보고드린 것입니다.[7] 가령 과거의 전례를 보면,
3독회가 결정된 후라도 잘못된 점이 있으면 그것을 번안동의해

7　1948년 6월 21일 제16차 회의에서의 '헌법기초위원회의 보고'를 말한다.

서 수정한 예가 한두 번이 아니었습니다. 그와 마찬가지로 우리 기초위원회에서 서른 사람이 모여서 이것을 검토함에 있어서 제 2독회가 끝났다고 하더라도 국제정세와 국내정세를 연결 대조해서 고칠 수 있는 것입니다.

본래 제안된 원안에 대해서 다소 수정하지 못하리라고 하는 철칙은 없는 것입니다. 그때에도 보고드린 바와 마찬가지로 반대가 없

헌법기초위원회에서 대통령제로 변경한 것은 정당한 수속이다

었습니다. 22인이 출석해서 전원 가결로서 번안동의가 성립되었습니다. 대통령중심제로 번안이 되어서 이 초안이 여러분 앞에 배부된 것입니다. 헌법기초위원회에서 정당한 수속을 밟아서 나온 것을 위원장이나 의장에 대하여 모욕적 언사를 하였다고 할 것 같으면 이문원 의원은 대단히 실언이라고 아니할 수가 없습니다.

가령 대통령중심제가 좋은 것이고 반드시 내각중심제가 또 좋은 것은 아닙니다. 우리들이 이러한 안을 여러분에게 제안을 했으니까 본회의에서 심심한 연구를 해서 우리 현하의 정세와 국제정세에 비춰서 대통령중심제가 좋다면 대통령중심제를 할 것이고 내각책임제가 좋을 것이면 여러분께서 내각책임제를 채용하면 그만인 것입니다. 그럼에도 불구하고 자기의 억측에 의지해서 국회의장에게 또는 기초위원장에게 여러 가지 모욕적 언사를 한 것은 심한 것이라고 아니할 수가 없습니다. 본인으로 하여금 이 자리에 나와서 충분한 사과를 듣고 이 장내를 정돈하였으

면 합니다.

조헌영 의원　기초위원의 한 사람으로서 잠깐 여러분의 오해를 풀까 하고 말씀드립니다. 지금 이문원 의원의 실언문제를 싸고 헌법기초위원의 입장이 대단히 곤란하게 되었습니다. 한 걸음 나아가 이 헌법 초안의 권위에도 많이 관계되는 문제이기 때문에 이 점을 우리가 분명히 하지 않으면 안 될 줄 압니다. 우리 기초위원은 국가, 민족을 위한 가장 좋은 헌법을 만들기 위해서 최선을 다하였습니다. 속담에 '광부지언 성인택지(狂夫之言 聖人擇之)'라는 말이 있습니다. 길가를 가다가도 헌법에 대해서 좋은 의견이 있으면 그것을 채택할 성의를 가지고 있습니다. 여론도 듣고 혹은 신문에 난 것이라든지 나아가서 항간의 비판도 듣고 거기에 참고할 점이 있으면 다시 와서 토의하고 그랬습니다. 헌법기초위원은 제 정신을 넣지 않고 의장이나 기초위원장의 명령을 그대로 복종한 것 같은 이러한 오해가 생길 염려가 있는데 이것은 전연 사실과 상반되는 일입니다.

한두 가지 예를 든다고 할 것 같으면, 첫째 양원제에 대해서 아까 의장 명령으로 움직였다고 했지마는 의장 선생은 양원제가 좋겠다는 의견을 말씀하였습니다. 그러나 우리 기초위원 중에서 우리는 일원제가 옳다 하는 것을 주장해서 의장 선생이 거기에 앉아 계신 데서 우리는 단원제를 결의했습니다. 의장 선생도 '여러분의 말을 들으니까 나보다 한 걸음 더 생각한 점이 있으니까 좋다'고 이렇게 해서 결정된 것입니다.

또 한 가지 예를 들면 제87조인지 「국방 또는 국민생활 긴급한 필요에 의하여」 이렇게 원안이 있는데, 이것을 「공공 필요가 있을 때에는」 이렇게 위원장이 주장하였는데, 헌법기초위원회에서 철두철미 그것을 원안대로 주장해 가지고 헌법기초위원장과 감정적 충돌이 있기도 했습니다. 이와 같이 우리 기초위원은 좋은 헌법을 만들기 위해서 최선을 다했습니다. 누가 와서 부탁이나 명령을 한다고 해서 복종한 일은 전연 없습니다. 의장이나 위원장이나 길가에 다니는 사람의 말이라도 채택해서 이 헌법을 제정한 것입니다. 그렇다고 할 것 같으면 의장이나 기초위원장의 의견을 참고하지 말라는 법이 없을 줄 압니다.

동시에 기초위원의 의견과 의장의 의견과 헌법기초위원장의 의견 다 합치되리라고 하는 것은 보장할 수 없습니다. 의장의 명령에 의해서 기초위원들이 하루밤 사이에 어떻게 하였다는 이런 말씀은 대단히 사실과 상위될 뿐만 아니라 이 헌법기초위원 전체를 무시하는 말입니다. 동시에 의장과 민중에게 중대한 좋지 못한 결과를 낼 우려가 있다는 점을 우리가 생각하지 않을 수 없습니다. 이 문제에 대해서 만일 그 의원이 여기에 나와서 성의에서 우러난 실언이라고, 잘못되었다고 사과를 한다면 우리는 충분히 이해하고 그만두는 것이 좋을 줄 생각합니다. 만일 그 의원이 그것이 기어이 옳고 정당하다고 주장할 때에는 우리 국회로서 당연히 이 문제를 규정해 가지고 우리 국회의 태도를 결의하는 동시에 이 전 민중 앞에 분명히 밝히지 않으면 안 될 줄 생각합니다.

이문원 의원　　실언을 해서 죄송합니다. 내가 말씀드린 데에 대해서 이정래 의원께서 먼저 그러한 유감의 뜻을 표시한 데에 대해서는 더욱 미안을 느낍니다. 죄송합니다.

여성의 권리, 교육, 종교, 경제

장면 의원　　진실로 해방을 부르짖고 남녀동등을 부르짖고 모든 것을 평등한 입장에서 민주주의적 국가를 건설하고자 하는 이때에 새로운 헌법이 여성에 대해서는 하등에 이렇다 할 권리를 보장하는 대방침을 확실히 말한 것이 없습니다. 다만 모든 국민은 법률 앞에 평등하며 성별에 있어서 차별을 받지 않는다는 이 한 조문이 있을 뿐이에요.

그러나 과거에 모든 봉건적 잔재가 아직 많이 남아 있습니다. 반드시 헌법조문에 한 가정에 있어서의 여성의 지위를 보장해주어야 합니다.

> **헌법에 여성의 권리를 명백히 표시해야 한다**

또한 결혼문제에 있어서는 배우자를 선택하는 권리라든지, 여성의 찬의로서만 결혼이 비로소 성립해야 할 것입니다. 그리고 재산권, 상속권, 기타 가족에 대한 제도 등에 관한 법률에 대해서는 부부 동등의 입장에서 한 개인의 인권의 본질적 입장을 상명(詳明)하게 표시해야 합니다. 이것은 벌써 다른 나라의 헌법에도 명백히 표시되어 있는 것이올시다. 그러므로 우리가 헌법에 남녀동등이라든지 그 대방침을 조문화해 주시지 않으면 안 됩니다.

다음에 제16조 교육문제에 있어서 「모든 국민은 균등하게 교육을 받을 권리가 있다. 초등교육은 의무적이며 무상으로 한다.」즉 의무교육을 초등교육까지로 제한했다고 하는 것에 대해 나는 대단히 유감으로 생각합니다. 현재의 초등교육이라고 하는 것은 대개 만 12세로 끝이 납니다. 그런데 만 15세까지 법률의 제정으로 인해서 노동에 종사하지 못하게 되어 있습니다. 그러면 그 3년 동안 무엇을 하라고 합니까? 의무교육 연수를 연장시켜야 하는데 헌법에 이와 같이 초등교육에 선을 그어 놓으면 많은 지장이 됩니다. 지금 문명한 나라에 있어서는 모두 다 만 15세까지를 국민의무교육의 목표로 정하고 나갑니다. 우리는 모처럼 새로운 국가로서 다른 나라와 어깨를 비교하며 나가려고 합니다. 국민의 의무교육을 초등 교육까지라고 하는 것은 매우 부당하다고 생각합니다. 반드시 다른 모든 문명국가의 수준에 비춰서 우리도 원칙으로 세워서 나가지 않으면 안 될 것입니다. 이 조항만은 반드시 수정할 필요가 있다고 생각합니다.

다음에 제12조 종교문제에 있어서 기초하신 여러분께서 너무나 이 종교에 대해서는 관심이 적으신 것을 대단히 유감으로 생각합니다. 제12조 「모든 국민은 신앙과 양심의 자유를 갖는다. 국교는 존재하지 아니하며 종교는 정치로부터 분리된다.」고 했습니다. 즉 국민은 종교를 믿거나 말거나 마음대로 하도록 하고 국가에서는 상관 안 한다 그뿐이올시다. 만약 종교가 국가생활에서 얼마나 중대한 역할을 하고 있는가를 인식한다면 이와 같이 무관심하고 냉정하고 소극적인 법률을 제정하지 않았을 거라고 생각합니다.

독일 헌법에 제130조에 「국내의 모든 주민은 완전한 신교 및 양심의 자유를 향유한다. 종교상의 행위를 완전히 할 수 있는 것은 헌법이 이를 보장하며 국방이 이를 보호한다.」[8] 제137조에는 「모든 종교단체는 그 모두에 적용될 법률의 범위 내에서 독립하여 그 사무를 규율하며 관리한다.」 138조에는 「종교단체 및 종교조합이 그 예배교육 및 자선의 목적을 위하여 하는 영조물 재단 및 기타의 재산에 대하여 가진 소유권 및 기타의 권리를 보장한다.」 하였습니다.

국가가 종교의 자유를 인정한다는 그런 정도의 조문을 가지고서 대접할 것이 아니고 반드시 종교를 보호하기 위한 모든 권리를 보장한다고

종교를 보호하기 위한 모든 권리를 헌법에 규정해야 한다

하는 것을 헌법에 명백히 규정하지 않으면 안 될 것입니다. 이것은 오늘날 어느 나라 헌법이든지 거의 다 이와 같이 확보되고 있습니다. 앞으로 제정될 우리 헌법에 있어서도 반드시 종교에 대해 국가적 관련이 크다는 것을 적실히 생각하시고 법률로서 종교를 보장할 것을 강경히 주장합니다. 제2독회에 들어가서 거기에 대한 수정안을 반드시 제출하려고 합니다. 여러분께서도 그때에 많이 협조해 주시기 바랍니다.

신상학 의원 　나는 대체로 헌법 초안을 전폭적으로 지지합니다. 제1장 국호에 있어서 무슨 고려니 조선이니 대한이니 하는

8　1918년에 선포된 바이마르공화국 헌법 제135조를 말한다.

데 있어서 나는 대한이라고 하는 것을 지지하는 바올시다. 그 이유는 우리 기미운동 이래로 해외 혹은 국내에서 모든 선열들이 대한이 그리워서 투쟁하신 선열이 적지 않습니다. 그렇다면 이 선열의 위안과 원망을 풀어주기 위해서라도 나는 대한을 지지하는 것이 좋다고 생각하는 바올시다. 단원제냐 또 양원제냐를 운운하는 말이 많이 있습니다마는 요 다음에는 상·하 양원이 필요하겠지만 현단계로서는 단원제로 하는 것이 가장 지당하다고 생각하는 바입니다. 그리고 대통령제니 국무위원제니 하는 데에 있어서도 나는 대통령제를 지지하는 바입니다. 전폭적으로 이 헌법초안을 찬성하는 한 사람입니다.

우리가 현재 갑론을박하거나 어느 한 구절을 가지고서 많은 질의로 이 귀중한 시간을 보낼 것이 아닙니다. 축조토의에 들어가서 그것을 규정하는 것이 옳겠고, 우리 삼천만은 대개 이남에 있는 이천만은 물론이거니와 이북에 계신 동포들도 하루바삐 정부가 수립되는 것을 기다릴 것입니다. 그렇다면 대체 삼천만이 기대하는 이 요청에 어그러지지 않게 우리 독립국가를 국제적으로 승인을 얻는 것이 제일 급무라고 생각하는 바입니다.

> **민주경제가 기본,
> 중소기업은 국영으로
> 국가가 무역 독점해야 한다**

노일환 의원　　본 의원은 경제체제를 구성한 제6장에 있어서 의사를 달리합니다. 이 헌법은 민주경제를 기본으로 해야 합니다. 이 민주경제에 따르면 내부적으로 모든 생산과 배급수단을 사회화하고 대외적으로 국제무역을 국가에서 강력히 독점무

역으로 전취해 나갈 수 있다고 보고 있습니다. 그럼에도 불구하고 이 경제체제를 세우는 이 6개의 조항에는 생산과 배급수단을 사회화하는 점에 있어서 확실한 선이 그어있지 않습니다. 생산과 배급수단을 사회화하기 위해서는 공업개혁이나 산업개혁을 막론하고 자유화에 대해 확실히 표시해야 될 줄로 생각합니다.

제86조에 「공공성을 가진 기업은 국영 또는 공영으로 할 수 있다. 공공 필요에 의하여 사영을 특허할 수가 있게 되어 있읍니다.」 그래서 대기업이나 대산업기관을 막론하고 사영도 할 수 있고, 공영도 할 수 있고, 국영도 할 수 있다는 이런 애매한 규정을 지어 놓았습니다. 현재 해방된 우리나라는 3년째나 군정의 보호를 받아서 일제시대의 지배계급이 그대로 있습니다. 불순한 세력의 계급이 압도하고 있는 것이 뚜렷한 사실입니다. 이들은 경제적으로 세력을 갖고 있을 뿐만 아니라 정치적으로도 세력을 갖고 있습니다. 그러므로 중소상공업, 중소기업을 개인에게 옮길 것이 아니라 국영으로 옮겨서 생산과 배급수단을 사회화하는 방향으로 이끌어가야 합니다.

그 다음 무역면에 있어서도 가장 심각한 점은 해방이후 늘어가는 간상모리배 문제입니다. 간상모리배들은 자유무역을 중심으로 제일 많이 모여있다고 생각합니다. 그 자유무역을 막연히 국가의 통제로 하는 것만으로는 그네들의 불순한 장난을 배격할 수 없습니다. 따라서 국내의 혼란한 경제상태로 보아 외국 무역은 국가에서 독점해야 합니다. 또한 국민경제의 재건을 위해서는 경제건설에 대한 계획성에 입각해 가지고서 마땅히 나라에서 무역을 독점하지 않으면 안 됩니다. 이를 위해 제6장에 있어서는 전폭적으로 다시 개정하고 싶습니다.

(「옳소」 하는 이 있음)

육홍균 의원　우리 헌법 규정에 있어서 지방자치에 대한 조문이 있습니다마는 이것은 그저 막연히 지방자치에 대해서 이러하다는 규정입니다. 우리가 가장 원하고 바라는 바는 삼천만 동포가 다 같이 잘 살아야 합니다. 삼천만이 다 같이 국가의 혜택을 받아야 하는데 지금 농촌과 도시를 본다고 하면 모든 문화시설의 집중은 중앙에 집합해 있습니다. 반면에 농촌은 보기에도 비참하게 되어 있습니다. 10년 전 농촌이나 100년 전 농촌이나 우리가 농촌에 사는 사람을 볼 때 아무리 문화가 발달되고 과학이 발달된다고 하더라도 농촌같은 데는 하등의 상관이 없고 도시에만 집중되고 있는 것입니다.

이 헌법에 있어서 하등의 농촌시설에 대해서 언급한 바가 없습니다. 이 점에 대해서 명백히 헌법에 조항을 넣어서 제정하시기를 바랍니다. 다만 근질근질한 데를 건드려두지만 말고 가려운 데를 긁어주는 그런 헌법을 제정해 주시기를 바라고 있습니다.

대통령 전제를 어떻게 예방할 것인가?

조한백 의원　(미발언원고 등재) 본 의원은 대통령중심제를 찬성하는 바입니다. 왜냐하면 우리는 언제나 현실을 무시할 수는 없습니다. 따라서 우리나라 헌법도 현실에 적합해야 될 것이고 현실에 합치되지 않는 이상론적 헌법이어서는 안 될 것입니다. 그런데 지금의 우리나라의 현실을 살피건대 국토의 남북통일과 민족의 사상통일을 위시하여 민생문제 해결에 이르기까지 실로 다사다난한 현 단계에 있어서 내각책임제를 실시한다면 내각의 경질이 빈번할 것을 예상할 수 있습니다. 또한 정변으로 말미암아 민심은 불안해질 것이고 사회는 혼란에 빠질 것입니다. 특히 내외 정국의 정세가 극히 미묘한 이때에 우리 민족에 어떠한 불행한 사태가 일어날지 실로 예측키 어렵습니다.

그러므로 이러한 불안을 제거하기 위해서는 대통령중심제를 채택하고 연립내각을 세워

총리임명시 국회 인준, 장관 임명 시 총리 추천 필요

정국의 안정세력을 가질 필요가 절대로 요청됩니다. 그 점에 있어서 대통령중심제를 찬성하는 바입니다. 그렇다고 해서 민주국가에 있어서 전제정치는 용인할 수 없을 것입니다. 그렇다고 하면 제67조의 해석에 있어 중요 국책을 의결하는 국무원의 의결에 대통령은 복종해야 된다고 생각하며, 제68조 국무총리와 국무위원은 대통령이 임면한다는 조목에 있어서는 국무총리의 임면만은 국회의 인준을 받을 필요가 있다고 생각합니다. 그러므로써 대통령의 전제의 염려가 적어지는 것입니다.

다음에는 국무총리의 권한과 책임 이행에 대한 불합리한 점을 지적코자 합니다. 제72조에「행정 각부 장은 국무위원 중에서 대통령이 임면한다 했고 국무총리는 대통령의 명을 승하야 행정

각부 장을 통리감독한다」고 했습니다. 그래서는 국무총리가 그 책임을 완수키 곤란하리라고 생각합니다. 왜냐하면 대통령이 임면하고 국무총리는 추천의 권한도 없는 각 행정부 장을 어떻게 통리감독할 수 있을까, 다시 말하면 행정각부 장은 국무총리의 통리감독에 따라 이행치 않더래도 대통령이 직접 임면하는 만큼 하등 불안이 없을 것입니다. 그러므로 국무총리가 행정 각부 장의 통리감독을 완전히 하려면 대통령이 행정 각부 장을 임명할 시는 반드시 총리의 추천에 의해서 해야되리라고 믿습니다.

조봉암 의원 (미발언 원고 등재) 이 헌법초안은 모든 면에 있어서 행정부 기관을 과대평가한 반면, 국회 권한을 과소평가한 경향이 있습니다. 이 초안에 의하면 국회는 강대한 권력이 부여된 대통령을 선거하기 위해서 또는 대통령의 독재에 편의를 도모하는 법률을 제공키 위해서 모인 것 같이 되어 있습니다. 제41조를 보십시오. 「국회는 국제조약, 강화조약, 통상조약, 국가 또는 국민에게 재정적 부담을 지우는 조약, 입법사항에 관한 조약의 비준과 선전포고에 대하여 동의한다.」 했습니다. 8명 내지 15명 이내의 행정부원이 임의로 외국과 조약을 체결하고, 또 외국과 선전을 포고해놓고 그러한 뒤에 국회에 동의를 구한다는 것입니다.

그런데 이것을 찬성·결의함에는 출석의원의 과반수로 하게 되어 있습니다. 제45조 일개 국무원이나 법관 등의 탄핵 소추만을 하는 경우에도 「의원 50인 이상의 연서로 하고 그 결의는 재적의원 3분지 2 이상의 출석과 출석의원 3분지 2 이상의 찬성이 있어야 한다.」 했습니다. 일개 국무위원이나 법관의 탄핵소추 결의와 같은 사소한 국내문제가 국제조약이나 선전포고와 같은 대국제문제보다도 더 높이 평가되어 있는 것입니다. 이것은 언어도단인 것이며 민주주의가 정말 방성대곡을 할 일입니다.

특수적 과도적인 오늘 우리나라의 국회의 권한은 당연히 행정부의 우위에 있어야 됩니다. 미국 헌법에는 18항목으로 분명히 국회 권한이 확고히 수립되어 있습니다. 예를들면 선전포고, 대외조약, 세제, 화폐 주조, 국채 발행 등등 중요사항이 나열되어 있는데 우리나라에서도 국회의 권한을 구체적으로 확립시켜야 되겠습니다. 우리 민족은 소위 한일합병조약이라든지 을사보호조약에서 행정관리 개인의 날인으로 전 민족의 운명을 그르쳤습니다. 따라서 우리 국회는 어디까지나 행정부의 독재를 방지하기 위해서 국회 자체의 우위적인 권한을 확립해야 될 것입니다.

제4장 정부, 대통령, 국무원, 행정각부에 대하여 이 초안이 만들려는 대통령은 전 세

국회에서 선거한 대통령에게 강대한 권력을 부여할 수 없어

계에서 그 예를 볼 수 없을 만치 제국 이상의 강대한 권한을 장악한 대통령입니다. 대통령은 조약체결권, 동 비준권, 선전포고권, 국방군 통수권, 국무위원 등 관공리 임면권, 사면·감형권, 계엄선포권과 국회에서 결의한 것을 재심요구할 권리 등등 굉장한 것입니다. 이러한 무서운 대통령을 만들어내는데 합리성을 부여하기 위한 묘안으로 여러 규정이 있습니다. 주요 사항은 국무원

회의의 의결을 경하도록 함으로써 대통령의 권한은 사실상 제약되었다고 합니다. 그러나 그 국무원 맴버를 대통령이 임면하므로 대통령의 안을 반대할 수 있는 국무위원이란 실제에 있어서 있을 수 없습니다.

이 초안의 대통령은 또 이러한 권한 이외에 또 놀랄 만한 권한이 부여되어 있습니다. 그것은 제56조의 긴급처분권의 발동권입니다. 전시외에도 비상사태라 하여 무엇이든지 임의로 실행해놓은 뒤에 국회의 승인을 얻게 되어 있습니다. 국회가 승인치 않는다 하더라도 이미 발동된 효력에 소급 부인되지도 않습니다. 다만 부결된 때로부터만 효력은 상실한다 했습니다. 가령 일본의 치안유지법 같은 것을 긴급령으로 만들어서 수많은 인원을 사형이나 기타 필요한 형벌을 가한 경우, 그 목적을 달성해버린 뒤에 나중에 국회가 부결한다 하면 무슨 소용이 있을 것입니까?

또 긴급령으로 몇 백억이고 재정을 사용해놓은 뒤에 국회가 부결한다고 해도 이미 소비된 재정이 소생할 방도는 전무한 것입니다. 본 의원은 미국식 대통령제가 우리 조선에서는 적합치 않다고까지 생각합니다. 왜냐하면 인민이 선거한 대통령이라도 어느 한 사람에게 강대한 권력을 부여하면 독재될 폐단이 있을 것입니다. 하물며 국회에서 선거한 대통령에게 이 초안과 같은 무서운 권력을 준다는 것은 대다수 인민들은 상상도 못할 일입니다. 지금 우리 동포들은 어서 하루바삐 남북통일된 자주 독립국가를 세워서 인민이 굶어죽지 않을 긴급책을 실시해주기를 학수고대하고 있습니다. 만일 우리들이 우리 인민을 맘대로 휘

두르는 무서운 대통령을 만들어 세운다면 우리들은 본의 아니게 인민의 적이 될 것입니다.

만일 대통령에게 과연 큰 권력을 주어야 되겠다고 생각한다면 당연히 전 인민 앞에 내놓고 물어보아야 되고 인민의 선거에 맡겨야 될 것입니다. 그러나 만일 대통령을 시급히 국회에서 선거해야 될 필요가 있다고 생각하는 분이 있으면 당연히 불란서식의 대통령으로 해서 행정책임은 직접 지지 말고 책임은 내각에 일임하는 제도라야 될 것입니다.

대통령을 중심으로 확고부동한 정부를 구성하자

김준연 의원 우리는 국정이 안정되고 정돈된 그때를 생각하고 오늘날 헌법을 제정할 것이 아니라 건국의 초기에 있어서 모든 일을 신속하고 과감하게 해 나갈 필요가 있다는 그러한 의미하에서 이 단원제를 채용하게 된 것이올시다.

또 여러분이 아시는 바와 같이 우리는 남북을 통한 총선거가 되지 않았습니다. 남쪽만 총선거하는 데에 대해서는 우리 마음이 많이 아팠습니다. 그러나 급박한 국제정세와 국내정세에 처하여 정부수립을 무제한 지연해 나갈 수 없는 이 형편에 있어서 3분지 2를 점령한 이 남조선만이라도 총선거를 실시해 가지고 우리 정부를 수립하지 않으면 안 되겠다는 것이 우리 삼천만의 요망이었습니다.

작년 11월 14일 유엔 총회에서 43 대 0으로 세계 민주주의 제 국가가 우리 한민족을 동정하는 열국의 의사를 표명했습니다. 유엔위원단에서 가능한 지역만의 선거를 실시해 가지고 정부수립을 한다는 것을 결정한 것은 그러한 의미에서 행한 것이 아닙니까? 물론 북쪽에 있는 동포들이 역시 유엔위원단의 감시하에 자유로운 분위기 속에서, 민주주의 원칙에 의해서 총선거를 실시해 비워 놓은 100개 의석을 속히 채워서 우리와 동일 행동을 취하기를 삼천만과 같이 바라는 바입니다. 그렇지만 그렇다고 해서 그분들이 오기를 무제한 기다릴 수 없습니다.

또 헌법초안에 처음에는 상·하 양원으로서 선거해야 한다고 규정되어 있었습니다. 그런데 시기가 촉박한 까닭으로 그 선거를 기다릴 수가 없어요. 또한, 민의원이라고 할까, 이 국회에 양원이 성립되어서 여기서 선거하기로 되었는데 단원만 선거한다고 할 것 같으면 남북을 쪼개가지고, 또 국회를 양원으로 쪼개가지고, 즉 4분지 1로써 대통령을 선거했다는 결과가 되지 않을까 우려가 됩니다. 다시 말해 단원제를 채택한 것은 우리가 정부를 하루바삐 수립하지 않으면 안 되겠다는 이런 형편에 있어서 신속 과감하게 행동을 취해 나가겠다는 의미가 있고, 또한 4분지 1에서 대통령을 선거해서 정부를 수립한다는 그러한 불완전한 선거가 되지 않도록 우리가 고려하고자 한 것입니다. 우리가 장래 양원제를 채용한다 하더라도 현재에 있어서 불가불 단원제로 하고 여기에서 대통령을 선거해 정부를 수립하지 않으면 안 되겠다 하는 것입니다.

대통령을 직접 민선제도를 취하지 않고 국회에서 선거하자고 작정한 것은 이 곤란한 시기에 다시 우리 대통령을 민선으로 뽑을 경우 남반도 정부라는 비판을 피하고자 한 것입니다. 또 한 가지 우리가 이 국회의원을 선거할 때에 우리 삼천만, 남쪽에 있는 이천만이 다 생각하기를 이 국회에서 대통령을 선거하여 정부를 수립하지 않으면 안 된다는 것은 우리 삼천만 인민의 요구이고 갈망이었습니다. 대통령이라고 할 것 같으면 국민이 직접 선거해서 되는 것만이 아니에요. 북미 합중국의 선거를 보더라도 대통령을 직접 국민이 선거하는 것은 아닙니다. 대통령을 선거할 사람을 선거하는 것입니다.

그러면 우리 국회의원 200명을 우리 민족이 선거할 때에 이들은 대통령을 선거해 가지고 정부를 조직할 책임을 가졌다는 그러한 인식하에 한 것이올시다. 사리의 편중한 점을 생각하든지 우리 민족이 인식하고 있는 점을 생각하든지, 대통령을 우리 국회에서 선거하는 것이 민주주의 원칙에 위반되는 것은 아니라고 하는 점을 다시 한번 강조하는 바이올시다. 그러므로 우리 헌법 기초위원회에서 대통령을 국회에서 선거하자고 한 것은 정당한 일이고 당연한 일이라고 생각합니다.

그리고 내각책임제를 취하지 않았다고 말씀하는 분이 많이 있습니다. 그러나 오늘날 우리의 불안정한 정세를 생각해 볼 때에 우리가 대통령의 임기가 4년이라고 할 것 같으면, 그 대통령의 정부 주재하에 반드시 임기가 보장된 정부를 만들어가지고 확고부동하게 모든 일을 처리해나가지 않으면 안 되겠다는 것이 우리의 주장입니다. 물론 처음에 헌법기초위원회에서 내각책임제를 채용하기로 했습니다. 그렇지만 심사숙고한 결과에 이것을 고치기로 한 것입니다.

우리가 국내의 여론을 보고 세계 정세를 관찰하고 모든 점을 고찰하였습니다. 내각책임제로 하는 것보다 대통령중심제를 취해 가지고 대통령 임기 4년 중에는 대통령을 중심으로 해 가지고 확고부동한 정부를 가지는 것이 우리 민족으로 하야금 가장 건설적이라고 생각합니다.

그러나 대통령중심제를 취한다고 하더라도 대통령께 무한한 독재권을 맡긴다 할 것 같으면 거기에 폐해가 있다고 생각합니다. 그러므로 대통령이 국무총리와 국무위원들과 협력해 가지고 해 나가지 않으면 안 됩니다.

혹은 어떤 분은 말씀하시기를 이것은 미국식 대통령책임제로 성립되지 않느냐 라고 말합니다. 「대통령이 국회에 나와서 발언을, 혹은 국무총리와 국무위원은 국회에 나와서 발언을 하고 답변을 할 수가 있다.」 「대통령이 또 공포하는 문서에는 국무총리와 국무위원이 부서를 한다.」 또는 「대통령과 국무총리와 국무위원은 합해 가지고 국무원이라는 합의체를 조직한다 거기에 있어서 대통령은 의장이 된다. 그 국무회의의 의결은 과반수로서 작정한다.」 등등의 제도를 말할 것 같으면 미국에 없는 제도입니다. 우리는 온 세계 헌법과 역사를 참작하고 해서 가장 새로운 헌법을 만들자고 한 것입니다.

부의장 김동원   대체토론에 대해서 여러 가지 말씀을 많이 하셨습니다. 거기에 대해서 답변이라고 할 수 없으나 혹 참고될 만한 재료를 전하기 위하여 전문위원 유진오씨가 잠간 말씀해 주시면 좋겠습니다.

유진오, 대통령의 독재적 권한을 우려하다

전문위원 유진오　　대체토론 중에 여러 의원께서 말씀하신 바 여러 가지 의견을 듣고 전문위원으로서 헌법기초위원회에서 기초된 초안에다가 이렇게 수정을 가했으면 하는 점이 있습니다. 그런 점에 대해서 지금 몇 가지 말씀을 드릴려고 합니다.

첫째는 제56조에 대통령 긴급명령권이 규정되어 있습니다. 이 긴급명령권은 국가비상시에 안녕질서를

긴급명령 발할 경우를 구체적으로 열거할 것

유지하기 위하여 불가불 긴급조치를 하고자 한 것입니다. 임시국회도 소집할 수 없는 그러한 긴급한 때에는 대통령의 명령으로서 법률의 효력을 발휘하도록 하고 또는 불가불 국회의 승인을 얻어서 지출해야 할 재정상 긴급한 지출을 할 수 있게 하는 그러한 조문입니다. 그러므로 이 조문은 국가의 비상사태에 직면해서 작동되는 조문입니다. 그렇지만 이 조문의 운영에 있어서 독재적인 경향으로 흐를 염려가 없지 않아 있습니다. 물론 초안할 때에 그러한 점을 염려 안 한 것도 아닙니다. 그렇지만 다사다단한 우리의 정세에서 우리 헌법에 이러한 조문을 넣지 않을 수 없다는

이런 결론에서 이 조문을 넣었던 것입니다.

그러나 56조에 전시 또는 비상사태에 대하여 이렇게 추상적으로 되어 있어 무엇이 비상사태인가 하는 문제가 제기될 수 있습니다. 또한 그 비상사태의 해석 여하에 따라서 대통령의 긴급명령권이 사실 광범한 독재적인 권한이 될 염려가 있습니다. 그러므로 그렇게 추상적으로 하지 말고 대통령이 긴급명령을 할 수 있는 경우를 열거하는 것이 좋으리라고 생각합니다. 가령 내란, 외환, 천재 또는 경제상이나 재정상 중대한 위기가 발생할 때에 공공의 안녕질서를 유지하기 위하여 긴급한 조치를 할 필요가 있을 때에는 대통령이 국회 집회를 기다릴 여유가 없는 경우에 한하여 법률의 효력을 가진 명령을 발하거나 또는 재정상 중요한 처분을 할 수 있다 이렇게 규정하는 것입니다. 이렇게 하면 이 56조를 규정한 당초의 목적을 달성할 수 있는 동시에 독재적으로 이것이 남용되는 것을 방지할 수 있을 것으로 생각합니다.

그 다음에는 대통령중심제로 나가는 우리 헌법의 초안은 잘못하면 대통령 독재 정치가 될 수도 있지 않으냐 하는 말씀이 있었습니다. 또한 대통령중심제하에서 대통령과 국회의 관계가 갈라져서 국회와 대통령 간에 의사를 달리하는 경우에 알력이 생기는 것을 방지할 수가 없지 않으냐 하는 여러 가지 말씀이 있었습니다.

제68조에 대통령이 국무총리를 임명할 때에는 국회의 승인을 받도록 하는 것이 좋으리라고

대통령의 국무총리 임명 시 국회의 승인을 받도록

생각합니다. 그렇게 하면 국회가 국무총리에 대해서 일단 승인을 한 것이므로 그 국회와 대통령이 임명하는 정부와의 관계는 원만해지고 밀접해질 것으로 생각합니다. 또한 국무위원에 대해 한 사람 한 사람 국회의 승인을 얻게 한다는 것도 생각해봅니다.

가령 미국의 상원은 우리나라의 국회와는 약간 성격이 달라서 일종의 대통령의 자문기관적인 성격도 가지고 있습니다. 대통령의 고급관리 임명권에 대한 승인권이 원활하게 운영되고 있습니다만 그러나 순전히 국회의 성격이 다른 우리의 경우 국무위원 한 사람 한 사람 일일이 승인을 얻게 하는 경우에는 정부조직에 있어서 통일성을 기하기가 어렵습니다. 정부조직에 통일성을 얻지 못할 것 같으면 정치가 강력하게 전개되기가 대단히 곤란할 것입니다. 그러므로 국무위원의 임명은 국무총리의 추천으로 대통령이 임명하는 것이 가장 적당하지 않을까 생각이 됩니다.

다시 말씀하면 대통령 혼자 독재적으로 국무위원 전부를 임명하는 것이 아니라 국회의 승인을 얻은 국무총리가 대통령하고 충분히 상의해서 통일성 있는 강력한 정부를 조직하자는 것이 우리의 시기에 적당한 제도가 아닌가 이렇게 생각합니다.

재정 장에 있어서 93조에 「회계연도가 개시될 때까지에 예산이 의결되지 아니할 때에는 정부는 전년도의 예산을 실행한다.」했습니다. 헌법 제안 설명 때 말씀드렸습니다만 이 조문은 우리가 반드시 좋은 제도라고 생각해서 낸 것은 아니었습니다. 이 조문의 이유는 당장 아직은 1년 중 상설적으로 국회를 개회하는 것으로 생각하지 않았기 때문입니다. 우리 국회는 아직은 회기제도를 두어서 일정한 시기 동안 회의를 하고, 그 시기가 지나면 폐회를 하는 제도를 생각했기 때문에 만일 그 개회중 예산이 의결되지 아니할 것 같으면 그 다음에 다시 예산을 의결할 그러한 계획을 갖기가 대단히 어려운 것으로 생각했습니다.

그러나 여러분의 의견을 듣고 신중히 생각컨대 국회의 중대한 사무의 하나는 정부의 예산안에 대한 동의입니다. 정부가 국회의 동의없이, 비록 적은 금액의 돈일지라도, 맘대로 이것을 지출하지 못하게 하는 것이 국회의 권한입니다. 이것이 국회의 가장 큰 사명입니다. 그런데도 불구하고 이러한 제도는 남용되기가 사실 쉬운 것입니다.

국회 회기가 거진 다 되었는데 정부측에서 예산을 제출해서 국회로 하여금 예산을 의결할 시간을 충분히 주지 않아 예산이 성립되지 않은 경우에는 전년도 예산을 그대로 실행하는 그러한 무지의 행동을 취하는 예가 역사상에 없지 아니합니다. 만일 회계연도가 개시될 때에 예산이 의결되지 않은 경우, 국회는 반드시 일정한 기간 회의를 두고 그 기간 내에 예산을 의결하도록 하는 것이 좋을 줄로 생각합니다. 영국이 그러한 예입니다.

예산에 대한 의결권은 대단히 중대한 것이므로 만일 예산이 성립 안 되는 경우에 우리 국회도 예산이 의결될 때까지 연기를 하면서 반드시 예산을 의결해야 될 것으로 생각이 됩니다. 이렇게 하는 것이 가장 국회의 사명을 발휘하고 국회와 정부의 관계를 밀접하게 할 수 있는 것이라고 생각됩니다.

부의장 김동원 그러면 오늘은 이것으로써 산회하기로 합니다. 내일 10시에 다시 개회하겠습니다.

(하오 4시 산회)

1948년 7월 1일 목요일 (제22차 회의)

(상오 10시 5분 개의)

부의장 신익희 정한 시간이 되어서 개회합니다.

국회에서 언론의 자유가 보장되지만 제한이 있다

권태욱 의원 오늘 축조토의에 들어가기 전에 제가 그저께 의회 내에서 불쾌한 생각이 들어 오늘 잠깐 한마디 여쭈려고 나왔습니다. 다 아시는 바와 같이 우리 국회는 제정국회이고, 이 국회에 모이신 여러분은 대중의 모듬이 아닙니다. 각자가 이치를 가지고, 이성을 가지고 행동하시는 신사 여러분의 모듬입니다. 그런데 이 국회에서 언론의 자유가 있어야 하는데, 내 귀에 거슬린다고 내 의사에 맞지 않는다고 언론 중지하라는 것은 도무지 민주주의 원칙을 지키는 국회가 아니라고 생각합니다.

또 외국 손님이 왔다고 쓸데없이 시간을 허비해 발언을 못 하게 하는 것은 도저히 국회의 원칙을 버리는 일이라고 생각합니다.

제2장 헌법안 제1독회 대체토론

(「간단히 하시요.」하는 이 있음)

토의하기 전에 끝으로 그러면 다시 한 번 더 언론의 자유를 요청하는 바입니다.

부의장 신익희　우리 국회뿐만 아니라 민주주의 사회의 언론은 자유에요. 그러나 언론자유에도 표준이 있어야 하지 않아요? 의제 외에 딴 문제나 인신 공격, 억측은 민주주의에서도 금지하는 바입니다. 그 밖의 일은 마음껏 자유스럽게 토의하실 것입니다.

조봉암 의원　지금 권태욱 의원의 말씀은 대단히 옳은 말씀입니다. 우리가 미워하는 왜놈의 국회에서도, 국회의원이 발언하는 것을 중지시키거나 소리를 질러서 못하게 하는 예가 없습니다. 그런 까닭에 국회의원이 발언하는 경우 의장 이외의 사람은 누구든지 발언을 제한하거나 방해하는 행동을 하지 못하도록 제약이 있어야 할 것입니다.

곽상훈 의원　우리들이 모여 있는 이 자리는, 삼천만을 대표해서 독립 전취에 나선 결사대라고 저는 언제나 생각하고 있습니다. 그런 까닭에 만일 계획적이거나 또는 고의적인 방해가 있으면 막아야 합니다. 민주주의는 무엇입니까? 다수결의로써 하자고 하였으면 그렇게 결의를 하는 것이 민주주의라고 생각해요. 발언시간을 5분 이상 안 주기로 했으면 5분 이상 안하는 것이 민주주의의 원칙입니다. 그리고 실언이 있어서 의장이 열 번, 스무 번 발언권을 안 주겠다고 제지했는데 안 들었어요. 그래서 언권을 중지한 것이 무엇이 잘못입니까?

헌법안
제2독회
조항별
심의와 표결

제1절

헌법전문·총강

1948년 7월 1일 목요일(제22차 회의)

부의장 신익희　제2독회 개시를 선포합니다. 제1장 제1조부터 낭독해 주시기 바랍니다.

서상일 의원　헌법 제2독회를 시작합니다. 먼저 전문을 읽겠습니다. 그런데 국호가 결정이 되지 않아서 먼저 제1장 총강부터 시작합니다.

민주공화제는 3·1운동 때부터 시작

서상일 의원　「제1조 대한민국은 민주공화국이다.」

이승만 의원　우리나라는 민주정체를 하면 혼란이 일어나 아무 것도 할 수 없으리라고 외국인들이 말했습니다. 우리는 빠른 시일 내에 헌법을 제정해 정부를 세울 능력이 있다고 선언한 것이 허언이 되지 않도록 해야 합니다. 지금 정세를 보면 불온한 작란을 하는 도배도 있습니다. 그래서 중요한 생각이 있을지라도 경중과 완급을 헤아려 주시기 바랍니다. 국호 개정은 제일 시간이 많이 걸립니다. 1분이라도 빨리 헌법을 통과시켜 주시기를 부탁합니다.

총강 전의 전문은 긴요한 글입니다. 거기에 우리의 국시, 국체가 표시될 것입니다. 지난번 개회식 때도 말한 일이 있지만, 나는 「우리는 민주국 공화체

> 헌법 전문에 「우리는 민주국 공화체이다」라고 써야
> 이 정신은 기미년 독립선언 때 공포한 것

이다.」는 것을 쓰기를 여러분에게 간절히 요청합니다. 기미년 독립선포를 할 때도 선포한 것입니다. 이 정신은 벌써 35년 전에 세계에 공포하고 내세운 것입니다.[9]

지금 미국 사람들이 민주주의로서 일본 제국주의를 물리쳤습니다. 소련은 공산당을 민주주의라고 부르고 있습니다. 지금 미국 사람들은 유럽이나 아시아에 자기의 민주주의를 펴려고 합니다. 일본에서도 전제주의를 없애고 일본 국민들에게 민주주의를 전하려고 합니다. 조선에도 민주주의를 세워주겠다고 합니다.

그런 까닭에 우리가 헌법 전문에 「우리들 대한민국은 유구한 역사와 전통에 빛나는 민족으로서, 기미년 3·1혁명에 궐기하

---

9   30년 전의 착오이다.

여 처음으로 대한민국 정부를 세계에 선포하였으므로, 그 위대한 독립정신을 계승하여 자주독립의 조국 재건을 하기로 함」이렇게 넣었으면 합니다. 민주주의는 우리가 일본과 싸울 때부터 진력해 오던 것이라는 것을 알고 잊어버리지 않도록 했으면 좋겠다, 이것이 나의 요청이며 또 부탁입니다.

김옥주 의원　제1조는 원문대로 통과하기를 동의합니다.

부의장 신익희　그 동의에 재청, 삼청이 있습니다.

다른 의사 없으면 표결에 부치겠습니다.

김병회 의원　대한민국이란 국호에 대해 저는 의견을 달리하고 있었습니다. 민국이란 결국 민주국을 의미하기 때문에, 저는「대한민국은 공화국이라고」이렇게 민주를 빼자고 개의합니다.

부의장 신익희　개의는 재청밖에 없습니다. 성립이 안 됩니다.

원문을 표결에 부치겠습니다.

(거수표결)

재석의원 188인, 가에 163, 부에 두 분, 절대다수로 가결되었습니다.

국기, 국민의 요건, 영토

부의장 신익희　제2조 낭독합니다.

서상일 의원　제2조에「대한민국의 주권은 국민에게 있고 모든 권력은 국민으로부터 발한다.」여기에 대한 수정 동의는 제 2조 조항에 '국기는 현재 사용하는 태극기를 국기로 한다'를 편 입하자는 것입니다. 김덕열 의원 외 12인의 제안입니다.

조헌영 의원　　국기에 한해 우리 국민의 의사를 한 번 의 논하여 볼 필요가 있다고 생각합니다. 우리는 현재 개회 이래 태극기를 쓰고 있습니다. 그러나 태극기에 대해 국민 가운데 반대 의견이 많이 있습니다. 태극기는 사실상 대한제국 시대 의 국기입니다. 또한 마흔여덟 종류의 태극기가 있습니다. 여 기에 걸려 있는 국기도 정확한 태극기가 아니라고 저는 보고 있습니다. 그래서 여기 헌법의 조문에 넣는 것은 찬성하지 않 습니다.

전문위원 유진오　　저의 기억으로는 헌법 속에는 대체로 국기 를 넣지 않는 것이 일반적 경향입니다.

이주형 의원　　헌법을 제정하는 이상 국호가 확정되지 않으 면 도저히 헌법이 성립되지 않습니다. 그러나 국기는 앞으로 국 민의 의견을 들어서 헌법에 넣는 것도 시기가 늦지 않는다고 생 각합니다.

이진수 의원　　아까 조헌영 동지께서 제국시대의 태극기라는 말씀이 계셨습니다만, 우리 선열들이 주권을 회복하기 위해 싸 울 때 태극기로 민족적 정기를 표명한 것이 사실입니다. 그런 까 닭에 본 의원은 본 태극기를 아까 수정안과 같이 제2조에 삽입할 것을 절대 지지하는 동시에 찬성합니다.

부의장 신익희　　그러면 제2조 국기는 태극기를 쓰자는 수정안을 표결에 부칩니다.

(거수표결)

재석의원 188, 가 40, 부 102, 과반수로 부결되었습니다. 휴회를 선포합니다.

(하오 0시 휴게)

(하오 2시 계속 개의)

부의장 신익희　개회하겠습니다.

출석인원은 122인입니다.

제3조 낭독하십시오.

「제3조 대한민국의 국민되는 요건은 법률로서 정한다.」

통과되었습니다.

제4조 낭독합니다.

서상일 의원　제4조는 수정안이 들어왔습니다. 원 조문은 「대한민국의 영토는 한반도와 그 부속도서로 한다.」입니다. 수정안은 「대한민주국의 영토는 고유한 판도로서 한다.」입니다. 이구수 의원의 제안설명이 있겠습니다.

이구수 의원　반만년 역사를 통해 가지고 우리의 영토를 반도라고 쓴 사람은 없었습니다. 왜적이 이 땅에 들어와서 우리 민족을 모욕하고 우리의 영토를 자기 나라 영토로서 편입하는 의미로서 반도라고 불러왔습니다. 일본인이 우리를 반도인이라고 조선 사람을 모욕하였습니다. 일본의 혜택을 받은 사람, 일본의 덕을 받은 사람이 아니면 우리 조선 사람 중에는 반도라고 부른 사람은 없었습니다.

우리 조선 독립운동에 참으로 공로가 큰 동아일보를 보십시오. 동아일보 또는 조선독립을 위해서 운동한 신문에는 절대로 반도라고 기재한 신문은 없습니다. 우리 조선을 일본에 팔어먹은 매일신문만이 늘 반도라고 써왔습니다. 우리의 영토는 고유한 판도라고 하면 가장 좋을 것 같습니다.

장병만 의원   반도라는 말이 일본 사람이 사용하던 말이라고 했는데, 그렇게 생각하지 않습니다. 이것은 과학적 술어라고 할 수밖에 없습니다. 어떠한 지리책, 어떠한 지도를 보아도 해면으로 돌출한 육지를 반도라고 합니다. 그러한 의미로 본다면 반도라고 하는 것이 우리 조선에 큰 모욕이라고 할 수가 없습니다. 혹 판도라고 하면 어떤 범위를 말한 것인지 명확치 않다고 생각합니다. 저는 한반도로 하는 것이 좋다고 찬성합니다.

부의장 신익희   의견 없으면 표결에 부치겠습니다.

수정안부터 표결에 부칩니다.

(거수표결)

재적의원 171인, 가에 13, 부에 106, 과반수로 부결되었습니다.

원안에 대한 가부를 묻습니다.

(거수표결)

재석의원 170인, 가에 137인, 부에 6인, 그러면 과반수로서 가결되었습니다.

이제 다음 조로 넘어갑니다.

개인의 자유와 평등, 공공복리

서상일 의원　　제5조 「대한민국은 정치, 경제, 사회, 문화의 모든 영역에 있어서 개인의 자유와 평등과 창의를 존중하고 보장하며 공공복리의 향상을 위하여 이를 보호하고 조정하는 의무를 진다.」 이것이 제5조의 원문인데 수정안이 들어왔습니다. 서순영 의원 외에 열 분인데, 그것은 「대한민국은 국민의 공공복리의 증진·향상을 위하여 그 기본적 인권을 영구히 보장하고 창명을 조정할 의무를 진다.」입니다. 또 하나 조종승 의원 외에 12인의 수정안인데, '대한민국' 다음에 "도의의 찬양을 근본이념으로 하고"를 삽입하고, "존중하고"에서 「하고」자를 빼자는 것입니다.

부의장 신익희　　그러면 수정동의안에 대한 의견을 말씀하십시오. 조종승 의원을 소개합니다.

조종승 의원　　건국하고, 또 헌법을 제정하는 데 근간이 있어야 하겠습니다. 근간이 너무 박약해 보입니다. 우리 대한민국으로 말하자면, 무엇보다도 고유한 우리의 도덕을 몰각할 수 없습니다. 그러므로 대한민국은 도의의 창명을 근본이념으로 하고, 정치, 경제, 사회, 문화 모든 영역에서 개인의 자유와 평등과 창의를 존중하고 보장한다고 쓰는 것이 가장 숭고하지 않을까 생각합니다. 인류인 이상 효자정신이 없을 리 없습니다.

정도영 의원　　기초위원회에서도 제정하는 가운데 '도의적 창명'이라는 말이 있었습니다. 그때 '도의적 창명'을 자유·평등의 이상으로 하자고 규정하였습니다. 그래서 그 이상은 넣지 않는 것이 좋다고 생각했습니다.

부의장 신익희　　조종승 의원이 제출한 수정안을 표결에 부칩니다.

(거수표결)

재적의원 164인, 가에 9, 부에 114, 그러면 과반수로 부결되었습니다. 다른 수정동의안에 대해 서순영 의원의 설명을 듣겠습니다.

서순영 의원　　제5조는 민주주의의 기본원칙을 거듭 강조하는 가장 중대한 조문이라고 생각합니다. 그런데 이러한 중대한 의미가 있는 규정일수록 추상적으로 함축성이 있는 방식으로 하는 게 좋다고 생각합니다. 또한 정치 혹은 사회, 문화의 평등은 본래 민주주의 사상이지만, 경제의 평등은 공산주의 국가는 물론 세계 어느 나라도 해결되지 못한 문제로 생각합니다. 그런데 우리 헌법 전 조문을 통해서 이 경제의 평등을 구체적으로 실현시킬 방도가 대단히 부족합니다. 결국 이 경제 평등이라는 문제는 금후 우리 국민의 실제 생활에서 많은 위헌문제를 발생시킬 염려가 있습니다. 그렇다면 차라리 정치, 경제, 문화, 사회처럼 부문을 열거하는 방식을 피하는 게 좋겠습니다.

문시환 의원　　서순영 의원이 제출한 수정안에 반대합니다. 경제적 평등은 장래 이 나라에 실행할 것을 앞으로 염두에 두고 제안하는 것이 좋다고 생각합니다. 지금 우리나라뿐만 아니라 다른 모든 나라에서도 어떻게 하면 이 국민경제의 균형을 이룰 수 있을까 많이 고심하고 있습니다. 해방 이후 다행히 일본 사람이 가지고 있었던 모든 적산을 잘 처리한다면, 가까운 장래에 경제적 평등을 실현하기 위한 제1단계를 밟을 수 있습니다. 다른 나라에 없는 행운입니다. 이것이 우리 건국의 큰 광명입니다. 그러므로 금후 이 경제 평등의 실현을 목표로 하고, 이 건국 대국사를 논해야 될 줄 압니다.

이문원 의원　　제5조는 우리나라의 중대한 근본지침입니다. 총강 7조 중 가장 중대합니다. 정치, 경제, 사회, 문화 모든 영역에 있어서 개인의 자유·평등이라고 하는데, 적어도 민족진영에 있어서 과연 개인의 자유·평등을 우리 조선의 도의로 누구나 분명히 해석할 것인가, 여기에 대해 의심을 갖는 것입니다. 그러므로 적어도 우리의 도의를 가지고 이 헌법을 해석하는 기본지침을 여기에 표시할 필요가 있습니다. 그렇지 않으면 자기 나라의 근본 이데올로기가 확실치 못하고, 국가를 구성하는 데 있어서 남의 나라의 도의에 흐를 염려가 있습니다. 그런 고로 앞으로 제5조에 우리 조선적인 도의를 토대로 한 정신이 포함되어 수정되기를 희망합니다.

오용국 의원　　제5조 수정안에서 평등을 실현하기 어려우니 이것을 수정하자는 말씀이 있었습니다. 그러나 제6장 경제에서 농지를 분배한다 또는 공공 사업은 국유나 혹은 국영, 공영으로 한다는 등 공공복리를 증진하자는 여러 좋은 조문이 있습니다. 경제의 평등은 실현이 어렵다는 말씀은 우리 국민이 원하는 바에 배치되는 것입니다. 또 도의라고 하는 것은 법률용어로 쓰기가 대단히 어려울 것으로 생각합니다. 저는 기초위원회의 한 사람으로서 원안대로 통과하는 것을 희망합니다.

전진한 의원 이 조문의 정신을 완전히 이해하지 못하기 때문에 말이 많습니다. 여기에 경제 평등이라는 것은 기회균

> **경제의 평등은 기회균등의 의미**

등의 의미올시다. 정치적, 사회적 의미가 많이 포함되어 있고, 경제적 의미에서 똑같이 나누자는 것이 아니올시다. 그러니까 이 조문은 민주주의 국가에 필요하리라고 생각합니다.

부의장 신익희 이의 없습니까?

(거수표결)

재석인원 165, 가 4, 부 138, 수정안은 부결되었습니다.

원문에 대하여 표결하겠습니다.

(거수표결)

재석인원 165, 가 156, 부 1, 과반수로 가결되었습니다.

이남규 의원 우리 국회법에 수정동의는 형식을 갖추어 우리에게 보여야 된다고 했습니다. 인쇄된 안이 나오지 아니한 이상 우리는 어떠한 안이 좋은지 모릅니다. 그런 고로 인쇄가 안 된 수정안은 다시 읽어주세요.

부의장 신익희 이남규 의원의 말씀대로, 수정동의안은 서면을 먼저 제출하시어 인쇄해서 배부한다는 것이 법규에 정해져 있습니다. 그런데 5조, 6조는 인쇄할 여유가 없었습니다. 우

리가 수정동의를 내놓을 때 기간을 정합시다. 일정한 기간을 정해 그 안에 제출해 주시면 인쇄해서 나누어 드리게 될 것입니다.

침략 전쟁의 부인, 국토방위의 의무

부의장 신익희　　다음 조문을 낭독하겠습니다. 제6조 「대한민국은 모든 침략적인 전쟁을 부인한다. 국방군은 국토방위의 신성한 의무를 수행함을 사명으로 한다.」

서상일 의원　　이 제6조에 강욱중 외 11인의 삭제 수정안, 김재학 의원 외 10인과 류래완 의원 외 11인의 수정안, 또 오택관 의원 외 15인의 수정안이 있습니다.

조헌영 의원　　잠깐 의사진행에 대해서 말씀하고자 합니다. 수정안을 일일이 토의하고 결정한다면 시간이 대단히 많이 걸리고 판단하는 데도 여러 가지 곤란이 생길 염려가 있습니다. 그러니까 원안을 수정할 필요가 있느냐 없느냐를 먼저 표결에 부쳐서, 수정할 필요가 있다는 결정이 되면, 그 다음 수정안을 각각 표결에 부치는 것이 대단히 좋을 줄 압니다.

부의장 신익희　　그렇게 표결하는 것은 회규상 허락하지 않는 것입니다. 제6조에 있어서 여러분에게 인쇄해서 배부된 안이 세 가지가 있어요. 한 가지 안은 기본적으로 제6조를 삭제하자는 안입니다. 그리고 첫째로 인쇄되어서 배부된 김재학 의원 외 10인의 제안을 먼저 여러분에게 소개해드립니다. 김재학 의원의 설명을 먼저 청하겠습니다.

이석 의원　의사진행에 있어서 삭제동의가 있을 때 먼저 해 주시기 바랍니다.

부의장 신익희　의결은 도착된 대로 하는 것이나 삭제 동의를 먼저 하는 것이 합리적입니다. 그러면 제6조를 삭제하자고 제안한 강욱중 의원께서 설명하겠습니다.

강욱중 의원　이 조문을 낼 때 기초위원과 전문위원께서 말씀이 많이 계셨습니다. 제2차대전 후 패전국이 이런 규정을 헌법 전문에다 넣는다는 말씀도 계셨습니다. 그러나 우리는 패전국이 아니니, 독재와 침략전쟁의 과거가 없는 우리나라 헌법에 넣는 것은 필요가 없습니다.

부의장 신익희　이 문제는 기초위원의 설명을 약간 들을 필요가 있습니다. 유진오 위원을 소개합니다.

전문위원 유진오　이 조문은 결코 패전국의 헌법에만 나타난 것이 아니라 유력한 국가가 다수 참가하고 있는 그 조약의 정신을 이 헌법에서 채용한 것입니다. 가령 불란서 헌법 혹은 필리핀 헌법도 침략 전쟁에 관한 증오감……, 평화를 애호하는 그 정신을 헌법속에 채용하고 있습니다.

부의장 신익희　삭제하자는 동의에 의견 있으면 말씀하세요요. 없으시면 가부묻겠습니다.

(거수표결)

재석원수 166인, 가에 9인, 부에 135인, 과반수로 부결되었습니다.

그러면 다음은 차례대로 첫째, 김재학 의원 외 10인, 류래완 의원 등 12인이 제기한 수정동의안에 대해 제안자 김재학 의원의 설명을 듣겠습니다.

김재학 의원 이 헌법의 대의는 자기 민족이 잘살기 위해서 작정하는 것입니다. 금후 우리도 공세동맹을 해야 민족이 살 줄 압니다. 그러므로 대한민국은 도의를 창명하여 건설하고, 침략 전쟁에 반대해 약소 민족도 오늘날 좀 잘 살고자 하는 의미에서 간단히 말씀드립니다.

부의장 신익희 다른 의견이 없습니까?

이정래 의원 수정안에 대한민국은 도의 창명을 건국의 정신으로 하고 침략적인 전쟁을 부인한다고 그랬는데, 침략적인 전쟁을 부인한다. 그 말 하나로 충분하다고 생각해서 원안대로 찬성합니다.

부의장 신익희 표결에 부치겠습니다. 김재학, 류래완 의원의 수정안입니다.

(거수표결)

재석원수 166인, 가에 8인, 부에 93인, 과반수로 부결되었습니다.

부의장 신익희 다음에는 김문평 의원 외 13인의 수정안에 대해 김문평 의원의 설명을 청합니다.

김문평 의원 제6조 수정안「대한민국은 평화를 주장함으로 모든 침략적인 전쟁을 부인한다. 국방군은 국토방위의 신성한 의무를 수행함을 사명으로 한다.」수정안 제출의 이유로, 첫째는 헌법 초안 전문에 항구적인 세계평화를 강조했는데 헌법 본문에는 없으므로 내용의 충실과 체제를 위하여 필요하고, 둘째 이유는 앞으로 우리나라가 중립국가가 될 것을 상정할 때 평화를 기초로 한 국가만이 그 자격이 있을 것을 감안한 것이고, 셋째 이유는 국제적인 항구적 평화 기관, 현재 유엔과 같은 기관의 일원이 될 자격을 갖추는 데 필요하다고 생각하여 수정을 요청하는 바입니다.

부의장 신익희　　표결하겠습니다.

(거수표결)

재석원수 166인, 가에 8인, 부에 96인, 과반수로 부결되었습니다.

다음에 오택관 외 15인의 수정안입니다. 설명해 주시기 바랍니다.

오택관 의원　　지금 제6조를 수정하려는 그 의의는 여러 가지입니다. 첫째, 선조께서 신인(神人)으로 여기 건국하시고 인민에게 예의를 가르쳤

> **'하느님의 성지를 받들어 도의의 창명을 건국정신'으로**

습니다. 일본 사람에게 강압을 당한 후 조선민족은 하나님 도웁소서, 자유천지에서 살 수 있게 해달라고 기도했습니다. 연합국의 승리로 우리 조선민족은 해방을 얻게 되었으며, 비로소 당당한 독립을 시작하게 되어, 하느님의 은혜를 찬양하지 않는 사람이 없습니다. 수정안은 「하느님의 성지를 받들어 도의의 창명을

건국의 정신으로 하고 침략적인 전쟁을 부인한다」 했습니다. 여러분이 조문을 생각해 볼 것 같으면 이 조항에 대해 관계된 것이 아니라 이것은 건국 대의에 있어, 건국정신에 있어서 가장 강조해야 되는 것으로 깊이 믿습니다.

부의장 신익희　　의견 있습니까?

이재학 의원　　신의 성지를 받들라는 이 제안에 저는 반대합니다. 오늘날 신의 존재에 관한 문제는 국가에서 독단적으로 결정할 수 없

> 오늘날 신의 존재에 관한 문제는 국가에서 독단적으로 결정할 수 없는 것

는 것으로 생각합니다. 개회식 때 의장께서 하느님 앞에 맹세한다 하셨습니다. 기도의 지시를 받으신 의원이 예수님께 맹세한다 하셨습니다. 그러나 오늘날 세계 대부분의 나라는 신앙이나 신의 문제를 국민 각자의 수양 혹은 종교문제로서 간주해 자유 방임하고, 그 신앙생활을 존중하는 정도에 그칩니다.

정준 의원　　신의 성지를 받들어 도의 창명을 건국의 정신으로 한다는 문구를 반드시 넣기를 주장합니다. 우리 국회는 대한민국 임시정부 정신을 계승한다고 말해 왔습니다. 대한민국 임시정부 헌장에, 하느님의 뜻을 받들어 건국의 정신으로 한다는 명문이 있습니다.[10] 우리가 나라가 없이 36년 동안 고생할 때 하느님을 헌장에 명시했고, 애국가를 부를 때마다 역시 하느님이라

10　1919년 4월 11일에 의결된 〈대한민국임시헌장〉 제7조에 「대한민국은 신(神)의 의사에 의하야 건국한 정신을 세계에 발휘하며 진(進)하야」라고 규정하였다.

는 말을 해 왔던 것입니다. 이제 나라를 찾는 이 마당에 하느님을 잊는다는 것은 신에 어그러지는 것입니다. 지금 38 이북은 유물사상이 가득 차 있으며, 38 이남에도 이것이 만연되어 도의가 퇴폐하는 중입니다. 헌법에 이것을 집어넣는다는 것은 큰 의의가 있습니다.

부의장 신익희　오택관 의원 외 15인의 제안으로 된 수정안을 표결에 부칩니다.

(거수표결)

재석원 163인, 가 24인, 부 96인, 과반수로 부결되었습니다.

그러면 원문에 대한 표결을 하겠습니다.

(거수표결)

재석원 163인, 가 138인, 부 6인, 절대다수로 가결되었습니다. 원안 그대로 통과된 것입니다.

국제조약과 국내법의 효력은 동일한가?

부의장 신익희　다음은 제7조를 낭독하겠습니다. 「제7조 비준 공포된 국제조약과 일반적으로 승인된 법규는 국내법과 동일한 효력이 있다.」 서순영 의원 외 10인이 제7조에 대해 삭제하자고 동의하셨습니다. 서순영 의원에게 간단한 설명을 청합니다.

서순영 의원　제가 이 헌법을 통독하고 솔직하게 느낀 것은 법리론보다 정치적 입장이 많이 가미된 헌법이라는 것입니다. 그러므로 제가 말씀드리는 것은 순전히 이론적인 모순이 빠진 부분입니다. 즉, 조약의 효력이 그 나라 국민을 구속하는 경우에는 국내법과 동일한 효력이 있다고 하는 것이 헌법상의 원칙이라는 견지에서 이 조문을 삭제하고자 하는 것입니다.

문시환 의원　　전문위원의 의견을 들어봅시다.

전문위원 권승렬　　제7조에 대한 말씀을 여쭙니다. 지금의 국가는 개별적으로 존재할 수는 없습니다. 국가와 국가가 모여서 국제생활을 하고 있습니다. 그래서 국제적으로 법률을 통일할 필요가 있습니다. 따라서 제7조는 존재하는 것이 좋다고 믿습니다.

부의장 신익희　　다른 의견 없으시면 수정동의안을 표결에 부칩니다.

（거수표결）

재석원 167인, 가 8인, 부 101인, 과반수로 부결되었습니다.

그러면 원안을 가부에 부칩니다.

（거수표결）

재석 167인, 가 135인, 부 1인, 절대다수로 가결되었습니다.

한 장이 넘어 갈 때 전장의 통과 여부를 표결하는 것이 원칙입니다. 1장을 그대로 다 통과하는 것에 대해 의견을 말씀해 주십시오.

오석주 의원　　1장 전조를 통과하기를 동의합니다.

최국현 의원　　재청합니다.

이진수 의원　　삼청합니다.

부의장 신익희　　제1장 통과하자는 동의가 성립되었습니다.

그럼 표결에 부칩니다.

(거수표결)

재석원 167인, 가 153인, 부 없습니다. 제1장 총강은 그대로 통과되었습니다.

국민의 권리와 의무 1

1948년 7월 1일 목요일(제22차 회의)

국민인가 인민인가?

부의장 신익희　　이제 제2장을 낭독하겠습니다.

서상일 의원　　「제2장 국민의 권리·의무」진헌식 외 44인으로 제2장의 16조, 28조, 29조에서 국민이라고 하는 이외는 전부 인민으로 고치자는 수정안이 들어왔습니다.

부의장 신익희　　진헌식 의원에게 간단한 설명을 청합니다.

진헌식 의원　　제2장의 '국민'이라는 용어를 '인민'으로 수정함이 용어상 가장 적절한 표현인가 합니다. 제2장에서 국가라는 단체가 각 개인에 대하여 권리·의무를 보장한다는, 말하자면 국가와 개인의 관점에 입각하여 규정된 것입니다. 그러므로 제2장의 '국민'이라는 용어를 '인민'으로 수정하는 것이 적절합니다. 중화민국 헌법에도 제2장 각조에서는 전부 인민이라고 하였습니다.

이재학 의원 　수정안은 제2장 중 국민이라는 용어를 제16조, 제28조, 제29조를 제외하고 그 외는 전부 인민으로 수정하자는 동의입니다. 그런데 외국 사람도 당연히 납세할 의무를 지기 때문에 제28조 역시 인민으로 수정하는 것이 옳다고 말씀드립니다.

김준연 의원 　기초위원의 한 사람이올시다. 헌법기초위원회에서 인민과 국민, 두 문자에 대해 토론이 많이 있었습니다만, 결국 국민으로 하게 되었습니다. 각 조문에서 인민으로 할까 국민으로 할까 그것은 전문위원들이 깊이 고려해서 결정할 필요가 있다고 생각합니다.

「제24조 모든 국민들은 법률의 정하는 바에 의하여 공무원을 선거할 권리가 있다.」 이것은 그대로 두는 것이 옳아요.

또 제25조 「모든 국민은 법률에 정하는 바에 의하여 공무를 담임할 권리가 있다.」 이것을 인민으로 쓴다는 것은 타당치 않습니다. 공무를 담당하는 권리는 국민만이 있고 외국 사람에게 있지 않습니다. 제21조 「모든 국민은 법률이 정한 법관에 의하여 법률에 의한 재판을 받을 권리가 있다.」에 따라 조선 국민, 그밖에 조선 땅에 와 있는 영국, 미국, 중국 어느 나라 사람이나 다 이 재판을 받을 권리가 있다고 생각합니다.

이렇게 각 조문마다 어떻게 고칠까 전문위원이 작정해 주면, 우리도 거기에 대해서 일일이 작정해야 됩니다.

부의장 김동원 　전문위원의 설명을 듣는 게 어떻습니까?

전문위원 유진오 　국민으로 하는 것이 옳으냐, 인민으로 하는 것이 옳으냐 하는 문제를 우선 이론 방면에서 말씀드리고, 그 다음 실제 방면 말씀을 드리려고 합니다.

국민이라고 하면 국가의 구성원된 자격으로서, 누구나 국가의 구성원이 아닌 사람이 없습니다. 국가의 구성원인 개인은 국가라는 단체와 어떤 관계를 갖느냐, 그 사람의 자유와 권리를 국가가 어느 정도 보장하고 제한하느냐, 즉 개인 대 단체, 국가 대 사람, 국가라는 단체 대 각개의 사람, 그 관계를 정하는 것이 제2장 국민의 권리·의무 장입니다.

이론상으로는 국민보다 인민으로 하는 것이 옳다고 생각합니다. 국민이라고 하면 반드시 우리나라 국적을 가진 사람에게만 국한하게 됩니다. 물론 여기에 규정

> **이론상 '국민'보다
> '인민'으로 하는 것이 옳고
> 외국인도 민주적으로
> 존중하는 헌법을 만들어야**

된 여러 가지 권리·의무 중에는 반드시 우리나라 국적을 가진 사람에게만 적용되는 시민권이 있고, 또 외국 사람에게도 누구든지 사람이면 인정되는 소위 인권도 있습니다. 두 가지가 포함되어 있는 것입니다.

그런데 여기서 이것을 인민이라고 써놓으면 이것을 '인권'으로도, 또 시민권으로 해석할 수가 있습니다. 그러나 국민으로 써놓으면 다만 '시민권'으로 해석이 되므로, 극단적으로 말하면, 가령 외국 사람은 법률에 의하지 아니하고 체포, 감금, 심문, 수색을 할 수 있지 않으냐, 이러한 질문이 나올 수 있게 된 것입니다.

물론 외국 사람을 우리나라에서 어떻게 대접하느냐 하는 것은 각 외국과의 통상조약에 의해 그 나라 사람을 우리나라 국민

과 동일하게 취급한다든가 하게 됩니다. 그러나 통상조약이 없는 외국 사람이라도 우리나라에 와 있는 때에는 당연히 국민으로서 갖는 권리를 보장해야 되겠습니다. 즉, 우리나라에 와있는 사람에게는 체포, 구금, 수색, 심문을 못하게 됩니다.

우리 헌법이 외국 사람의 인권을 대단히 민주주의적으로 존중하는 헌법이라는 인상을 주려면 인민이라고 하는 것이 타당하다고 생각합니다. 24조, 25조, 28조, 즉 선거권, 피선거권 또는 공무원의 파면을 청원할 권리, 29조 병역의 의무 이런 것들은 명백히 우리나라 국민이 아니면 적용할 수가 없을 것입니다. 그러나 조문에 따라서는 외국인에게 똑같은 것을 적용할 것이냐 아니냐를 신중하게 생각해보지 않으면 결정할 수 없는 것도 있습니다. 가령 제10조의 「거주와 이전의 자유」를 우리나라 국민과 똑같이 인정하느냐 안 하느냐 이것은 통상조약에서 구체적으로 결정을 보지 아니하면 무엇이라고 지금 말씀하기가 어렵습니다.

그러니까 전문위원이 생각하기는 여기서 그냥 인민이라고 다 고쳐 놓고, 해석에서 어떤 것은 반드시 우리나라 국민에게만 적용이 되고, 어떤 것은 우리나라 국민만이 아니라 모든 사람에게 적용되는 것이라고 해석해 나갈 수밖에 없을 줄로 생각됩니다. 외국에서도 그런 식으로 해석하고 있는 줄 생각합니다.

서상일 의원 진헌식 의원 외 44인의 수정안에 16조, 28조, 29조를 제외했다는 것은 인쇄가 잘못된 거라고 합니다. 진헌식 의원으로부터 제안된 것은 제2장 「국민의 권리·의무」 장에는 전부 인민으로 하자는 것입니다.

이윤영 의원　　지금 인권을 위해서 인민이라고 하는 것이 적당하다 이렇게 전문위원이 말씀하셨습니다. 이것이 기초위원회에서도 상당히 많이 논의하다가, 결국 고쳐서 이와 같이 여러분 앞에 내놓게 된 것입니다. 내 생각에는 이 수정동의를 부결시키고, 축조하는 때에 인민이나 국민으로 넣는 것이 옳다고 주장합니다.

김상돈 의원　　진보적으로 말씀하자면 인민이 좋을지 모르겠습니다만, 민족적·본능적 감정이나 자기자존의 위신을 생각하면 차라리 전적으로 국민으로 하고,

> 진보적으로 인민이
> 좋을지 모르나
> 민족적·본능적 감정에서
> '국민'이 적당하다

인민으로 전부 하는 것은 절대 반대합니다. 그 이유는 대한민국이올시다. 어디까지나 대한민국의 국민이라는 말이 적당하다고 생각합니다.

류성갑 의원　　전문위원의 해석은 혹은 인민이라고 해도 어떤 조항에서는 시민권을 가졌다 이렇게 말씀하는데, 저는 그와 해석을 달리합니다. 24조 이하를 보면 공무원을 선거할 권리나 납세의 의무나 국토방위의 의무·권리는 오직 국민만이 가지고 있는 것입니다. 그러므로 저는 기초위원회의 원안인 국민이 좋다는 것을 말씀드립니다.

서용길 의원　　제2장 「국민의 권리·의무」를 「인민의 권리·의무」로 고쳐도 조금도 민족적 감정이 손상된다고는 추호도 해석할 수가 없습니다. 수정동의의 주문대로 제2장은 「인민의 권리·

의무」라고 제목을 고쳐서, 그 아래 조목은 전체가 다 인민으로 수정되어야 합니다. 24조에 따른 선거나 공무원에 대한 문제는 우리가 다시 법률을 제정할 것이니 전혀 구속이 없으리라고 생각합니다.

박해극 의원　본인은 기초위원이었습니다. 그때 역시 인민과 국민의 구별이 어떻게 되느냐 하는 문제가 있었습니다. 그런데 일본의 과거의 헌법도 역시 인민이라고 썼습니다. 제8조에 「국민은 법률 앞에 평등하다.」고 했는데, 이러면 법률 앞에 자기 나라 국민은 평등하지만 타국의 국민은 평등하지 못하다는 뜻입니다. 따라서 국내외 사정을 잘 생각해 본다면, 「인민의 권리·의무」라고 전부 고치는 것이 좋다고 자신합니다.

이남규 의원　국민을 주창하는 것은 일종의 보수파고, 인민은 진보파 같은 경향도 없지 않습니다. 그런데 우리 헌법의 전문에 우리 국민의 생활방식이니 독립정신같은 말이 있

> **국민은 보수파고, 인민은 진보파인데 주권을 잃어본 우리는 국민이 좋다**

습니다. 이것은 한국민의 뜻이고 결단코 남의 나라 사람을 가리키지 않습니다. 지금까지 자기들의 국권이나 국민의 모든 권리를 가진 국가는 모르거니와, 국가의 주권을 잃은 우리 대한민국 국민으로서는 보수적이라고 할지라도 차라리 한국 국민이라고 하는, 이러한 국민의 정신을 발휘하는 것이 훨씬 더 좋다고 생각합니다. 외국 사람 문제는 앞으로 통상법에 의해서 만들 기회가 있습니다.

부의장 김동원　　권승렬 전문위원의 말씀을 잠깐 듣기로 합니다.

전문위원 권승렬　　헌법과 외국인의 문제에 대해서 잠깐 말씀 여쭙겠습니다. 헌법은 어느 나라 법이나 그 나라의 법입니다. 즉, 그 나라하고 그 국민의 약속이지 다른 국민과 다른 나라와 약속하는 것이 아닙니다. 그런데 그 나라 국민이 명시하는 권리와 자유를 외국인이 어떻게 받느냐, 그것은 첫째 국제조약에 의한 것입니다. 그러니까 인민이라고 써도 우리 국민과 국가의 약속이므로 우리 국가의 구성원인 국민에 대한 약속이지 외국인과의 약속은 아닙니다. 즉, 국민의 대표가 모여서 국가의 일을 작정한다는 것이 이 헌법에 합당한 것이라고 생각합니다. 이 헌법에 합의한 사람만이 헌법의 적용을 받지, 이 헌법에 합의하지 않은 사람은 헌법의 적용을 받지 않을 것입니다.

윤치영 의원　　될 수 있는 대로 말을 안 하려고 꾹 참아왔습니다만, 지금 참을래야 참을 수 없는 폭발점에 달하여 한 말씀드립니다. 아까 국민과 인민에 대해서 전문위원 유진오씨가 말씀하신 것을 전적으로 반대합니다. 왜냐하면 헌법은 우리가 작정하는 것입니다. 권승렬 위원께서도 말씀이 계셨습니다만, 우리의 일을 작정할 것이지 외국 사람을 상대로 일을 하는 것은 아닙니다. 외국 사람과의 관계를 규정하는 것은 국제공법이나 국제사법이 있어요. 외국 사람은 대체로 우리 법률에 복종할 의무가 있는 것입니다. 그러니까 우리 헌법을 제정하는 데 외국 사람의 관계를 이용해서 국민을 인민으로 하는 것은 절대로 반대합니다. 북조선 인민위원회 운운만 해도 나는 지긋지긋하게 들립니다. 우리는 국민인데 무슨 의미로 전문위원은 인민이 좋다고 하는지 모르겠습니다.

부의장 신익희　제2장 국민이냐 인민이냐에 대해 아마 의견이 충분히 교환되신 줄 압니다. 그러면 진헌식 의원 외 44인의 수정안을 표결에 부칩니다.

(거수표결)

재석원수 167인, 가에 32, 부에 87, 과반수로 부결되었습니다.

그러면 다시 제2장 「국민의 권리·의무」를 표결에 부칩니다.

(거수표결)

재석원수 167인, 가에 89, 부에 12, 과반수로 가결되었습니다.

오늘은 산회를 선포하면서 내일 의사일정을 말씀드립니다. 내일은 토의사항 가운데 이문원 의원 외 33인의 긴급동의안이 상정될 것이고, 헌법은 제2독회를 계속해서 제2장 제8조부터 시작할 것입니다. 산회합니다.

(하오 5시 산회)

1948년 7월 2일 금요일(제23차 회의)

(상오 10시 5분 개의)

부의장 김동원　헌법 제2독회로 들어가겠습니다.

의사진행 규칙에 대한 논쟁

이문원 의원　　발언권을 얻는 데 참으로 힘이 들었습니다. 일전에 긴급동의안을 제출해서 국회사무국에 직접 정식 일정에 넣어달라고 접수시켰습니다. 그러나 그 후 재적의원 3분지 2 이상으로 헌법을 통과하는 것은 난관이 있을 것으로 예측되어, 재석의원 3분지 2이상으로 정정하는 것이 좋겠다는 동의자측의 의견질의가 있었습니다. 그래서 국회사무국에 연락해서 그와 같이 정정해서 접수를 시켰습니다. 그런데 어제 사무국이 그 수정된 주문을 보여주는데, 2차 독회가 아니라 3차 독회 때부터 적용하는 것으로 되어 있었습니다.

（「의장!」하고 발언을 청구하는 이 다수 있음）

서우석 의원　　그것은 보고사항이 아니니 긴급동의안을 제출한 사람들끼리 이야기해야 할 것이에요.

부의장 김동원　　이문원 의원은 보고가 아니니까 퇴단했으면 좋겠습니다. 이 다음에 의논하도록 하십시다.

홍희종 의원　　이문원 의원이 말할 수가 있어요. 보고사항이든 무엇이든 발언권을 얻은 이상은 말할 수가 있다고 생각합니다.

부의장 김동원　　내려가세요. 규칙에 어그러지니 내려가십시오. 이문원 의원은 보고가 아니고 의논하는 것입니다.

이문원 의원　　규칙이올시다.

부의장 김동원　　내려가시오.

이문원 의원　　어제 긴급동의안을 상정하겠다고 의사일정에 공포가 되었는데, 이유 없이 이것이 상정되지 않고, 사무처의 임의대로 결정이 되었습니다. 그에 대한 규칙 문제를 발언하려고 합니다. 제 말을 조금만 더 들어주시기 바랍니다.

(장내소연)

이것은 큰일이 아니올시다. 감정적으로 무리하게 억압하려고 하지 마십시오.

부의장 김동원　　내려가세요.

박종남 의원　　의장이 언권을 중지할 이유가 없습니다.

부의장 김동원　　안 됩니다.

이문원 의원　　긴급동의안으로 상정한 것이 이유 없이 변경되었으니까 이것은 긴급한 문제예요.

부의장 김동원　　내려가십시오. 보고가 아닙니다.

이문원 의원　　미안합니다. 국회가 이러한 문제를 가지고 흥분하는 것은 저나 여러분의 본의가 아닐 것입니다. 국회에서 언론 자유가 보장되는 이상 그렇게 너무 억압하지 맙시다.

부의장 김동원　　그러면 이제 이문원 의원께서 한 그 말씀에 대해서 사무국에서 여러분 앞에 보고해 드리겠습니다.

의사국장 차윤홍　　어저께 의장이 선포한 의사일정은 제3독회에서 재적의원 3분지 2 이상에 출석의원 3분지 2 이상의 찬성으로서 결의한다는 주문입니다. 그런데 오늘 아침 제안자의 의사는 제2독회부터 그렇게 결의한다는 의사올시다. 그래서 그 긴급동의안을 반려한 것입니다. 긴급동의안은 그 동의안을 철회할 때도 제안자 전부의 철회의 동의가 있어야 되는 것입니다. 제안자 개인의 단독으로서 수정할 수 없고, 전부의 찬성이 필요한 까닭에 제안자에게 긴급동의안을 반려한 것입니다.

(「의장」 하는 이 다수 있음)

부의장 김동원　가만히 계십시오. 의장께서 무슨 말씀을 하신다고 합니다.

이승만 의원　지금 이 문제는 국회법 제30조에 위반되는 문제입니다.[11] 어떻게 작정하는가는 국회법에 되어 있는데, 지금 몇 분들이 제출한 것은 국회법에 관계되는 것을 개정하자는 말도 없고, 그 법을 그냥 두고서 이 조문을 몇 사람이 연명해서 제출한 청원입니다.

내가 말을 듣건대, 이 국회 안에 이 헌법을 속히 통과하지 말고 지연해서 나가자

> **하루바삐 정부를 세워야 하는데, 파당을 일으켜 지연시킨다**

는 것이 몇 분끼리 조용히 약속되었다는 이야기가 나에게 들어옵니다. 여러분, 생각이 어떻습니까? 만일 하루바삐 헌법을 제정해서 우리의 일을 해 간다고 할 것 같으면, 방해하는 일을 말어야 할 것입니다. 민생이 죽을 지경에 있고, 하루바삐 정부를 세우고 우리의 일을 해결해 달라고 하는데, 사사의 생각이나 파당을 일으켜서 이런다면 나는 용허하지 않을 것입니다. 여러분 의원들

11　국회법 제30조 「의사는 헌법 또는 본 법에 특별한 규정이 없는 한 재적의원 과반수의 출석과 출석의원 과반수로서 의결한다.」

도, 우리 민중 전체도 허락하지 않을 것입니다.

정신차리시오. 헌법을 통과하고 정부를 세우는 것이 제일 큰 문제이니까 딴 문제로 방해하는 사람은 정당한 국회의원의 자격을 가진 사람이라고 인정할 수 없습니다.

(「의장」 하는 이 다수 있음)

부의장 김동원　　가만히 계세요. 이문원 의원을 비롯해 냉정히 이 말을 들으시고 처리해 주시기를 바랍니다. 사무국에서 말한 바와 같이, 이 동의는 전원이 동의해서 날인이 있어야 되는데, 제3독회를 제2독회로 고친다는 것은 이문원 의원의 한 사람 뿐의 개인 의견입니다. 제안자가 30명일 것 같으면 개정하는 것도 30명이 찬성해야 개정이 되겠습니다. 그러니 여기에 대해서 지금 토론할 필요가 없습니다.

법 앞의 평등, 신체의 자유

부의장 김동원　　오늘 의사일정대로 나아가겠습니다.

(서상일 의원, 헌법 초안 축조 낭독)

제8조 「모든 국민은 법률 앞에 평등이며 성별, 신앙 또는 사회적 신분에 의하여 정치적, 경제적, 사회적 생활의 모든 영역에 있어서 차별을 갖지 아니한다. 사회적 특수계급의 제도는 일체 인정되지 아니한다. 여하한 형태로도 이를 창설하지 못한다. 훈장과 기타 영전의 수여는 오로지 그것을 받은 자의 영예에 한한

것이며 여하한 특권도 창설되지 아니한다.」

부의장 김동원　제8조는 수정안이 없으니, 이의가 없으면 그대로 통과하겠습니다.

(「없소」 하는 이 있음)

그러면 통과되었습니다.

부의장 김동원　제9조 「모든 국민은 신체의 자유를 가진다. 법률에 의하지 아니하고는 체포, 구금, 수색, 심문, 처벌과 강제노역을 받지 아니한다. 체포, 구금, 수색에는 법관의 영장이 있어야 한다. 단 범죄의 현행 범인의 도피 또는 증거인멸의 염려가 있을 때에는 수사기관은 법률의 정하는 바에 의하여 사후에 영장의 교부를 청구할 수 있다. 체포, 구금을 받은 때에는 즉시 변호인의 조력을 받을 권리와 그 당부의 심사를 법원에 청구할 권리가 보장된다.」

서상일 의원　수정안이 있습니다. 조병한 의원 외의 10명의 수정안, 백형남 의원 외의 10명의 수정안, 박해정 의원 외의 19인의 수정안이 있습니다.

부의장 김동원　그러면 신 부의장이 말씀한 바와 같이 한 문제에 대해서 약 세 분까지 언권을 허락하고, 그 후에는 표결에 부치겠습니다. 수정안을 제출하신 의원이 나와서 이유를 말씀해 주시면 좋겠습니다.

조병한 의원　별 큰 수정은 없습니다만, 전후 문구가 연락이 안 됩니다. 현행범을 발견했을 때 범인의 도피 또는 증거 인멸할 증거가 충분할 때……, 이렇게 하는 것이 명백한 줄 압니다. 수사

기관의 주관에게만 맡긴다면
인권이 위험하게 됩니다. '증
거를 인멸할 증거가 충분할

때'라는 것은 수사기관이 자기 주관으로 해석해서 이렇다 저렇다
자기 마음대로 못하게, 이렇게 명문을 넣음으로써 인권을 보장할
수 있으리라고 생각합니다.

부의장 김동원　　제2수정안 제출하신 이는…….

정광호 의원　　모든 수정안에 대한 설명을 들은 뒤 좋고 나쁜
것을 가를 필요가 있습니다. 만일 하나씩 결의하면 나중에 더 좋
은 수정안이 있어도 소용이 없게 될 것입니다.

부의장 김동원　　사회자도 그렇게 생각합니다. 수정안 제출하
신 백형남 의원 나오셔서 설명해 주세요.

백형남 의원　　대체로 그 뜻은 조병한 의원께서 이미 말씀하
셨습니다. 우리가 일제시대 때 압박 밑에서 살지 않고, 인권을 보
장받는 동시에 좀 사람다운 사람으로서 살 수 있으리라는 것을
진정으로 희망했습니다. 해방되었을 때 참으로 기뻐한 것은 우리
가 잘 먹고 잘 산다는 것보다도 사람다운 사람으로 살 수 있다고
기대했기 때문입니다.

　　그리고 지금 9조는 민주주의 국가에서 진정으로 모든 인민
의 자유를 또는 인권을 보장하기 위하여 제정된 줄 압니다. 그런
데 '범인의 도피 또는 증거인멸의 염려가 있을 때'라는 그 단서가
있어서 인권의 보장이 사실 안 된다고 볼 수 있습니다. 이런 단
서가 있으면 실제 운용에 있어서는 어느 때든지 적용할 수 있는

것이어서, 이 조항은 결국은 한 개 공문서에 지나지 않습니다.

해방 후 민주주의 경찰이라는 측면에서 참으로 인권보장이 빠진 사례가 없지 않다는 것은 각 지방의 대의원 여러분이 냉정히 생각해보시면 확연한 사실이라 봅니다. 범죄 사실이 없는데도 혐의자로서 체포를 할 때, 노인이나 부인이 참지 못할 인권유린을 당하고 있는 게 현실입니다. 과도기의 치안을 확보하려면 강력한 경찰이 필요하지만, 그 반면에 인권유린이 많이 있다는 것은 여러분이 잘 아실 줄 압니다.

그래서 단서 대신에 이런 말을 넣어 보았습니다. 「법률에 의하지 아니하고는 체포, 구금, 심문, 수색, 처벌을 받지 않는다. 단 현행범으로 체포되는 경우를 제하고는 체포, 구금, 수색에는 법관의 영장이 있어야 한다.」

부의장 김동원 박해정 의원께서 제3수정안에 대해서 설명하시겠습니다.

박해정 의원 철회하고, 본 원안을 찬성합니다.

부의장 김동원 그러면 원안과 제1수정안, 제2수정안에 대해서 의견을 말씀하십시오.

오용국 의원 이 제9조에 있어서 우리가 먼저 생각할 것은 치안을 확보해야 된다는 것이올시다. 제1수정안에서 '현행범을 발견하였을 때'라는 것은, 실제 상황에서는 현행범을 발견해 가지고 이미 체포할 때를 말하는 것입니다. '증거인멸의 염려가 충분한 것'은 이미 증거가 확정된 것이라는 의미입니다. 수사기관의 수사는 확정된 것이 아니고 증거인멸의 염려가 있는 때 하는

것입니다. 따라서 원안을 수정할
필요가 없습니다.

제2수정안에서는 '체포, 구
금, 수색에는 법관의 영장이 있
어야 한다'는 것을 단서로 두자

는 의미로 말씀하셨는데, 이와 같이 되면 경찰은 범인을 구경만
하고 체포할 수 없다고 규정하는 것입니다.

일제시대에 인권을 유린당했다, 그와 같은 감정에서 좀 더
민주주의 경찰을 확립해야겠다는 말씀을 항상 들었습니다. 우리
가 일제시대의 가혹한 법률을 그대로 쓰자는 것이 아니고, 우리
는 우리에게 적당한 법률을 만들어서 쓰자는 것입니다. 그리고
우리가 인권을 보호하기 위하여 항상 범인의 인권만 보호해야
되는 것입니까? 피해자의 인권을 보호해야 되는 것이올시다. 법
률이라는 것은 국민의 인권을 보장하고, 범인의 인권은 제재해야
할 것입니다. 우리가 범인을 체포하는 데 있어서, 그 악질적인 자
의 인권을 옹호해야 되겠다는 이유를 알지 못하겠습니다. 이 때
문에 나는 제1, 2 수정안을 반대합니다.

유진홍 의원　　헌법 제9조는 치안유지에 중대한 문제입니다.
이 문제는 경솔히 볼 수 없는 문제예요. 제1수정안은 현실에 맞
지 않습니다. 왜 그러냐 하면, 사람을 죽이는 그 현장, 또 도둑질
하는 현장, 그때에 언제나 법관의 영장을 받아가지고 체포할 수
없는 경우가 많습니다. 지금 법관의 배치를 보아도 한 지방법원
에 보통 두 고을, 세 고을이 있어서, 경찰은 100여 리 혹은 200여

리나 되는 데를 가지 않으면 안 됩니다. 먼저 범인을 체포하고 나중에 영장을 가져올 수 있도록 해야 치안을 확보할 수 있을 것입니다.

또 제3조를 보면, 현행범에 한해서 체포할 수 있고, 현행범 현장이 아니면 체포할 수 없다는 것은 치안을 확보하는 데 도저히 할 수 없는 문제입니다. 지금 살인범이라든지 방화범이라든지 모든 면에서 범행이 증가해 우리의 치안이 대단히 혼란기에 있지 않습니까? 이런데도 불구하고 이 법률을 그대로 둔다면 도리어 치안을 유지할 수 없게 될 것입니다. 따라서 저도 제1항, 2항의 수정안을 부인하고 원안을 찬성합니다.

부의장 김동원 원안 찬성이 지금 셋이올시다. 하니까 더 말씀할 필요도 없고 제1수정안, 제2수정안에 대해서 말씀을 하시고, 동시에 원안에 반대하는 말씀을 하실 수 있습니다.

조봉암 의원 지금 여러분께서도 많이 보시는 바입니다마는, 실제에 있어서 우리들이 신체의 자유라는 안전감을 가지지 않은 것이 현실입니다. 그래서 우리의 인권을 옹호하기 위해 최대의 노력을 해야겠습니다. 그래서 수정안을 찬성합니다.

박해극 의원 이 조문은 기초위원 때부터 다루어 온 것입니다. 우리가 법문을 살필 때 법문의 정신과 그 이념을 단단히 연구해야 될 것입니다. 이 법문의 정신은 '인민이라는 것은 자유가 있어야 된다'는 것입니다. 구체적으로 법문이 있지 않으면 수사나 구금, 심문을 절대 받지 않는다는 원칙입니다. 그러나 증거인멸의 우려가 있을 때, 수사기관에서 먼저 체포하고 나중에 영장

을 받아서 진행해야지, 자유다 해서 절도범이 달아난다면 우리의
자유를 보호하겠습니까? 원안을 지지합니다.

조헌영 의원   초안자로서 한 말씀 여쭙겠습니다. 과거에 독
립운동하던 사람이 일제의 수사로 고생했던 것을 생각하고, 헌법
을 쓸 때 그것을 상상하고 하는 감이 없지 않습니다. 그러나 일
반 국민이 안전감을 가지고 일상생활을 하도록, 일반 민중의 복
리를 해하는 사람을 잡는다는 취지에서 이 법률을 냈다는 것을
여러분이 아서서 표결해 주시기 바랍니다.

부의장 김동원   이제 표결에 부치겠습니다. 먼저 제2수정안
을 묻고, 그 다음 제1수정안을 묻고, 가결이 다 안 되면 원안을
가결하겠습니다. 제2수정안을 낭독할 터이니까 자세히 들어주
세요.

(기록원 수정안 낭독 「모든 국민은 신체의 자유를 가진다. 법률에 의하지 않
고는 체포, 구금, 수색, 심문, 처벌을 받지 않는다. 현행법으로 체포되는 경우
를 제하고는 체포, 구금, 수색에는 법관의 영장이 있어야 한다.」)

부의장 김동원   그러면 그 제2수정안을 표결에 부치겠습니다.

(거수표결)

재석인원 177, 가 26, 부 105, 부결되었습니다. 그러면 제
1수정안을 묻겠습니다. 주문을 읽지 아니하고 이제 가부를 묻
겠습니다.

(거수표결)

재석인원 177, 가 2, 부 125, 부결되었습니다. 그 다음에는
원안을 묻겠습니다.

(거수표결)

재석인원 177, 가 130, 부 6, 원안대로 가결되었습니다.

부의장 김동원　「제10조 모든 국민은 법률에 의하지 아니하고는 거주와 이전의 자유를 제한받지 아니하며 주거에 침입 또는 수색을 받지 아니한다.」

(「이의 없습니다.」 하는 이 있음)

부의장 김동원　그럼 그대로 통과됩니다.

신앙과 양심의 자유

부의장 김동원　「제11조 모든 국민은 법률에 의하지 아니하고는 통신의 비밀을 침해받지 아니한다.」

부의장 김동원　이의 없으면 그대로 통과되었습니다.

서상일 의원　제12조「모든 국민은 신앙과 양심의 자유를 가진다. 국교는 존재하지 아니하며 종교는 정치로부터 분리된다.」여기에 수정안이 있습니다. 이남규 의원 외 12인, 강욱중 의원 외 11인, 원용한 의원 이외 11인 이와 같은 수정안이 들어왔습니다.

부의장 김동원　그러면 순서에 의해서 제1수정안에 대해서 이남규 의원이 설명하겠습니다.

이남규 의원　제1항 신앙과 양심의 자유를 가진다 하는 데는 전폭적으로 누구든지 다 지지하는 줄 믿습니다. 그런데 제2항「국교는 존재하지 아니하며 종교는 정치로부터 분리된다.」이 말씀은 오히려 이 제1항을 희미하게 만듭니다. 왜 그러냐면 오히려 종교를 경계하는 의사가 여기에 표시되어 있기 때문입니다. 다른 나라의 예를 본다고 해도, 종교를 반대하는 국가에서 대개 이러한 조문을 쓰는 것이올시다. 그러나 진정으로 종교를 인정하는 국가에서는 이러한 문구를 쓰지 아니하는 것이 사실이올시다. 이것을 수정하지 아니하면 안 된다는 의미가 여기에 있습니다.

그러나 제1항을 우리가 지지한다고 해서, 모든 종교는 모든 행위에 있어 자유라는 게 1항이지만, 그렇다고 어떠한 구속도 받아서는 아

법률과 공공질서에 위반되지 아니한 종교의 자유는 국가가 보호해야

니된다는 것은 국가적 견지로 보아서 안 된다는 말씀이올시다. 예를 들어 백백교와 같은 그러한 것이 생겨나 또 다시 우리 국가와 국민의 생활에 큰 해독을 끼쳐도 이러한 종교가 아니 일어나도록 보장할 수 없습니다.

그래서 제2항에서는 자유를 허락하기는 할 것이나 법률과 공공질서에 위반되는 종교는 안 된다는 것이 필요합니다. 그 한계에서 종교 자유를 인정한다는 말씀이올시다. 만일 법률과 공공질서에 위반되지 아니한 종교라고 할진데, 그 신앙과 행동의 자유는 국가 법률로서 보호해 주지 않으면 안 된다는 말씀이올시다.

제1항은 그대로 두고, 제2항만을 삭제해도 좋습니다. 종교 자유를 인정하지 않으면 모르거니와 인정하는 이상에는 국가에서 반드시 법률로서 종교의 자유를 보장해 주지 않으면 안 된다

는 이러한 견지에서 지금 이 수정안을 제출한 것이올시다.

부의장 김동원　　지금 수정안 제2항 제2안 제출하신 강욱중 의원, 이제 이남규 의원 말씀 많이 참작하면 좋겠습니다.

강욱중 의원　　삭제 동의를 하자는 사람의 하나이올시다. 종교 관계라는 것은 국가와 국민의 관계가 아니고, 국민과 국민의 관계도 아니고, 사람의 관계입니다. 다만 공공질서와 관계가 있을 때 국가는 여기에 관계를 할 것입니다.

원용한 의원　　이남규씨 안과 같습니다. 그러나 그 보장을 장려하라고 하면 오히려 우리나라를 운영해 나가는 데 좋은 영향이 있으리라는 것을 생각해서, 장려라는 의미를 넣기를 간절히 바라는 바이올시다.

내가 보니까 여기에 토의하는 문제가 결국 대부분 원안대로 정하는 것이 돼서, 그 사이에 시간을 많이 허비하는 것을 유감으로 생각합니다. 그 시간을 절약했으면 이 헌법이 속히 통과할까 해서 이 의견을 말씀하는 바이올시다.

이호석 의원　　저는 원안을 찬성하는 바입니다. 제2항 「국교는 존재하지 아니하며 종교는 정치로부터 분리된다.」 하는 것은 다른 피해를 막자는 것이올시다. 역사를 돌아볼 때 국교를 만들어서 그 국교를 가지고 자유 인민에게 피해를 끼친 일이 많이 있었습니다. 이 이념으로 해서 전쟁이 일어났습니다.

부의장 김동원　　이제 시간이 다 되었으니까 오전에는 산회합니다.

(하오 0시 휴게)

(하오 2시 계속 개의)

부의장 김동원　계속하여 개회하겠습니다.

제12조에 대해 서용길 의원 외 10인의 수정안이 오늘 오후 돌연히 제출되어서 제4수정안으로 접수했습니다. 이 수정안에 대해서, 서용길 의원의 설명이 있겠습니다.

서용길 의원　「모든 국민은 신앙과 양심의 자유를 가진다.」는 제1항에 사상이라는 술어를 넣자는 것이 수정동의 주문 내용이올시다. 민주주의 국가에서는 사상의 자유가 있는 것이 국가 원칙으로 생각합니다. 그 폭압무도한 일본 시대에도, 현하 군정 하에 있어서도 사상의 자유를 인정하고 있습니다. 그런데 새로운 국가를 건설하려고 하는 이때에 사상의 자유를 인정하지 않는다면 도저히 있을 수 없는 사실이올시다. 양심의 자유가 있으니까 '그만하면 좋지 않으냐' 하는 사람도 있습니다. 그러나 양심의 자유와 사상의 자유라고 하는 것은 엄연한 분별이 있는 것입니다.

이윤영 의원　나는 제1수정안에 대해서 찬성합니다. 그 원안이 틀렸습니다. 신앙과 양심에 대해서 자유라고 하면, 이러한 자유를 법률로써 보장해야 된다는 그 말이 그냥 자유라고 하는 그 말보다 좀 더 나은 줄 생각합니다. 민주주의 국가에 국교라고 하는 것이 없습니다. 국교는 존재하지 아니한다는 말은 쓸 필요가 있는가. 이것은 오히려 한 개의 연문(衍文) 밖에 안 된다고 생각합니다.

이원홍 의원　공공질서에 반대되는 행동은 범죄 행동으로써 헌법에 표시되지 않더라도 당연히 법률이 제재할 것입니다. 그리고 제2항을 삭제한다면 때에 따라서 행정당국은 종교를 탄압할 우려가 있습니다. 그러므로 본 조문을 그냥 둬야 할 것입니다. 그

> **국법으로 종교를 장려하면, 신앙을 강제 탄압하게 되는 역설도 가능**

리고 3행에 만일 국법으로써 장려·옹호한다면, 때에 따라서 신앙을 강제로 탄압할 일이 있을 것입니다. 이것은 종교자유의 위반입니다. 그리고 제4행으로 말하면 사상의 자유라는 것은 양심의 자유에 포함되어 있으므로 특별히 사상의 자유를 넣을 필요가 없다고 생각하고 원안을 찬성합니다.

정준 의원　저는 제12조에 대해서 수정하기를 원하는 사람입니다. 「국교는 존재하지 않으며 종교는 정치로부터 분리한다.」 이것은 민주주의 국가 헌법에서는 볼 수가 없고, 오직 소련에서만 국교를 반대한다는 말이 있고, 또 일본에서만 발견할 수 있습니다.

우리 조선에 건전한 종교가 필요하고, 또 건전한 종교를 장려할 필요가 있다는 것을 여러분이 잘 아시는 바입니다. 그러므로 이 문제는 간단히 생각하시지 마시고, 이남규 의원이 제출한 수정안을 채택하시든지, 아니면 「국교는 존재하지 아니하고」라는 조항은 삭제하는 데 찬성해 주시기 바랍니다.

부의장 김동원　원안에 대해서는 말씀하신 분이 벌써 세 분이나 됩니다. 그러므로 수정안에 대해서만 말씀하십시오.

이석 의원　제1수정안과 제4수정안을 찬성하는 사람입니다. 우리 헌법이 근본정신에 있어서 유물사상이 아닌 유심사상에 근

본을 둔 것은 틀림없는 사실이올시다. 사람은 영혼과 육체의 합치올시다. 영적 생활이 있는 동시에 규칙 생활이 있습니다. 정신적 생활이 규칙 생활을 지배하고 있는 우리 인간 생활이올시다.

그럼에도 불구하고 이 헌법 자체를 볼 때, 육적 생활 규정이 대부분이고 정신적 생활은 별로 포괄한 것이 적습니다. 그러하므로 국가생활에 있어서 정신생활을 하고, 또 동시에 미신이 아닌 종교라면 이것을 보장하는 것이 옳을 것이라고 생각합니다.

또 둘째로 법규 생활을 보더라도, 우리가 법을 제정해서 어떠한 권리를 창설할 때는 반드시 그 권리에 대한 보호라든지 보장이라는 것이 있어야 됩니다. 원안에 보면 「모든 국민은 신앙과 양심의 자유를 가진다.」 그 밑에 가서 신앙권을 옹호할 필요가 있는 것입니다.

황호현 의원　　오늘날 우리의 인심을 좀 살펴봅니다. 동포들이 식량이 부족해서 혹은 목숨을 잃

황폐된 민심은 종교가 아니고서는 수습할 수 없다

는 데도 불구하고, 자기만 잘 살기 위하여 먹고 있는 모리배들이 얼마나 많은지 아십니까? 이 황폐되어 있는 인심을 무엇으로 수습하려고 하겠습니까? 이 마음 밭을 가는 것은 곧 종교의 농구가 아니고서는 도무지 갈 도리가 없다는 것을 단언합니다. 그렇다면 우리가 종교를 적극적으로 보호해서 종교의 힘을 빌려 이 황폐한 마음을 교정하여 좋게 인도하여 나가지 않으면 안 되리라고 생각합니다.

부의장 김동원　　지금 제1, 제2, 제3, 제4수정안에 한두 분씩 말씀할 수 있겠습니다. 김우식 의원 말씀하십시오.

김우식 의원　　저는 제3안 원용한씨 제안을 찬성하는 바올시다. 우리가 이 도의 국가를 건설하는 오늘에 있어서 이 종교를 절대 등한시할 수 없습니다. 그러므로 국가가 그것을 장려·보호하는 것은 가장 좋을 줄로 압니다.

장면 의원　　특별히 저로서 말씀드리려고 하는 것은 이 수정안을 제안하신 분의 의도는 12조에는 다만 국민은 신앙과 양심의 자유를 가진다, 그 말씀뿐이에요. 그러니 종교에 대해서 대단히 소극적이다, 국가가 좀 더 종교를 존중하고 보호해 달라는 데 그 근본의도가 있는 것이라고 생각합니다. 당연히 그와 같이 해야 될 것이올시다.

다른 나라의 헌법은 한 조목이 아니라 한 장을 제공해서 적극적으로 종교의 모든 권리를 보장하고 보호하는 것이 자세하게 헌법에 규정되었습니다. 「국교는 존재하지 아니하고 종교는 정치로부터 분리된다.」 이것을 삭제하는 것을 저도 찬성합니다. 또 법률로써 공공질서에 반하지 않을 한계라고 말하는 것은 하등 필요가 없습니다. 법률에 배치되고 또는 공공질서에 배치되는 행위를 하는 것은 종교가 아니고, 헌법에 위반되는 것이에요. 우리가 여기서 종교로서 규정할 필요가 없다고 생각합니다.

그러므로 본인으로서는 원안 제1행에 「모든 국민은 신앙과 양심의 자유를 가진다.」 그리고 제2행에 「국가는 종교상 모든 행위를 보호한다.」 이 한 마디만 거기에다 넣지 않으면 안 될 것입니다. 이것을 제안하신 이남규 의원, 기타 12인께서도 이렇게 첨부하신다면 나도 제1안을 찬성합니다.

이남규 의원　접수합니다.

부의장 김동원　이남규 의원의 수정안을 장면 의원이 다시 수정해서 여기에 제출하자고 하셨는데, 제안자 측에서 다 좋다고 하였습니다.

박해정 의원　본 12조를 보면 국가가 종교에 대해서 그리 큰 관심을 두지 않는다는 생각이 듭니다. 이 문제에 대해 저도 마음으로 다소간 불만이 있습니다. 인간이 본시 종교심을 타고 나니까 국민의 종교심을 향상시켜 주어야 할 의무가 있습니다. 또한 우리가 여기에 하나 생각할 것은, 어떤 사람이 국가에 미치지 못하는 행동을 하면서 자기가 이것을 양심에서 흘러나오는 종교라고 하며 형을 각오하고 거기에 대항해 나간다고 할 때, 우리로서 이것은 자유를 주장하면 되지 아니할 줄 아는 것이올시다. 바라건대 이제 우리 삼천만 국민은 또는 이 종교로서 난립이 되는 처지에 있게 될는지 모르니까 이 점을 여러분은 많이 염려해 주시기 바랍니다.

한석범 의원　이 조문은 벌써 각 수정안에 세 사람씩 말했어요. 오전에도 한 시간이나 또 오후에도 지금 거진 한 시간이 다 되었습니다. 이 12조를 가지고 몇 시간이나 걸립니까? 좀 주의해 주십시오.

（「옳소」 하는 이 있음）

부의장 김동원　옳소, 옳소 하는 그런 말 안 하기로 하였습니다. 이제 그만치 하고 토론종결하자는 이런 논은 괜찮지만 옳소로서는 아무 것도 되지 않습니다.

류성갑 의원　　저는 「국교는 두지 않는다. 종교는 정치와 분리한다.」는 조항을 지지하고, 그

> 종교의 자유는 다른 자유와 달리 법률로 제한할 수 없다

밖에 종교상 행위는 보호한다는 것을 첨가한다는 수정안은 반대합니다. 민주국가에 통례로 되어 있는 것을 우리 헌법에 정해두면 스스로 유치성을 폭로한 것이니 둘 필요가 없다고 하였으나, 만일 그러한 논법으로 한다면 본장 권리·의무 등은 모두 민주국가에서 의례히 있는 것이니 전부 삭제하고 불문법으로 두어야 한다는 결론이 나야 될 것입니다.

현하 우리 한국에 6대 종교가 있는데, 이 국교를 두지 않는다는 조항이 없으면 서로 국교로나 혹은 준국교로 대우받으려고 갖은 상쟁이 있지나 않을까 합니다. 또는 보호한다고 하면 6대 종교중 어떤 종교만을 더 보호한다, 어떤 종교는 덜 보호한다 하여 국가로서도 입장이 곤란할 것입니다.

또는 보호라는 것은 간섭을 의미한 것입니다. 제12조에 정한 종교상 자유는 다른 조항의 자유와는 다릅니다. 예를 들면 언론, 출판, 집회, 결사의 자유는 법률의 정한 범위 내에서 자유지만, 종교의 자유는 법률로서도 제한할 수 없는 자유입니다. 저는 종교를 사랑하는 의미에서 수정안을 반대하고 원안을 찬성하는 바입니다.

이종순 의원　　토론종결하기로 동의합니다.

(「재청」,「삼청이요」하는 이 다수 있음)

부의장 김동원　　지금 토론종결 동의가 들어왔으니 가부 묻습

니다.

(거수표결)

재석의원 167인, 가에 118, 부 없습니다. 그러면 토론종결하기로 결정되었습니다.

다음에는 제4수정안 「모든 국민은 신앙과 양심과 사상의 자유를 가진다.」 그 「사상」이라는 두 자를 넣는 것뿐입니다.

(거수표결)

재석의원 167인, 가에 28, 부에 70, 그러면 이것은 미결이 되었습니다.

미결은 그냥 두고……, 이번에는 제3수정안 읽지 않고 가부만 묻습니다.

(거수표결)

재석의원 167인, 가에 하나, 부에 100, 그러면 부결이올시다.

이번에 제2수정안 역시 다 읽으셨으니까…….

(거수표결)

재석의원 169인, 가에 20, 부에 98, 부결되었습니다.

또 제1수정안 그것은 다소 수정이 되었기 때문에 그 주문을 서기로 하여금 낭독하도록 하겠습니다.

(기록원, "제12조 제2행을 수정함." 「국가는 종교상 모든 행위를 보호한다.」)

부의장 김동원   그러면 제1수정안 가부 묻습니다.

(거수표결)

재석의원 169인, 가에 37, 부에 82, 이것도 미결이올시다.

이제는 마지막으로 원안을 가부 묻습니다.

(거수표결)

재석의원 169인, 가에 115, 부에 65, 그러면 원안대로 결정되었습니다.

부의장 김동원 「제13조 모든 국민은 법률에 의하지 아니하고는 언론, 출판, 집회, 결사의 자유를 제한받지 아니한다.」

(「이의 없습니다.」 하는 이 다수 있음)

저작자, 발명가, 예술가의 권리 보호

부의장 김동원 「제14조 모든 국민은 학문과 예술의 자유를 가진다. 저작자, 발명가와 예술가의 권리는 법률로서 보호한다.」

서상일 의원 이진수 의원 외에 17인, 류래완 의원 외에 11인, 황두연 의원 외에 10인의 세 수정안이 있습니다.

부의장 김동원 먼저 제1수정안을 이진수 의원이 간단 명료하게 말씀해 주셨으면 좋겠습니다.

이진수 의원 이 수정안을 제출한 동기는 더 얘기 않겠습니다. 선진국가를 볼 때, 불란서 산업혁명 이래로 과학에 치중한 것은 엄연한 사실이올시다. 과학에 치중된 때문에 오늘날 부국강병에 국리민복을 이루었습니다. 우리는 그와 반대로 사대사상의 유물인 유교의 결합으로 반대의 현실을 이루었습니다. 그래서 약소민족으로

선진국가는 과학과 발명에 치중해 부국강병, 국리민복 이뤄

오늘날 이 참혹한 현하에 있는 것이 아니겠습니까? 과학자를, 발명가를 너무 등한시했기 때문에, 농촌이나 어촌이나 도시공업은 비극을 이루게 된 것이 엄연한 사실입니다.

선진국가에서는 과학과 발명과 제작의 권리를 제정하고, 국가가 보호 장려한 까닭에 산업이 발달된 것은 여실한 사실입니다. 산업의 발달뿐만 아니라 세계를 정복하였습니다. 산업의 최고점에 이른 독일의 예를 들면, 헌법에 저작자, 발명가, 예술가의 권리를 허용한다고 했습니다. 이태리 신헌법 9조는 「국가는 문화와 과학 및 기술연구에 발달을 조성한다.」 그렇게 했습니다. 미국에서는 헌법 제8조에 「과학, 기타 유용한 기술의 진보를 조성하기 위하여 저작자 및 발명가에 대하여 일정한 기한 동안 권리를 허용한다.」 그렇게 뚜렷하게 쓰여 있습니다.

인문과학에 치중하고 자연과학을 무시한 것이 2세 국민에게 어떠한 영향이 있느냐를 지적하겠습니다. 해방 후 의무교육 실시 이후, 12세 이상 아동이 3년이 지났는데도 학교에 한 번도 못 가는 경우도 있습니다. 신국가에 경제를 확립하는 요소는 과학에 있다고 봅니다. 그런고로 이는 반드시 국법으로서 보호하고 장려하는 조치로 헌법에 뚜렷하게 규정하지 않으면 안 될 것으로 역설합니다. 과학과 발명과 저작을 장려하고 보호함으로써 국리민복을 이룰 것은 엄연한 사실입니다.

부의장 김동원　　여러분, 날도 대단히 더운데, 너무 그렇게 긴 말을 해서 여러분께서 싫증이 나니까, 아무쪼록 간명하게 말씀을 해서 그 문제를 환영받도록 하는 것이 가장 영리한 방책인 줄 알아주십시오. 제2안은 류래완 의원 외 11인이 제안하신 것인데, 류래완 씨 나와서 말씀하십시오.

류래완 의원　저희 제안은 간단하고, 또 간단히 말씀드리려 합니다. 제14조 전단에 「모든 국민은 학문과 예술의 자유를 가진다.」 한 데 대해서 학문과 예술 외에 「직업 선택」 한 가지를 더 넣어서, 이 학문과 예술과 직업 선택의 자유를 갖는다는 데 공동의 복리 또는 선량한 양풍미속을 해치지 않는 자유를 가져야 하겠다고 수정을 했습니다. 우리나라에는 반만년의 문화가 있고 전통적으로 내려오는 양풍미속이 세계에 시범이 될 것이 많이 있음에도 불구하고, 근래의 상태를 보면 그 좋은 양풍미속이 전적으로 상실되고, 단지 외래 사상에 맹종하는 경향이 있는 까닭으로 이와 같이 수정하려고 합니다.

부의장 김동원　제3의 수정안이 황두연 의원 외 17인인데……

황두연 의원　본 의원의 수정안은 제1수정안과 내용이 같은 것 같습니다마는, 대조해 보니까 좀 단축된 것 같이 생각됩니다. 원안에 「모든 국민은 학문과 예술의 자유를 가진다.」 이렇게만 해두면, 만일 양풍미속을 해할만한 그러한 예술이나 혹은 학문도 자유를 가질 것이냐, 이러한 의문이 있습니다.

일본 사람들이 돌아가 버린 뒤에 사실에 있어서 우리의 모든 과학, 모든 기술 방면에 부족을 느끼고 있어서 사실 여러 가지 곤란한 점이 많았던 것입니다. 그래서 지금 외국에 역시 그 기술자를 양성하려고 우리가 보내는 것이고, 또 한편에서는 민간에서 일본 기술자를 데리고 온다는 이런 말도 떠돌고 있지마는, 결국 우리나라는 과학이 부족하고 기술자가 없는 것입니다.

앞으로 국가의 유용한 그러한 기술자는 얼마든지 우리가 양성해야 되겠고, 그런 발명가가 나오는 때에는 금방석 위에다가 올려앉혀 놓고 숭배를 해야 될 것입니다. 결

> **우리가 선진국가와 어깨를 겨누고 나가려면 과학자와 기술자를 잘 양성하는 데 있다**

국은 우리가 세계적으로 선진국가와 같이 어깨를 겨누고 나가려고 할 것 같으면, 오로지 이 모든 과학자라든지 기술자를 잘 양성하는 데에 있으므로, 이러한 조문을 꼭 여기에다가 수정해서 넣는 것이 필요한 줄 압니다.

박종환 의원　이 세 수정안을 반대하는 동시에 원안을 지지하는 한 사람이올시다. 27조에 보면 「국민의 모든 자유와 권리는 헌법에 열거되지 아니한 이유로서 경시되지 아니한다.」 이렇게 했는데 또 제5조에도 이 취지가 있습니다. 그러므로 법률로써 보호한다 이것은 벌써 전제로 들어 있습니다. 그러므로 원안대로 통과하기를 바랍니다.

서이환 의원　제1, 제2, 제3 수정동의에 대해서는 근본 취지가 과학 장려에 있는 까닭에 있어서 원안을 1자 1구라도 첨삭할 필요가 추호도 없다고 생각합니다. 더구나 「직업 선택의 자유」 운운하는 것은 법률로써 어느 정도 제한하지 아니하면 아니 될 필요가 발생이 되는 까닭에, 여기에 일괄해서 넣을 도리가 없습니다. 원안 그대로 통과시키기를 말씀드립니다.

김웅진 의원　저는 제14조 이진수 의원의 수정안을 찬성하는 사람이올시다. 14조에서 발명가 또는 예술가라고 보호를 받는다는 것은 이 헌법이 과학을 존중시하는 것으로 봅니다. 이 조목이 생긴 것은 과학적으로 기술적으로 빈약한 우리나라에서 과학과 기술을 더 향상시키기 위해서 된 것으로 압니다. 그러므로 적극적으로 과학자나 기술자를 보호한다는 의미에서 이러한 수정안을 채택하는 것이 좋을 줄로 생각합니다.

과거에 우리나라에서는 과학자, 기술자를 너무 무시했습니다. 우리는 이제부터 원자폭탄이라든지 B29라든지 남의 나라에서 만드는 것을 우리가 만들어야 하겠고, 그 이상 더 진보성을 가진 것도 만들어야 되겠습니다. 그렇게 하자면 과학자, 기술자를 돈보다 더 귀중한 것으로 취급해야 되겠습니다.

이석주 의원　저는 제1의 수정안 이진수씨가 이 점을 수락해주신다면 의견을 하나 첨부하겠습니다. 「모든 국민은 학문과 예술의 자유를 가진다.」 그랬는데 미풍양속에 해가 되는 예술도 있고, 이가 되는 예술도 있습니다. 그러므로 공공복리와 선량풍속을 해하지 않는 범위 내에서 한다는 것을 거기에 넣으면 대단히 좋을 줄로 압니다.

이진수 의원　받습니다.

진헌식 의원　14조는 이로써 토론종결하고 가부 묻기를 동의를 합니다.

정해준 의원　재청합니다.

김명동 의원　삼청합니다.

부의장 김동원　　14조는 토론종결하자는 동의, 재청, 삼청이 있습니다.

(거수표결)

재석인원 152, 가가 106, 부가 하나, 토론종결하기를 결정했습니다.

그러면은 지금 제3수정안부터 묻습니다.

(거수표결)

재석인원 152, 가가 하나, 부가 114, 부결되었습니다.

제2수정안은 류래완 외 11인이 수정안 제출한 것입니다.

(거수표결)

재석인원 152, 가가 3, 부가 103, 또 부결되었습니다.

제1수정안 또 묻습니다.

(거수표결)

재석의원 152, 가가 25, 부가 107, 제1수정안도 부결되었습니다.

그러면 원안을 묻습니다.

(거수표결)

재석의원 152, 가가 123, 부가 8, 원안대로 가결되었습니다.

재산권의 보장과 제한

부의장 김동원　　15조 계속 토의하겠습니다.

서상일 의원　　「제15조 재산권은 보장된다. 그 내용과 한계는 법률로써 정한다. 재산권의 행사는 공공복리에 적합하도록 하여야 한다. 공공 필요에 의하여 국민의 재산권을 수용, 사용 또는 제한함은 법률의 정하는 바에 의하여 상당한 보상을 지불함으로써 행한다.」

　　서상일 의원　　여기에 수정안이 있습니다. 홍순옥 의원외 12인이 제출했습니다.

　　부의장 김동원　　홍순옥 의원이 결석이라고 합니다. 그러면 설명이 없는 줄로 알고, 원안에 대해서 별 설명 없으면 또한 가부묻겠습니다.

　　그러면 먼저 수정안을 가부묻겠습니다.

　　(거수표결)

　　재석인원 159, 가가 6, 부가 87, 부결되었습니다.

　　그 다음에는 원안 묻습니다.

　　(거수표결)

　　재석의원 159, 가가 107, 부가 없습니다. 그러면 원안대로 가결되었습니다.

교육받을 권리, 의무·무상교육

　　부의장 김동원　　지금 제16조입니다.

　　「제16조 모든 국민은 균등하게 교육을 받을 권리가 있다. 초등교육은 의무적이며 무상으로 한다. 모든 교육기관은 국가의 감독을 받으며 교육제도는 법률로써 정한다.」

서상일 의원　　수정안이 있습니다. 주기용 의원 외에 49인, 이종근 의원 외에 10인, 최태규 의원 외에 11인, 김경도 외에 16인, 홍순옥 의원 외에 12인, 또 하나 조국현 의원 외에 10인 이렇게 다수 수정안이 나왔습니다. 나는 이것이 「모든 교육기관은 국가의 감독을 받으며 교육제도는 법률로써 정한다.」는 데 포함될 수 있는 안으로 생각이 됩니다. 참고로 한 말씀 드리는 것입니다.

오택관 의원　　이와 같이 수정안이 많이 나오는데, 이것을 일일이 토론한다는 것은 아무 필요가 없는 것으로 생각합니다. 그러니까 토론은 그만두고 그 수정안에 대해서 가부 묻기를 동의합니다.

（「재청합니다.」 하는 이 있음）

（「삼청합니다.」 하는 이 있음）

부의장 김동원　　이 수정안에 대해서 설명은 그만두고 가부로 결정하자는 동의, 재청, 삼청있습니다.

정광호 의원　　지금 이 안에 대해서는 수정동의가 여덟 안이나 아홉 안이 들어왔습니다. 수학적으로 분석해 볼 때, 이 수정안이 각각 찬성자를 가지고 있기 때문에, 가부 표결을 하면 하나도 통과될 가능성이 없다고 봅니다. 그러니까 이 안에 대해서는 원안을 먼저 가부를 물어서, 원안이 통과되면 수정안은 다시 의논할 필요가 없다고 생각합니다.

김봉조 의원　　이제 정광호 의원께서 말씀하신 것은 저로서는 대단히 유감천만한 의견이라고 생각합니다. 많은 수정안이 나왔는데도 불구하고 먼저 원안을 묻는다고 할 것 같으면, 순량한 의사를 가진 자유 의견을 몰살시킬 염려가 있습니다. 그런 고로 수정안을 하나씩 물어봐서 좋지 못하다면 부결이 되고, 따라서 제일 우수한 안이 원만히 결정될 것입니다. 아까 오택관 의원께서 시간상 관계로서 말씀을 그만두자는 것은 절대 반대입니다.

주기용 의원　이 16조에 대해 114인이 본안을 수정하자고 합니다. 과반수 이상이 이것을 개정하기를 요구하는 것이 아니겠습니까? 그런데도 불구하고 의논도 말자는 것은 대단히 유감이올시다. 오늘날 이 헌법 조항에서 교육의 장과 같이 등한시된 것은 없습니다.

가령 독일 헌법을 볼지라도 교육 조항은 2장 16조에 걸쳐서 있습니다. 산업부문은 겨우 1장 14조입니다. 아메리카 대통령이 초대 취임 시 역시 그 기술의 발달을 조장하기 위해 많은 과학자의 발명품에 대한 전용권을 준다고 했기 때문에, 아메리카의 산업은 크게 자극을 받아서 비상한 발전을 가져온 것이올시다. 또 덴마크로 말하면 농촌진흥이 국민 보통교육의 덕분이라는 것은 여러분이 다 잘 아실 것입니다.

그러면 산업진흥의 근거는 교육에 있고, 모든 문제가 다 교육을 비롯해서 있는 것인데 불구하고, 수정안 나온 것을 전적으로 부인하겠다는 것은 여러분이 교육의 위치를 심사(深思)하지 못하는

산업진흥의 근거는 교육에 있고, 건국의 기초가 교육에서 시작된다

데에서 나오신 것이 아닌가 생각합니다. 제가 생각하기는 교육이 국책상 가장 중요한 부분의 하나요, 모든 건국의 기초가 이 교육에서 시작된다고 해도 과언이 결단코 아니올시다.

지금 교육에 대한 모든 관심이 이 16조에 모여 있기 때문에, 이것을 반드시 수정해야 되겠다 하는 제안이 있고, 그 수효로 말하면 114명이나 됩니다. 과반수가 수정안에 동의했습니다. 이 여론을 무시하고, 우리가 지금 여기에 이것을 그대로 표결에 부쳐 나간다고 할 것 같으면 대단히 유감천만입니다. 아모쪼록 이 조항을 그대로 심사하되 각각 제안자는 제안 이유가 상당히 있을 것입니다. 그러니까 찬성자는 다 두고 제안자의 설명만 간단히 들어서 이것을 처리해 가면 좋을 줄로 압니다.

(「옳소」 하는 이 있음)

윤재욱 의원　　어떤 의안을 물론하고 각 개인의 의안은 대단히 우리가 존중시하지 않으면 안 될 것입니다. 만약에 각 개인의 의사를 존중하지 않는다면, 이는 국회 자체가 민중에 대한 성의가 없다는 것을 증명하는 것입니다.

또한 내가 볼 때에 대단한 무언중에서 여기에 제압을 당하고 있습니다. 갖은 공갈, 협박 여러 가지 당하고 있습니다.

> **반대의사 가졌다고 파괴분자, 반동분자로 규정하는 것은 당리, 당세 조장하는 술책**

나도 아까 제안에 찬성한 사람입니다만, 자기와 반대의사를 가진 사람이라고 해서 이것은 파괴분자요, 무슨 반동분자라고 규정을 받는 이유가 어디 있습니까?

이것은 그것을 말씀하는 그분 자체의 모순보다도 장차 모략으로 자기의 당리와 당세를 조장하기 위한 술책이라고 봐요. 나는 아까 의장께서 말씀하신 데에 대해서 대단히 섭섭하게 생각하고 있습니다. 이것은 의사진행상 대단히 중요시해야 됩니다. 너무나 현실에 급급해서 장래를 무시할 수도 없고, 장래를 위해서 현실을 무시할 수도 없는 것이 우리의 입장입니다. 국내정세가 급급해서 국제정세를 무시할 수가 없는 것이고, 국제정세가 급급하다고 해서 국내정세를 무시할 수도 없는 것입니다.

　　그러면 여기서 의례히 의회의 주장이라고 하는 것은, 정당한 의논이 있다고 할지라도 우리는 또 반대의견을 내놓아서 좋은 성과를 가져온다는 것이 원칙이라면, 반대의사를 내놓는다고 해서 반동분자로 규정하는 이유가 어디 있습니까? 이 문제에 대해서 앞으로 주의해 주시기 바라고, 대중의 의사를 존중할 뿐만 아니라 개인의 의사라도 그 의사를 원만히 들어주시기를 부탁합니다.

　　장면 의원　　여러분께서 흥분하실 아무 이유가 없다고 저는 봅니다. 지금 동의에 대해서는 본 의원은 불가하다고 생각합니다. 왜 그런고 하니, 우리 국회법에 의해서 일단 동의한 사람은 거기에 대해서 설명할 권리가 있는 것입니다. 물론 지금 급하게 우리가 헌법을 통과시키지 않으면 안 될 이때에 처한 만큼, 동의를 한 사람도 그것을 염두에 잘 두어서 요령있고 간단하게 하면 그만입니다. 하니까 여기서 수정안으로 동의된 것을 설명도 안 듣겠다는 결의를 국회법상 할 수가 없습니다. 급하게 서둘면서 사람의 언권을 막는 것은 절대로 용인할 수가 없습니다.

정해준 의원   그러니까 지금 그 동의가 되지 않습니다. 의장이 이것은 각하하면 됩니다. 의장에게 세 가지 권한이 있는데, 발언권을 주는 것, 발언권을 제한하는 것 여러 가지가 있는데, 그것을 동의에 부치는 것이 어디 있습니까?

(「옳습니다.」하는 이 있음)

부의장 김동원   동의라는 것을 선포한 이상 오택관 의원이 취소하시면 좋겠습니다.

오택관 의원   본래 동의한 본의는 이 교육에 대한 제안을 무시하자는 것도 아니고 찬성하는 사람이올시다. 내가 이것을 취소한다는 것보다도 얼른 가부를 물어보면 좋지 않아요? 그러나 여러분께서 좋지 않다고 해서 취소하라 하면은 취소하겠습니다.

부의장 김동원   그러면 재청하는 이 취소에 동의하십니까?

(「네」하는 이 있음)

그러면 다시 말씀 마시고, 제16조에 대해서 주기용 의원께서 요령만 간단히 말씀해 주시면 좋겠습니다.

주기용 의원   제16조에 「모든 국민은 균등하게 교육을 받을 권리가 있다. 초등교육은 의무적이며 무상으로 한다.」 그 1항에 있어서 의무교육을 초등교육에 한하게 된 것은 의무교육을 연장할 수 있는 신축성, 융통성이 없는 그러한 법안이기 때문에 이것을 개정하자는 것이올시다.

그러나 지금 헌법의 통과는 내외정세로 보아서 매우 급박한 줄 알기 때문에, 지금 이 장을 신설한다는 것을 전연 억제하고 겨우 한 조밖에 없습니다. 이 제16조를 좀 융통성 있도록 하자면, 초등교육에 한할 것이 아니라 「적어도」 그 석 자를 삽입하면 장래 우리의 국력과 우리의 민도가 향상될 그때에는 법률로서 간단하게 의무교육을 연장해 갈 수가 있는 그러한 이점이 있는 것이올시다.

남한만으로라도 300만명의 아동에 대해서 250만을 수용하고 있습니다. 그 외에 강습소나 사설학습소를 각각 치면 적어도 학생 아동의 90% 이상을 수용하고 있는 것은 사실입니다. 사실은 의무교육을 실시하고 있는 것입니다. 그뿐 아니라 지금 초등학교를 졸업할 대부분의 학생이 중등학교를 지망하고 있는 현상입니다. 조선 교육에 대한 이해와 열의는 비상한 것이 있습니다. 그러니까 이것이 수정이 안 되고 통과된다고 할 것 같으면 현실에 어긋납니다.

이 건의안은 「초등교육은 의무적이며 일체 학비는 국가가 부담한다. 의무교육의 실시 한계는 법률로써 차(此)를 정한다.」 그러면 일선의 교육자가 지극히 관심을 가지고 원하는 것은 보통교육 전부를 의무교육제로 하자는 것이고, 여기에 극력 찬성을 가지고 있다는 것을 잊어서는 안되겠습니다.

제가 마지막으로 건의하고 싶은 것은 지금 수정안 제출한 게 여섯 분이고, 여기에 찬성하신 분까지 합할 것 같으면 24명이 여기에 나와야 되겠는데 그러면 적어도 한 시간 이상을 허비하겠습니다. 그래서 이 설명을 제안자가 간단히 한 후에, 이것을 전문위원에게 맡겨서 내일이라도 적당한 수정안을 제출하도록 하는 것이 대단히 사무를 처리하는 데에 간편할 줄 생각합니다.

부의장 김동원　　제2수정안 이종근 의원 외에 열 분……, 그러면 이종근 의원 나와서 설명해 주십시오.

이종근 의원　　「모든 국민은 교육을 균등하게 받을 권리가 있다.」면 대한민국의 국민은 최고학부까지 자기의 의사와 머리가 있다면 다 갈 수 있는 기관을 국가가 시설하여야 할 것입니다. 그러나 일종의 사상뿐으로 국력상 불가능하니, 우선 어떤 빈한한 가정의 아이라도 초등교육만은 의무적으로 받아야 할 터입니다. 본안에는 「무상으로」했으나, 요전 전문위원 말씀이 「무상으로」 하는 것은 월사금을 면제하는 정도라고 말씀을 하셨습니다. 그러면 교과서나 학용품과 같은 것에 대해, 대다수를 점령하고 있는 빈한한 집 자질들은 대단히 거기에 대해서 고통을 느끼고 있는 것이 사실입니다. 저는 교과서나 학용품까지도 나라에서 책임을 지고 어려운 가정에 있는 자식이라도 다 같이 받을 수 있는, 이러한 규정을 해달라는 말씀입니다.

부의장 김동원　　제3수정안 최태규 의원 외 열한 분입니다. 최태규 의원 나와서 설명하십시오.

최태규 의원　　이 16조에 우리 민족의 정신이 흐르고 피가 흘러야 할 것을 저는 주창합니다. 그러므로 적어도 세 가지의 확호부동한 조문을 넣을 것을 주장합니다.

제일로서 현실에 보아서 우리가 초등교육을 시키는 것도 곤란하다고 하지만, 장차 우리가 초등교육만 시켜가지고 어떻게 세계 연방에 문명국가라고 하며, 어떻게 삼천리 국토를 지킬 수 있는 정신을 배양할 수가 있겠습니까? 그러므로 보통교육까지를 국가가 의무제로서 이것을 실천해야 할 것을 여기서 넣은 것입니다.

그리고 제2항을 지금까지 인류 역사상 불란서혁명 이후 교육에 관한 균등을 부르짖어 왔습니다. 그러나 이것은 오로지 조문에 불과하였

돈 없는 사람도 국가가 책임지고 공부시켜 위대한 국가 만들자

습니다. 헌법이 다만 형식에만 흘러서 국민이 실천할 수 없는 헌법을 만들었기 때문입니다. 여기서 제가 주창하고 싶은 것은 돈 있는 사람이나 돈 없는 사람이나를 불구하고, 반드시 국가에서 책임지고 그 사람을 공부시켜 장차 조선의 대정치가 혹은 대종교가, 대사상가, 대교육가, 대과학가가 되어 가지고, 위대한 국가를 만들지 않으면 안 된다는 것을 주창하는 바입니다.

그리고 제3에 중등학교나 또는 고등학교는 지방에 집중하지 않게 하고, 도회의 학생이나 혹은 지방 학생의 차별이 없는 교육을 받을 의무를 여기에 주어야 할 것입니다.

우리가 이 헌법을 운영하는 것은 요는 우리의 정신문제입니다. 과거의 역사를 살펴볼 때, 그 민족의 피가 더러워진 민족은 다 망했습니다. 우리는 36년 전 왜놈에게 무조건 항복한 민족입니다. 그러므로 우리의 피의 가치는 최후로 몰락하였습니다. 우리가 남의 정신에 아부해서 자기 동족을 버리는 그러한 정신을 혁신하기 위하여 오로지 교육에 중점을 두어가지고, 우리가 대혁신하지 않으면 안 된다는 것을 여기에 주창하는 바입니다.

부의장 김동원   서문을 너무 많이 말하시지 말고 제안한 이유만 말씀해 주십시오. 넷째로 김경도 의원 외 16인이 제안한 것인데 김경도 의원 나와서 말씀하십시오.

김경도 의원   저는 16조에다가 한 조항을 첨가하자고 하는 말씀입니다. 즉, 말하자면 「중등 및 고등교육기관은 각 지역의 수요에 응하여 시설의 균형을 기하여야 한다.」 이 제16조 교육면을 검토해 보면, 기회균등이라는 뚜렷한 간판을 내걸었습니다.

그러나 기회균등을 받아야 될 교육의 시설면에 대한 조문이 보이지 않습니다. 앞으로 경제적으로 균등한 사회를 건설할 수가 있느냐, 둘째로 보편적으로 문화수준을 향상시킬 수가 있느냐, 이 두 가지 문제가 오로지 우리 국가의 운명을 좌우한다 해도 과언이 아닐 줄 믿습니다.

그런 까닭으로 이 16조에 이 조항을 첨가시키는 것이 기본정신이고, 둘째로 제5조에 인권을 보장하는 여기에 대해서도 제16조 이 조항을 넣어야만 이 정신에 부합될 줄 믿습니다. 이 조항을 넣어야만 도시에 집중하고 농촌을 이탈하는 폐단을 막을 수가 있습니다.

끝으로 만일 이 교육시설면을 제16조에 넣지 아니하면 농촌이나 지방 사람은 도저히 교육의 혜택이라는 것을 받을 기회가 없다고 하는 것을 나는 이 자리에서 여러분에게 다시 역설하는 바입니다.

부의장 김동원   제5수정안 홍순옥 의원 외 열두 분인데, 홍순옥 의원 나와서 설명해 주십시오.

（「출석하지 않았습니다.」 하는 이 있음）

그러면 제6수정안 조국현 의원 외 열 분이신데, 조국현 의원 나와서 말씀하십시오.

조국현 의원   저는 제16조를 삭제하고 교육 장을 특설하자는 것입니다. 왜냐하면 경제니 무엇이니 하는 것이 모두 교육을 통해 행진하는 것이라고 생각합니다.

> 36년간 왜적의 노예교육으로 민족정신 상실
> 교육에 관해 조항이 아니라 장을 특설하자

우리나라는 이조 중엽부터 모화사상(慕華思想)이나 사대주의에 물들어 결국 자손만대의 불행을 당하였고, 더욱이 왜적의 36년간 노예교육은 민족정신을 여지없이 상실케 하였기 때문에 오늘과 같은 대혼란을 가져오게 되었습니다. 그뿐만 아니라 해방 이후 각양의 주의와 사상에 따라서 천진난만한 아동에게까지 악영향을 주었다는 것은 통탄할 바올시다. 그렇기 때문에 우리는 국민정신을 고취하고 앙양시키지 않으면 아니되기 때문에 교육 장을 특설해서 시행하자는 것입니다.

제16조를 삭제하고 16조를 갖다가 교육 장 제목으로 「모든 국민은 균등하게 교육을 받을 권리가 있다. 적어도 중등교육까지는 의무적이며 무상으로 할 것을 기한다.」 이것은 우리나라의 경제 형편으로 보아서는 도저히 불가능하다고 하시겠습니만, 근시안적이어서는 아니 될 것이며 항구적이라야 할 것이기 때문에 이렇게 「중등교육」까지라 하였습니다.

그 다음 제2항은 「교육의 종지는 국민 도덕을 함양하고 국가 예의를 석명하여서 민족적 정신을 통일한다.」 여러분 아무리 과학 만능의 교육을 실시할지라도 반만년 단군신조의 전통적 정신에 기본하지 않으면 조국을 외지에 구하고 부모를 동무로 부르는 몰윤리의 비참한 지경에 빠지고 말 것입니다.

아까 오택관 의원의 제안한 제6조「도의 창명을 건국의 정신으로 한다.」하는 수정동의가 부결된 것은 한탄할 바입니다. 도의와 공덕 등의 구절을 일일이 배제하는 정신이 과연 어데 있습니까? 만일 본 의원이 주장하는 이 조문까지 부결된다면 우리 국회를 위하여, 민족을 위하여 일대 불행이라는 것을 단언합니다. 만일 이것이 부결되면 소위 독립은 국민혼 없는 독립이라고 단언하는 동시 이름 좋은 교육마자 종교가 되고 말 것입니다.

서우석 의원　지금 수정동의 다섯 분의 열렬하시고 자세한 설명을 들으신 후에는 각 수정동의안에 대해서 판단할 만한 정도로 설명이 되었다고 생각합니다. 그런 까닭으로 토론은 생략하고 즉시 가부에 들어가기로 동의합니다.

(재청, 삼청자 다수 있음)

부의장 김동원　토의는 그만두고 가부로 들어가자는 동의에 재청, 삼청이 있습니다. 그러면 가부 묻겠습니다.

(거수표결)

재석의원 171인, 가 88인, 부 23인, 가결되었습니다. 그러면 토론은 종결합니다.

제6수정안 조국현 의원 외 10인의 제출한 수정에 대해서 가부 묻겠습니다.

(거수표결)

재석의원 171인, 가 14인, 부 53인, 미결이올시다.

다음은 제5수정안 홍순옥 의원 외 12인의 수정안 가부를 묻겠습니다.

(거수표결)

재석의원 171인, 가 4인, 부 60인, 미결되었습니다.

다음은 제4수정안 김경도 의원 외 16인의 수정안 가부를 묻겠습니다.

(거수표결)

재석의원 171인, 가 70인, 부 43인, 역시 미결되었습니다.

제3수정안은 최태규 의원 외 11인의 수정안 가부를 묻겠습니다.

(거수표결)

재석의원 171인, 가 24인, 부 51인, 역시 미결이올시다.

그러면 제2수정안 이종근 의원 외 10인의 수정안 가부를 묻습니다.

(거수표결)

재석의원 171인, 가 35인, 부 64인, 미결이올시다.

다음은 제1수정안 주기용 의원 외 49인의 제1수정안 가부를 묻겠습니다.

(거수표결)

재석의원 169인, 가 87인, 부 41인, 이 제1수정안은 가결되었습니다.

(박수)

그러면 여러분 이로써 산회할 터인데, 만일 이후에 여러분이 광고하실 것 있으면 각자가 광고하시는 것보다도 사무처에 광고할 뜻을 제출해서, 거기서 다 합해 가지고 광고하는 것이 편리하겠으니 그렇게 해주십시오.

그러면 지금은 휴회하겠습니다.

(하오 5시 5분 산회)

　제3장 헌법안 제2독회 조항별 심의와 표결

제3절

국민의 권리 · 의무 2

1948년 7월 3일 토요일(제24차 회의)

(상오 10시 개의)

부의장 신익희　　좌석 정돈해 주십시오. 지금부터 제24차 회의를 개시합니다. 헌법 제17조부터 제2독회로 들어가기 전에 한 가지 여러분에게 말씀드리겠습니다. 여러분에게 의사 일정안을 인쇄해서 드렸습니다. 지나간 이틀 동안에 16개 조를 통과했습니다. 16개 조면 하루에 여덟 조올시다. 이 문밖에 있는 동포를 위해서 한 시간이라도 하루바삐 이 헌법을 통과하지 않으면 안 되겠다는 것이 사회하는 사람이나 여러분 의원 동지들이 더 잘 아시고 더 잘 생각하실 줄 압니다. 그러기에 회의 진도를 좀 더 빨리 진행하였으면 합니다. 그러면 시방은 제17조를 낭독하겠습니다.

　　제17조 「모든 국민은 근로의 권리와 의무를 가진다. 근로조건의 기준은 법률로써 정한다. 여자와 소년의 근로는 특별한 보호를 받는다.」

근로의 권리와 의무

서우석 의원　　이 헌법 제17조는 헌법 조문 가운데에서 가장 중대한 문제를 가진 조항이라고 생각합니다. 과연 이 조항을 어떻게 규정하느냐에 따라서 우리 한국의 산업이 발달되느냐 못되느냐가 좌우되고, 산업의 발달 여하에 따라서 우리나라가 어떻게 민생문제를 해결하고 사느냐 하는 중요한 문제가 달린 만큼 수정동의가 약 일곱 개가 나와 있습니다.

서상일 의원　　여기 17조, 18조, 19조는 우리나라 산업 국책의 기본을 결정하는 중요한 조문이라고 생각합니다. 대한노총 관계 33개 단체로부터 전진한 의원 외 9인의 제안을 지지하는 탄원서가 들어왔고, 대한농총 외 19개 단체에서, 그리고 또 인천 조선섬유회 분회 외 32개 단체에서 서류가 들어왔습니다. 그 다음 그에 대한 반대의견으로 조선상공회의소에서 제안한 것이 있어 어제 여러분에게 배부해드렸습니다. 이것은 위원장 앞으로 들어온 까닭에 경과를 보고 드립니다.

17조에 대해서 여러 가지 제안이 있지만 타협하고 절충한 결과 두 개의 수정안으로 되어 있습니다. 문시환 의원 외 18인, 조종승 의원 외 12인, 강욱중 의원 외 11인의 세 안을 총괄해서 한 안이 되었습니다. 그 다음 조병한 의원 외 10인 이것이 한 안으로 제안되어 있습니다.

부의장 신익희　　수정안이 여러 가지 있었으나 그동안 의논하

고 타협한 결과 안이 두 안으로 되어 있습니다. 그러면 제1안에
대해 문시환 의원의 간단한 설명이 있겠습니다.

문시환 의원　본래 제가 제안한
안은 제17조 제1항을 수정한 것인데
지금은 제1항과 제2항을 다 수정하여
그 내용이 조금 다르니까 그것을 낭독
하겠습니다.

> **근로자의 기업운영
> 참여와 이익 균점권
> 첨가해야(제1수정안)**

「모든 국민은 근로의 권리와 의무가 있으며 근로자는 노자
협조와 생산증가를 위하여 법률이 정하는 범위 내에서 기업의
운영에 참가할 권리가 있다.」 이것이 제1항을 수정한 것입니다.

그 다음에 초안의 제2항은 그대로 두고 제3항을 첨가합니
다. 초안의 제2항인 「근로조건의 기준은 법률로써 정한다.」 이것
은 원안대로 그냥 두고, 제3항을 하나 첨가합니다. 첨가하는 제3항
의 내용은 「기업주는 기업이익의 일부를 법률의 정하는 바에 의하
여 임금 이외의 적당한 명목으로 근로자에게 균점시켜야 한다.」

제1항에 모든 국민은 근로의 권리와 의무가 있다고 규정되
어 있는데 여기에 더하여 기업 운영에 참가하도록 해야겠다는
것이 제1항 수정의 골자입니다.

합병 이후에 일본 사람들은 조선에 근대공업을 일으켰고 그
결과 우리나라는 특히 전쟁 전후를 중심으로 해서 갑자기 근대
공업이 발달하여 많은 공장근로자가 도시로 집중해서 비참한 상
태에 놓이게 되었습니다.

특히 일본으로까지 조선의 근로자를 보내서 임금노예로 취

급해온 결과 기업주가 노동자에 대해서, 정당한 권리를 가진 대등의 지위에 있는 자가 아니고 상품화, 임금노예화된 자로 생각하는 관념을 가진 것은 틀림 없습니다. 노동자는 여기에 대해서 자기 생활의 부득이한 사정 때문에 돈 받고 그냥 일을 했지만, 임금노예가 아닌 사람으로서 정당한 인권을 보장받으려 하는 것이 많은 노동자의 염원이었습니다. 이것이 해방된 후에 폭발하여 노동자들은 기업 운영에 참가하려고 했습니다. 이것이 해방 이후에 일어난 파업의 의도 대부분이자 파업의 원인이었습니다.

건국이 새로 되는 이때 만민평등을 주장하고 민주주의로서 모든 국민의 이익을 보장하는 것이 헌법의 목적이며, 나아가 오랫동안 세계 각국 인류사에 존재했던 모순을 앞으로 우리나라 국가조직에 있어서 없도록 하자는 것이 헌법의 이 조항입니다.

한층 더 나가서 말하자면 정치적으로만 민주주의를 실행할 것이 아니라 경제적 민주주의를 실행하자고 하는 것이 이 조항입니다. 그러므로 첫째로 노동자의 인권을 옹호하고, 근로의 권리와 의무가 있다는 것만으로는 안 되니까 경영에 대해서도 돈 내는 자본주, 노동력을 내는 노동자들이 같이 산업부문에 대해서 책임을 지고, 같이 의무를 가지며, 동시에 그들이 할 수 있는 부문에 있어서 운영에 대한 권한을 주어야 할 것입니다. 이 점에 대하여 충분한 양해가 있으시기를 바랍니다.

그 다음에 또 한 가지 중점으로 고려할 것은, 해방 이후 2년 동안에 우리나라가 이렇게 시끄러운 주요 원인이 어디 있느냐 하는 것을 우리는 봐야 할 것입니다. 이것은 두 가지 뚜렷한 사상의 대립 때문입니다. 이 사상대립을 완화하지 못하면 앞으로 우리가 어떠한 좋은 목표를 세운다 하더라도 우리나라

해방 후 사상대립을 완화하지 못하면 우리나라 장래는 대단히 비참한 앞길을 밟을 것

장래는 대단히 비참한 앞길을 밟지 않을 수 없습니다. 그러므로 국가를 재건하는 이 마당에 있어서 이 큰 모순을 제거할 수 있는 법규를 헌법에 삽입하여야 할 줄로 압니다. 노자 대립이 오랫동안 각국의 큰 고통이었습니다. 노자 협조가 실행될 수 있다면 그것은 우리나라 운명을 위해서 가장 좋은 것입니다.

따라서 자본가는 크게 양보하는 태도를 취해야 할 것이고, 노동자는 한 걸음 나아가서 산업의 부흥과 생산증가에 적극적으로 책임과 의무를 져야 할 것입니다. 그런 의미에서 노동자를 기업 운영에 참가시키자는 것입니다. 결단코 이것은 공산주의를 본받은 것도 아니고 사회주의를 본받은 것도 아닙니다. 이것은 이미 세계 각국에서 실현하려고 하나 실현할 수 없어서 걱정하는 조항입니다. 독일에서도 노동자가 경영에 참가할 수 있도록 되어 있습니다. 독일 헌법 156조에 있고,[12] 이탈리아 헌법 155조[13]에 이것이 규정되어 있습니다. 기업주가 그 기업이익의 일부를 법률이 정하는 범위 내에서 임금 이외에 적당한 명목으로 노동자에

---

12 바이마르공화국 헌법 156조의 '사기업의 공유와 공공경제 원칙'을 말한다.
13 1947년 이탈리아헌법 46조에는 법에 정한 방식과 한도 내에서 회사의 경영에 근로자가 참여할 권리를 인정하고 있다.

게 균점시키는 것도 지금 새로 정하는 것이 아닙니다. 이미 기업주가 이것을 하고 있습니다. 모든 사정을 이해하지 못해서 또는 자기 이익을 위해서 이것을 안 하는 사람도 있지만 예리한 기업가들은 이것을 솔선해서 실시하고 있습니다. 따라서 이것을 법규로써 정해서 하지 않으면 안 된다고 생각합니다. 여러분의 많은 찬성을 바라는 바입니다.

부의장 신익희　시방 순서를 잠깐 바꾸겠습니다. 조금 용서하십시오. 어제 우리가 작정한 바에 의지하면 수정안이 두 세 개 있으면 설명을 한데 하고, 다음에 찬부에 관한 것을 이야기하였습니다. 그러므로 시방은 조병한 의원 외 10인이 제출한 제2수정안에 대해 조병한 의원에게 설명을 요청합니다.

조병한 의원　길게 설명할 필요가 없으리라고 생각합니다만 저는 17조에 2항에 「근로조건의 기준은

> **근로자의 이익균점권만 추가하자(제2수정안)**

법률로써 정한다」고 한 다음에 단항으로, 「단 근로자는 이익배당의 균점권을 갖는다」 이것을 넣었습니다. 이것은 노자 협조를 도모하고 기업력을 향상시키고 노동자에게 어느 정도 기업에 대한 희망을 주기 위해 제1조건으로 넣은 것입니다.

토지문제에 대해서 토지는 농민한테 분배하게 된다는 말이 있는 것처럼, 일반 근로대중으로서도 기업의 이익을 어느 정도까지 확보하도록 하면 좋을 것이라고 생각해서 이것을 넣었습니다. 물론 균점권을 갖는다고 해서 똑같이 나눈다고 하는 것도 아니고 법률이 정하는 한계에서 다소의 이익을 노무자에게 배당하자

는 것입니다. 간단한 이유입니다.

김준연 의원　　지금 문시환 의원의 제안이나 조병한 의원의
제안이 우리가 실질적인 대중생활의 향상을 위해서 고려해야 할
중대한 문제라고 생각합니다. 그러므로 저는 두 의원의 제안에
대해서 아주 호의를 가지고 있지만, 원안를 지지합니다.

제가 염려하는 것은 노동자에게
경영참여권을 주는 것이 기업자의 심
리를 위축시켜 기업이 적극적으로 진
흥되지 못하도록 한다면 그만큼 노동
자가 취업할 기회가 줄어들 것입니다.

> **노동자의 경영참여는
> 기업심리를 위축하여
> 결국 노동복리를
> 저해하는 결과 초래**

그러면 결국 노동자의 임금이 저하되리라고 생각합니다. 그렇다
면 결국 대중을 위한다는 그 헌법이 노동자의 복리를 저해하는
결과를 초래하지 않을까 염려하는 것입니다.

노동자는 제18조의 단결권, 단체교섭과 단체행동에 있어서
이러한 의무·권리를 가지고 대중에게 권리를 준다고 하였습니
다. 향후 기업의 발달에 의해서 향상된다고 하면 근로자의 단결,
단체교섭과 행동은 얼마든지 향상 발전해 나가리라고 생각합니
다. 그러므로 나는 원안을 지지합니다.

(「의장」하고 발언권 청하는 이 다수 있음)

부의장 신익희　　정해준 의원 말씀하세요.

정해준 의원　　저는 문시환 의원의 수정안을 찬성하는 사람
입니다. 만약 우리가 앞으로 수립될 남한 정부에 있어서 근로자
의 권리를 헌법에 명문화하여 조금 더 적극적으로 추진하지 않

는다면 노동자와 농민이, 삼천만 동
포가 앞으로 생겨날 정부를 지지할

**제1수정안이 통과
안 되면 38 이남에서
폭동이 일어날 것**

것인지 의심스럽고, 38 이남에는 반
동자와 폭도들의 폭동이 나타날 것입
니다. 그렇기 때문에 이 주문을 헌법에 규정하는 것에 찬성합니다.

(「의장, 의장」하고 발언을 청하는 이 다수 있음)

부의장 신익희　　지금 윤석구 의원의 발언만 한 번만 더 하시
고 이 회의를 중지하여서 하오에 또 다시 개회하여야 합니다. 그
러니까 시간을 주의하세요.

윤석구 의원　　현단계에 있어서 근로대중의 처지와 입장을
우리가 생각하면서 헌법에 반영하지 않으면 안 되리라고 생각합
니다. 우리의 농민, 노동자가 모두 생산하는 것이 1년에 몇 천 만
원 나온다면 그것이 자본으로만 되는 것이 아니라 노동력이 가
해져서 이익이 나온 만큼 그런 자본을 나누어 준다는 것이 무엇
이 잘못인지 모르겠습니다. 근로자로서 또는 자기의 공장이라든
지 기업체에서 다소간 이윤을 얻을 권리가 있습니다.

부의장 신익희　　조금 용서하세요. 언권 안 드립니다.

(「의장」하고 나오는 이 있음)

(「동의하겠습니다.」 하는 이 있음)

시방 회의를 중지하고 2시에 계속하여야 하겠습니다. 휴회
합니다.

(하오 0시 2분 휴식)

(하오 2시 계속 개의)

부의장 신익희　　준비해 주십시오. 계속해서 개회합니다. 이제 의사표현을 간단히 하여 주기를 청하면서 박해극 의원에게 발언권을 드립니다.

박해극 의원　　현재 우리나라로 말할 것 같으면 노동자, 농민이 7할, 8할이 되는 줄로 압니다. 그러면 7, 8할의 노동자, 농민은 우리나라의 기초 국민이라고 생각합니다. 그러므로 본인도 어디까지나 노동자, 농민에 대해서 동정하는 입장입니다. 그렇지만 동정이 지나쳐 정도를 넘는다면 오히려 동정을 안 하는 것만 못할 수도 있다고 봅니다.

그러면 지금 현재 우리나라를 세우는 데, 말하자면 신생국가를 건설하는데 최대 두 문제가 있다고 생각합니다. 이 문제는 지주가 농민을 착취하는 것과 기업가가 노동자를 착취하는 것입니다. 이러한 착취계급을 타파하지 않으면 도저히 보장하지 못하지 않을까 본인도 생각했습니다.

그렇지만 노동자, 농민의 입장에서 생각할 때도 우리 삼천만 민족의 평균적인 생활 수준을 생각해야지 노동자, 농민에만 치우쳐 생각한다면 그것은 도저히 동정의 여지가 없다고 생각합니다.

그러므로 만약 여러분과 같이 노동자에 대해서 기업운영권과 이익분배라는 2대 권리를 전적으로 실행할 지경이면 착취계급이라는 것이 이전과는 반대가 되지 않는가 생각하고 있습니다. 이전에는 기업가가 노동자를 착취했고, 여기처럼 이익을 노동자에게 분배할 것 같으면 그 위치가 반대로 된다고 생각하기 때문입니다. 만약 기업 운영이 불안정해진다면 우리의 직접 생활에 거대한 영향이 있으므로 이 점을 우리가 생각해야 합니다.

부의장 신익희　　차례대로 전진한 의원에게 발언권 드립니다.

전진한 의원　　이 문제를 논하는 데에 있어서 절대로 소위 단체나 현재 제가 처한 입장이 아니라 전민족적 입장에서 중요한 점을 여러분에게 좀 자세히 말씀드리려고 합니다.

첫째, 경제적 입장에서 말씀드리고자 합니다. 노동자가 기업경영에 참여하려고 하거나 또는 기업이익의 전부를 점할려고 하는 경제적 이유는, 조선의 경제조건에 있어서 그렇게 하지 않고서는 민족적 양심이나 계급양심에 비추어 도저히 안되기 때문입니다.

왜 그런가 하면, 해방 이후 일본 사람들이 다 빠져나간 뒤에 남아 있는 오늘날의 모든 산업기구, 소위 적산이라고 하는 것들은 다 아시다

> **적산은 민족적 공유물로 이것의 운영은 전민족에 의해 이루어져야**

시피 앞으로 민족적 공유물이 될 것입니다. 그렇다면 앞으로 적산의 운영이 전민족에 의해 이루어지지 않는다면 조선의 산업이 부흥될 가능성은 도저히 없습니다.

따라서 저는 조선의 경제조건을 볼 때 모든 공장을 국가가 운영해서 각자에게 적절한 이윤을 보장하고, 국가가 필요한 계획 밑에서 모든 산업을 운영해야 할 것입니다. 그러므로 앞으로 산업 운영에서 국가 운영이라는 것은 노동자의 이익만을 옹호하는 것이 아니에요. 그리고 노동자가 국가의 기업운영에 정

당하게 참여하는 권한을 가지는 것은 자유 민주주의 노동법에 명확히 있습니다. 민주주의 국가에서는 노동법에 따라 단체교섭권이라든지 노동투쟁권을 보장해왔습니다만 이것만으로는 부족합니다. 왜냐하면 단체교섭권을 가졌다 하더라도 기업운영권이 자본가에게만 있는 이상에는 착취가 벌어집니다. 노동자가 단체교섭권만을 가지고는 도저히 자기 이익을 지키지 못합니다.

그 다음 정치적인 측면을 볼 때 이것은 대단히 중대합니다. 우리는 남조선에서만 살 수가 없어요. 남방에서 소위 부르주아 민주주의 운동에 애를 쓰고 북방에서는 공산주의로 애를 쓰는 사상대립은 용인될 수 없습니다. 민주주의 민족사상은 그 나라 이 나라가 없어요.

국제적 문제와 관련하여 많은 영향도 있습니다. 노동자가 기업운영권에 참여한다든지 여러 이익 문제에 대하여 노동자에게 유리한 방향으로 전 세계의 노동운동이 전개되고 있습니다. 전 세계가 이러한 사회 민주주의를 진정으로 열망하고 있는 이때, 사회 민주주의가 아니고서는 공산주의를 막지 못하게 되어 있습니다.

부의장 신익희　우리가 시간을 말하는 데에는 절대로 5분만을 정한 것은 아닙니다마는 시방 전진한 의원의 발언은 너무 깁니다. 그러니까 발언하시는 동지가 주의해 주시기 바랍니다.

노일환 의원　저는 원안을 수정하는 것은 찬성합니다마는 문시환 의원의 수정동의에는 반대합니다. 제3항을 따로 두자는 것은 이익배분에 노동자가 운영자로서 참가한다는 것인데 이것은 노동자의 노동력을 자본이 확실히 상품시하고 있다는 것을 말합니다.[14] 그러므로 거기에 구체적으로 열거한 「노자협조와 생산증강을 위하여 기업의 운영에 참가한다」는 17조 1항은 노자 협조의 정신을 내세워 노동자가 자본가에 권리를 맡겨놓고 생산증가하는 명목으로써 노동력을 상품화시키려는 의도입니다.

그러므로 조병한 의원에 수정안 대해서 찬의를 표합니다. 17조 2항에 「근로자가 이익배당의 균점권을 가진다」는 내용으로 조문을 수정하는 것이 정당하다고 봅니다. 이 수정안에서는 노동자가 기업의 운영자의 하나로서 참가할 수 없습니다. 문시환 의원 수정안의 방식으로 노동자를 경영에 참가시키는 것은 노자협조라는 허울 좋은 문구를 나열하지만 실제에 있어서는 오히려 노동자에게 불리할 우려가 있습니다.

장홍염 의원　　저는 문시환 의원의 수정안을 찬성한다는 의미에서 말씀드립니다. 어째서 반드시 노동자가 기업체의 운영권에 참가해야 하는가, 이것은 서로 돕는다는 상호협조의 원칙 때문입니다.

> 상호협조 원칙 하에
> 노동자가 기업운영에 참여,
> 균등한 이익분배 해야
> 전력을 다해 생산할 것

14　문시환 제17조 수정안 3항은 다음과 같다: 「기업주는 기업이익의 일부를 법률의 정하는 바에 의하여 임금이외의 적당한 명목으로 근로자에게 균점시켜야 한다.」

자본가나 기업가와 노동자 간의 상호협조 원칙하에 노동자가 반드시 기업체에 참여해야만 기업이 튼튼해지고 반석 위에 서게 됩니다. 그러므로 반드시 노동자에게 기업체에 참여할 참여권을 주고 그 사람이 그 기업체를 자기네 기업체로 인식하고 전력을 다해서 생산하도록 해야 할 것입니다. 그 다음에 노동자를 이익배당에 참가시키는 것은 노동자의 생활을 보장하기 위한 것입니다. 만약 그 사람들을 기업체에 참가시켜 놓고 이익을 안 준다면 이것은 탁상공론이란 말씀입니다.

조국현 의원 　저는 이 원안을 절대 찬성하는 동시에 수정안도 찬성하고 싶습니다.

(소성)

(「말할 것 없소」하는 이 있음)

여러분, 웃지 마십시요.

저는 제3항을 포함하여 수정안 전체를 전적으로 지지합니다만 이 조항을 국민의 권리·의무에 넣을 일이 아니라 경제 장인 제85조와 86조에 당연히 넣어야 한다고 생각합니다. 왜 그러냐 하면 제8조에 「사회적 특수계급의 제도는 일체 인정되지 아니하여 여하한 형태로도 이를 창설하지 못한다.」고 하였습니다. 만일 국민의 의무의 「모든 국민」 속에 근로자를 특별히 따로 떼어내서는 안 될 것입니다. 또 「모든 국민」 속에 근로자만 국한하여 특별히 다루는 것도 안 됩니다.

사기업에서의 노동자의 권리

김도연 의원　　다른 나라를 보면 사기업을 무시하는 나라도 있습니다만 우리는 사기업을 인정하고 있습니다. 사기업을 운영하는 데에는 경영자와 자본을 내는 사

> 사기업을 인정하고 있는 우리나라에서 노동자는 노임을 받는 것으로 충분하기에 원안을 지지

람과 노동을 제공하는 사람, 세 부분이 합해서 운영하는 줄 압니다. 그러면 적어도 그것을 운영하는 데 있어서 각자의 이익을 주장하는 것이 있습니다. 기업을 경영하는 사람은 자기의 이익을 요청하고 자본을 내는 사람으로서는 이윤을 주장합니다. 또 노동을 제공하는 사람으로서는 노임을 받아야 됩니다.

　　과거 자본주의 시대에 노동자 계급이 많은 박해를 당한 것은 사실입니다. 그러므로 노동자를 보호하기 위해서 여러 가지의 노동법이 생기고 또한 모든 단결권을 가지게 하는 그런 모든 법이 생긴 것은 사실입니다. 오늘날 적어도 우리 헌법에 있어서도 노동자를 보호하는 여러 가지 조항이 제17조[15]나 제18조 등에 있습니다. 그러면 노동자를 보호하기 위해서 이러한 조항을 넣는다고 하는 것이 별로 의미가 없다고 생각합니다.

　　모든 사람이 생각하는 것처럼 해방 이후에 노동자와 자본가가 협조하지 못하여 여러 가지 사정이 악화된 것이 사실입니

15　회의록 원문은 67조라고 되어있으나 17조이다.

다. 그러므로 우리가 앞으로 사업을 하는 데에는 충분히 노동자와 자본가의 협조가 이루어지도록 해야 한다는 것은 부인할 수가 없는 사실입니다. 그렇게 하지 않으면 안 된다고 생각합니다. 그러한 의미에서 노동자 이익을 보호·보장한다든지 그러한 조항이 나올 수는 있습니다. 그러나 적어도 헌법에서 사기업을 인정한다면 노동자는 경영자가 아닙니다. 노동자는 자기 노임을 받고 일하는 사람입니다. 만약 노동자가 경영자가 되어서 사업체를 경영한다고 하면 거기에는 고용주와 노동자의 구별이 없어집니다. 그것은 노동자와 고용주가 합한 공동기업체가 됩니다.

우리가 이 헌법을 기초하는 데 있어서 충분히 고려할 점이라고 생각합니다만 헌법 각 조항에 있어서 적어도 근로자의 보호 법령, 경제정책이 충분히 나타나고 있다고 봅니다. 그러므로 경영권에 참여한다든지 이익을 규정한다든지 그 두 조목을 다 삽입할 필요가 없다고 생각합니다. 원안 제1항만 가지고도 노동자가 얼마든지 자기 이익을 주장할 수가 있습니다. 수정안을 제출한 분과 관심을 가진 분, 기초위원이 합석해서 좋은 안을 내는 것이 우리 일 진행하는데도 많은 시간절약이 된다고 생각되어 이것을 동의합니다.

이성학 의원　재청합니다.

박해정 의원　삼청합니다.

부의장 신익희　동의가 성립되었습니다. 다른 의견 없으면 표결에 부치겠어요. 만일 여러분께서 이 안을 찬동하지 않으면 손들지 마십시요. 그러면 동의를 표결에 부치겠습니다.

(거수표결)

재석원 174인, 가 62인, 부 79인, 가부 두 수효가 다 과반수가 못되었습니다. 미결되면 다시 토론하는 것입니다.

류성갑 의원　　저는 기초위원의 한 사람이지만 이번 동의에 대해서 반대의 의사를 표명하고 싶습니다. 이 문제는 갑자기 오늘 처음 나온 문제가 아니고 지금부터 20일 이전부터 신문에도 발표가 되었고 또는 건의서가 각 우리 의원에게 배부되었는 등 관심을 많이 갖고 연구하셨을 문제입니다. 중대한 문제가 많이 있는데 지연이 되니 그냥 여기서 표결에 부치기를 바랍니다.

문시환 의원　　저는 개원 이래로 대단히 마음에 유감되는 점이 하나 있습니다. 속히 결정해야 한다, 또 어떤 때에는 의장 선생님이 이렇게 이렇게 해야 한다 이런 말을 많이 듣습니다. 그러나 의장은 198명의 의원중의 한 사람의 표결권밖에 없습니다. 이 자리에 모인 의원 198이 허수아비 의원이 아니올시다. 입후보할 때에 이미 경제정책, 노동문제 기타 모든 점에 있어서 어떻게 할 원칙은 자기가 다 정해 가지고 있습니다. 다 우리의 주관이 있습니다. 오늘 이 문제를 여기서 결정해 주시기 바랍니다.

부의장 신익회　　그러면 다시 이 동의를 표결에 부치겠습니다.

(거수표결)

재석의원 177인, 가에 67, 부에 84, 부결되었습니다.

(「다시 한번 읽어주세요.」 하는 이 있음)

(「한 번 더 들읍시다.」 하는 이 있음)

만일 여러분께서 의문이 계시다면 즉석에서 다시 한번 표결에 부치겠습니다.

(「이의 없지요?」, 「이의 없습니다.」 하는 이 있음)

지금 세 번째 표결에 부칩니다. 이번에는 가부표결할 때에는 기립해 주십시요. 동의 주문을 막 읽었으니까 또 말 안 해요. 이 동의를 가케 여기시는 이 다 일어서 주십시요.

재석의원 174, 가 62, 부 103, 부결되었습니다.

박기운 의원 (서면발언) 어느 의원이 발언하기를 만일에 헌법 초안 제17조가 수정된다면, 우리 삼천만 민족은 다 죽고 말 것이라고 하였습니다만 본인은 절대로 그렇지 않다고 생각합니다. 이것은 돈을 많이 가지고 있는 조선 민족의 2할을 점하고 있는 특수계급에 있는 사람의 말씀입니다.

국회의원 여러분, 이 문제의 해결책이 어디 있는지 아십니까? 단군의 자손의 피끓는 눈동자로 자세히 보십시오. 우리 민족의 8할을 점하고 있는 농민, 근로대중을 무시하고 있는 헌법 초안 17조를 농민과 근로대중을 위한 헌법으로 수정하지 않으면 안 된다는 것을 알아야 합니다.

지금 국회 내에서 헌법 초안 제17조가 수정되느냐 안 되느냐 하고 일대 격론이 일어난 이 순간에 북한 동포나 남한 동포나 이목이 집중되어 가지고 있다는 것을 아십니까? 저 바다 가운데 제주도에서 우리 민족끼리 피를 흘리고 싸우고 있는 참경 속에서도 서로 총대를 버리고 본 헌법 제17조가 어찌되었는가 하고 라디오에 귀를 기울이고 있다는 것을 아십니까? 오직 우리 민족은 8할을 점하고 있는 농민, 근로대중을 무시하는 헌법이 제정되어서는 통일도, 독립도, 민족의 행복도 없을 것입니다. 우리 민족을 민족적 관념으로 분석하여 보면 8할을 점하고 있는 농민, 근로대중이 기본 민족이고 2할의 특수계급은 부가(附加) 민족입니다. 진실로 한국 기본 민족을 토대로 삼는 헌법이 되지 않고는 민족은 망하고 말 것입니다.

> 우리 민족의 8할을 점하는 농민, 근로대중을 무시하는 헌법으로는 통일도, 독립도, 민족행복도 없다

국회의원 동지 여러분, 민족을 살리겠습니까, 죽이겠습니까? 헌법 초안 제17조가 우리 민족을 살리고 죽이고 하는 조목입니다. 우리 민족을 살리기 위하여 수정안에 찬성하여 주시기를 바랍니다.

이재형 의원　국가 이전에 인간에게는 생명이라는 것이 있습니다. 국가는 인간의 생존 이후의 문제입니다. 우리의 생명이라는 것을 보다 더 행복하게 합리화하자는 것이 국가의 존재이유입니다. 그러므로 이 국민생존과 관련된 경제문제를 우리가 논할 때에는 개인 전체를 살림으로써 국가의 유지·발전을 기대할 수 있도록 이렇게 논하는 것이 옳은 것이라고 생각합니다. 개인의 생명을 국가가 보호하는 방법은 개체인 국민의 생존권, 노동권을 국가가 보장하는 것입니다.

우리 헌법 초안에는 충분히 국민 개체에 대한 노동권이 보장되어 있습니다. 즉 17조 원문을 보면 국민은 노동권을 가진다고, 노동의 권리와 의무를 가진다고 했습니다. 대중이 노동권과 생존권을 획득해서 이미 일할 수 있고 살 수 있으면 그만이지 무

엇 때문에 기업운영에 참가하 겠다는 것인지 진실로 의문이 아닐 수 없습니다.

> 대중이 노동권과 생존권을 획득해서 이미 일할 수 있고 살 수 있으면 그만이지 무엇 때문에 기업운영에 참가하는가

오늘날 우리 국가의 경제 생산력 상황이 어떤가를, 이 문제와 관련해서 우리가 검토해야 할 것입니다. 아까도 말씀이 계셨지만 개체의 생명을 국가가 보장한다고 하더라도 전 인구를 보호할 정도냐 생각할 때에 지금 도저히 이것을 충족할 만큼 생산한다고 인정할 수는 없습니다. 그러므로 건국의 모든 노력은 오로지 생산증강의 방향으로 집중하지 않으면 안 됩니다. 여기에 있어서는 자본가도 없고 기업가도 없고 노동자도 없고 농민도 없고 우리의 노력은 오로지 생산증강이라는 한 개의 목표에 집중되어야 할 것입니다.

(「토론종결요」 하는 이 있음)

오석주 의원 　토론종결을 동의합니다.

윤석구 의원 　재청합니다.

신현돈 의원 　삼청합니다.

(「재청」, 「삼청」, 「사청」 하는 이 다수 있음)

부의장 신익희 　시방 토론종결 동의가 들어왔는데 물론 취급합니다. 그런데 여러분이 만일 허락하신다면 나의 의사를 말씀드리겠는데 오늘이 토요일인데 여러분이 오래 동안 1주일 동안 계속해서 많이 피곤하시고 하니까 우리의 남은 시간이 한 40분 있습니다. 이미 토론종결하는 동의는 성립되었지만 오늘은 그대로

산회하는 것이 어쩌할까 하는 생각이 있습니다.

(「좋습니다.」, 「반대요.」 하는 이 있음)

그러면 여러분이 허락하시면 사회하는 사람의 권리를 한 번 행사하십시다. 오늘은 여기까지 회의를 진행하고 성립된 동의는 오는 월요일에 하기로 하고 산회합니다.

(하오 4시 20분 산회)

1948년 7월 5일 월요일(제25차 회의)

(상오 10시 개의)

부의장 김동원　제25차 개의하겠습니다.

이윤영 의원　지난 토요일에 우리가 제17조를 가지고 참 많은 토의가 있었습니다. 마지막에 토론종결 동의가 성립이 된 채로 휴회에 들어갔습니다. 본인은 그 토론종결을 보류했으면 하는 말씀을 드리고 싶습니다. 문제가 중요하니만큼 좀 더 충분한 의견교환과 토의를 하여 제일 최선의 방법을 발견할 수 있을 때 이보다 더 행복스러운 일이 없을 것이라고 생각합니다.

부의장 김동원　오석주 의원께서 토론종결 동의를 하셨는데 말씀을 하시는 것이 좋겠습니다.

오석주 의원　토요일도 많은 시간을 토론했습니다. 그래서 그날 토론종결을 동의하였는데 오늘 다시 토론을 계속하니까 그렇다면 저는 토론종결 동의는 취소합니다.

부의장 김동원　　오석주 의원이 동의를 취소하셨는데 재청, 삼청하신 분 모두 취소하십니까? 재청하신 이는 윤석구 의원, 삼청은 신현돈 의원이올시다.

윤석구 의원　　토론종결 동의안을 가부에 부쳐서 부결된다면 계속 토의될 줄 생각합니다. 그런데 취소한다는 것은 무슨 이유인지 알 수 없습니다. 허락할 수 없습니다.

부의장 김동원　　오석주 의원의 토의종결 동의안 철회하겠다는 그 안에 대해서 가타고 여기시는 이 거수하십시요.

(거수표결)

재석의원 172, 가 108, 부 25, 가결되었습니다. 토론종결의 동의는 취소하기로 가결되었습니다. 그러면 다시 제17조에 대해서 토론을 계속하게 되었습니다.

이항발 의원　　본 의원은 문시환 의원의 제의에 찬의를 표하나 그 전체에 있어서 찬의를 표하지 않습니다. 우리 건국에 있어서 가장 적절한 것은 우리가 이 문제를 잘 처리함으로써, 우리 국회가 제정한 이것으로 말미암아서 선진국가에게도 자본주의 자체 내의 모든 모순을 제거할 수가 있다는 것을 보여줄 수 있다고 생각합니다. 그리고 이 헌법 수정안에 근로자로 하여금 운영에 참가하며 그 이득 일부를 법률의 범위 내에서 획득할 권리를 주자는 것에 전적으로 찬동합니다.

그러나 한편에 있어서는 부정하는 바이올시다. 이 문제를 취급하는 데 있어서 노동자와 자본가 문제를 해결하면서 국민이 어떻게 하면 생산을 증강하고 우리 민족이 어떻게 하면 부강하

겠느냐는 문제 해결을 함께 생각
해야 합니다. 모든 국민이 모든 면
에 참가한다고 하면 모르지만 국
민의 일부인 근로자만이 운영에
참가하는 사회제도를 인정하느냐

> **사유재산권을 인정한다고
> 하면 이익균점은 좋지만
> 근로자로 하여금 운영에
> 참가한다는 것은 불가하다**

안 하느냐 그것이 문제입니다. 우리 한국에 있어서 사유재산권을
인정한다고 하면 근로자로 하여금 그 운영에 참가한다고 하는 것
은 불가하다고 생각합니다. 그러나 이익을 균점하는 데 있어서 저
는 찬성하는 바입니다.

이유선 의원　　근로자가 기업의 운영권을 가지면 기업가로
하여금 생산의욕을 저하시켜 생산이 저하될 우려가 있다고 하
여 반대하신 줄 압니다. 여기서 기업운영에 참가한다고 하는 것
은 노동자와 자본가의 협조와 생산증가를 전제로 하는 가운데서
법률의 정한 바에 따라서 참가한다고 하는 것, 즉 우리의 생산을
증가할 목적으로 하는 까닭에 찬성하는 바입니다.

기업운영에 참여하여 이익을 균점을 한다고 하는 여기에 있
어서 종전에 우리가 가졌든 관습으로 봐서 대단한 착오로 생각
해서 기업가로 하여금 공포증을 느끼지 않을까 하는 우려가 있
으며 저도 이것을 많이 연구해 보았습니다.

그러나 우리 8할 이상을 점령하고 있는 근로대중은 그들의
생활을 유지 못하고 있는 상태인데 우리 국가가 완전한 형태로
발전하고, 완전한 부국강국이 되기 위해서는 8할 이상의 근로대
중의 생활을 보장하지 못한다면 우리는 완전한 국가를 형성하지

못할 것입니다. 그리고 그들로 하여금 생산을 증산시키고 애국심을 환기시키고, 국가적 관념에서 애국심을 향상시키며 서로 협조하고 서로 도의심을 가지고 나가게 한다면 좋다고 보아, 여러 말하지 않고 간단히 찬성의 말을 하고 끝내겠습니다.

부의장 김동원　의장께서 언권을 얻어가지고 말씀하려고 하시니까 언권을 의장에게 드립니다.

(「의장」, 「의장」하고 부르는 이 다수 있음)

부의장 김동원　문시환 의원이 수정안을 오늘 개정해서 제출하였다고 합니다.

문시환 의원　어제 종일 동안 근로자의 기업운영 참가문제와 기업 이익의 균점문제를 가지고서 열렬히 토의하는 가운데에 여러분의 의도를 충분히 들었습니다. 어제 휴회 후에 제안자로서 이 문제를 원만히 잘 처리하기 위해 전문위원 한 분과 만나서 토의 합의한 결과 지금 여러분에게 아침에 드린 바와 같은 수정안이 타당하다고 하는 것을 발견하고 오늘 발언할 기회가 있으면 말하려고 하고 있었습니다.

제17조에 있는 「모든 국민은 근로의 권리와 의무를 가진다.」 그 원문은 그대로 수리하고 제2행, 제3행도 그냥 수리하고, 제19조에 가서 근로자가 기업운영에 참가하는 항목을 넣는 것이 어느 면으로 보든지 법문의 체제상으로 보아서도 좋다고 하는 의견을 듣고 수정하였습니다. 다른 제안자 역시 거기에 동의하였습니다.

그 다음에 기업의 균점문제에 있어서 지난 토요일 날 의견

가운데에 국영사업이나 공영사업은 그 성질상 영리를 도모하는 것이 아니고 또한 전매사업 같은 것은 이익이 없더라도 그것 역시 세금이 첨가되어 있는 까닭에 이익을 균점한다고 하는 것은 의미가 없다고 결론을 내었습니다. 그 결과 '이익균점은 영리를 목적으로 하는 사업에만 국한하는 것이 좋겠다'고 의견 일치를 보았습니다. 그래서 이것은 경제면으로 넣어서 하는 것이 가장 좋다고 의견이 일치되어 오늘 여러분에게 특별히 이 제안에 찬성하시는 여러분의 동의를 얻어 이 인쇄물을 아침에 돌린 것입니다.[16]

이 기회에 제안자 여러분, 특히 찬성자 여러분에게 이와 같이 문구를 수정하는 것이 가하냐 못하냐고 하는 것을 의장을 통해서 물어보고자 하는 것이올시다.

부의장 김동원 그러면 문시환 의원이 수정안을 정정하고자 해서 찬성하신 여러분이 동의해 주시는 것을 물어봐 달라고 합니다. 거기에 동의하신 분은 열여덟 분이 있습니다.

동맹파업권 보장과 민족사회주의 이념

의장 이승만[17] 내가 이 동의 들어오기 전에 언권을 얻어서

---

16 문시환 의원의 정정수정안의 내용은 「근로자가 기업운영에 참가」하는 항목을 제19조에 편입하자는 것이다. 그리고 경제조항에 「이익균점은 영리를 목적으로 하는 사업에만 국한할 것」이라는 내용을 넣고자 하였다.

17 회의록에 '의장 이승만'이라 표기되어있으나 제25차 오전회의는 김동원 부의

말하려고 하였던 것이 있습니다. 지금 이만큼 토의가 많이 되어서 여러분이 서로 얼마쯤은 주장하는 바가 다 성립이 된 줄 아니까 내가 여기서 한 가지 청하려고 합니다.

　지난 백 년이라든지 몇 천 년 동안에는 자기 개인의 권리로서 나라를 다스려가는 그분들의 생각에 노동자라는 것은 그저 혹독히 부려먹고 의례히 일을 시키는 것이라고 생각하고 있었는데 지금은 그런 생각을 우리가 완전히 날려 보내려고 하는 것입니다. 그것은 민주국이 성립될 적에 벌써 민주라고 하는 그 두 자로 다 타파된 것입니다.

　민주주의라는 것은 백성들이 주장해서 다스리는 나라이고, 군주는 임금의 생각으로 다스리는 나라입니다. 이 임금의 나라는 자기가 자기 나라로 알고서 자기 마음에, 자기 뜻에 편리하게 하기 위해서 그 나라를 다스린 까닭에 그 백성을 개인의 심부름꾼으로 노예화하는 것이 군주국입니다.

　민주국가는 백성이 그 나라를 다스리는 까닭으로 해서 많은 사람이 많은 사람의 의사에 복종되어 우리의 정부를 세우고 정부가 다시 법을 만들어 나가는 것이 사실 아닙니까? 근로민중의 민주국이라고 할 적에 다 타파되는 것입니다.

　우리 민주진영을 주장하는 사람들이 정해놓고 있는 길은 무엇인고 하니, 자본가라는 것은 근로하는 사람들을 자기 노예처럼 부려서 저의 자본의 이익만 만들자는 것을 타파해야 되겠고, 그

　장이 회의를 주재하고 있으므로 의원 자격으로 발언한 것이다.

다음에는 토지를 가진 사람들이 토지를 안 내놓고 자기네에게 이익이 있을 때까지 안 내놓겠다는 지주들도 없게 만들어야 되겠습니다. 그런데 지금 미국 같은 나라에서도 혹은 다른 민주주의를 하는 나라에서 해 나가는 바와 같이 노동자들이 자본가들과 지주와 싸워서 모두 경제 활동력을 마비시켜가지고서 자기들에게만 이익이 있게 한 뒤에 경제력을 전부 마비시켜 일을 못하게 하는 폐단을 막아야 할 것입니다.

그러므로 내가 찬성하는 것은 헌법 제17조, 18조, 19조가 다 원만하게 된 줄 압니다. 제18조에 국법으로 근로대중이 동맹파업할 권리가 있다고 하는 것이 적혀 있어요.

지금 영국에서는 이와 반대되는 동맹파업할 권리를 금지하는 법을 국회에서 만들고 있습니다. 그것은 어째 그렇게 된 것이냐 하면, 본래는 근로대중에게 자유의 권리를 주어서 자기들의 복리를 보호할 권리를 가져야 민주주의 정책이 원만히 되겠다고 해서, 미국 사람들은 물론 동맹 파업하는 것을 허락하였던 것입니다. 그런데 근래와서 보면 무슨 폐단이 생겼느냐 하면 노동자의 동맹파업할 권리를 공산주의자들이 이용해서 공산당 세력을 위해서 노동자에게 이익이 되든 해가 되든 막론하고 동맹파업을 해서 전국의 경제력을 마비시키고 이렇게 합니다. 그러므로 미국에는 민생의 생활문제가 파탄이 되는 까닭으로 해서 지금은 미국 정부와 국회에서도 동맹파업이라는 것을 어떤 범위 안에서는 못한다는 법을 만들려고 하고 있습니다.

그러니까 공산당 사람들이 세계를 공산화하기 위해서, 소련의 지휘를 받아서 세계에 가서 한다는 말이 무엇인고 하니, 자본가들 세력 때문에 전 민중이 살 수 없으니 자본가를 타도하자, 유식계급 때문에 무식대중이 살 수 없으니까 유식계급을 타도하자 이렇게 외칩니다. 이렇게 계급전쟁을 일으켜서 서로 충돌하게 하여 공산화시키려고 하는 것을 세계 사람들이 다 아는 까닭으로, 지금은 반동이 생겨서 노동자의 동맹파업할 권리를 제한하자고 합니다. 그런 이때에 우리는 동맹파업을 할 권리를 보호해서 헌법에 넣었습니다. 우리가 국가를 조직해 가지고서 만일 자본가들이 그 이익을 자기들만 먹고 마는 일이 있다면 근로대중은 헌법이 보장하는 권리를 가지고 있으니까 손해를 받는 일이 있으면 그것을 가지고 싸울 것입니다.

국법에 동맹파업할 권리가 있게 만들어 놓았으니까 자본가들은 암만 많은 자본을 가지고서도 아무 것도 할 수 없게 된다 그 말씀이에요. 그럴 권리를 만들어 놓았습니다. 근로대중의 권리를 그만큼 보호해 준 것입니다. 그런 즉 근로대중되는 분들이 자기들 의견대로 자본가를 이용하고 자기 이익만을 위해서 권리를 보호하려는 것은 타파해야 되겠습니다.

또 아까 말씀한 바와 같이 토지와 자본과 노동의 세 가지를 합해 가지고서 나라의 경제부문이 되어가지고 있습니다. 따라서 우리가 국법에서 결국 생각해야 할 것은 자본가가 노동자를 이용해 가지고서 저희 이익만 만들자는 것을 언제든지 국법으로 못하게 하는 것입니다. 또 토지를 가진 사람들이 토지를 가지고 저희들만 이익을 누린다고 할 것 같으면 그것도 못하게 할 것입니다. 또 노동자되는 분들이 우리만의 이익을 생각해야 되겠으니까 우리 국법에 보호해달라 하는 일이 있더라도 법으로 못하게 한다는 것입니다.

우리가 주장하는 것은 자본가가 자본을 쓸 적에 저희 사사로운 이익을 위해서 쓰는 것을 국법으로 반대해야 합니다. 그러나 공익을 위해서, 나라를 위해서 자본을 쓰게 될 수 있으니까 공익을 위해서 자본을 가지고 쓰면 국법으로 보호하자는 것입니다. 토지를 가진 사람도 그러할 것입니다. 노동자인 사람도 그래 가지고서 협의적으로 같이 이익을 위하자는 것이 헌법에 이만큼 되어 있는 것입니다. 그러므로 내 생각하는 것은 17, 18, 19조의 조문이 원만히 된 것 같은데 아직까지 만일 부족한 것이 있다면, 이 하나를 넣으면 괜찮겠어요.

그것은 무엇이냐 하면 지주와 자본가와 근로자는 공동으로 평균이익을 국법으로 보호한다고 만들어 놓으면 이것은 원만히 해결되리라고 생각합니다. 그

> 근로대중의 동맹파업권리가 이미 보장되어 있으므로 평균이익을 국법으로 보호한다는 것은 다음 국법에 넣어도 안 늦다

것을 지금 넣지 않더라도 여기에 다 있는 것이니까 우리가 그런 것을 서로 논의해서 이 다음에 국법을 정할 때에 하면 되는 것입니다.

그러므로 여러분에게 경고하는 것은 지금 이 문제에 대해서는 헌법에 여기 넣은 것이 이만치 토의가 되었으니까 충분히 된 것으로 양해를 하시고 가부 묻자고 동의 재청하셔서 통과, 결정

해 가지고 이 헌법을 하루바삐 제정해야 할 것입니다.

일본 사람이나 우리를 반대하는 사람들이 선전운동 하기를 민주주의라는 것을 이 사람들은 실행하지 못할 것이라고 이야기했습니다. 그러나 지금 와보니까 우리가 민주주의를 실행하는 선진국가보다 못지 않다고 칭찬듣고 있어 매우 좋습니다.

그리고 한 가지 말씀드릴 것은 이 헌법을 작정해 놓은 다음에 백년 만년 고치지 못하고 대들보가 쓰러져도 고치지 못하는 것이 아닙니다. 이전에는 임금이 앉아서 맘대로 자기 뜻대로 고쳐서 임금이 명령을 하면 그것을 국법으로 한다고 했지만, 지금은 민주주의인 까닭에 백성 다수가 제정한 국법이니까 이 국법을 오늘 결정하였다가도 내년에 가서 다수 결의해 가지고 고치자고 하면 우리가 다 할 수 있는 것입니다.

그런 의미에서 미국 사람들은 지혜롭다고 세계에서 칭찬하고 있습니다. 여지를 남겨놔서 이 다음에 상황이 되는대로 개정하기로 하고 대강만 명시하여 이것을 공포하고 하루바삐 우리 정부를 수립합시다. 부분적 이야기는 조금만 하시고, 노동자 전체가 손해를 당한다 하더라도 정부를 세우는 것을, 국권을 찾아놓는 것을 노동자는 원할 것입니다.

노동하는 사람들은 나에게 이익이 있어야 한다고 하고 자본가는 이익이 우리 자본가에 있어야 한다고 해서 정부 수립을 못한다고 하면 노동자나 자본가나 지주나 다 이익의 권리를 보호할 수 없을 것입니다. 정부를 수립한 뒤에는 내일 모레라도 그것을 고쳐서 권리를 보호할 수 있으니까 길게 말하지 말고 헌법을 하루바삐 통과해 가지고 정부를 조직해서 일어나자고 하면 누가 앉든지 남의 나라 사람의 정부보다 나을 것이 아닙니까?

(박수)

이 정신만을 가지고서 이 헌법을 하루바삐 통과하시기 바랍니다. 어느 나라 헌법이든지 완전무결한 헌법은 세계에 없는 것입니다. 아주 완전무결한 것을 생각하시지 마시고 대지만 잘 되었으면 이것이 좋다고 하면 남들도 다 좋다고 생각합니다. 그렇게 만들어가지고서 하루바삐 일어나서, 우리 대한민국은 여러분의 손에 있으니까 다른 이야기를 정지하시고 밤을 새워서라도 토의해 가지고서 하루바삐 헌법을 작정하시기 바랍니다. 또 한 번 권합니다.

이청천 의원　우리가 경제문제에 대해서는 입국이념이 통일되어야 하겠습니다. 그것이 통일이 되어야 하기 때문에 여기에 시간이 많이 소비된 것 같습니다.

우리의 기본정신이 민주주의에 있지 않습니까? 민주주의에 의해서 정치체제를 세우며 또한 만민평등에 전 민족적 경제체제를 세우며, 전체주의를 주장하는 공산주의나 일부 무산자를 선동하여 완전 자주독립을 찾는다는 것은 절대 배격하는 것이 아닙니까? 그 반대로 제한이 없는 자유경제, 무제한 자본주의도 역시 배격하는 것입니다.

그러면 이 말이 무슨 말인고 하니 정치와 국가는 민주주의적으로 민주체제에서 정부를 수립해서 확고한 이념이 있어야 되겠다는 것입니다. 경제적으로 무제한 자본주의를 취하기 때문에 지금 세계가 혼란의 와중에 있지 않습니까? 우리가 경제원칙에 대해서는 자유경제를 원칙으로 하되 일체 자유로 부패된 모든 조건을 조화·조절하지 않으

면 입국의 기본체제가 서지 않는 것입니다.

우리는 자유를 위하여, 평등을 위하여 골고루 잘 살자는 것이 기본이념이기 때문에 절대로 8할이나 되는 근로자, 농민의 복리를 도모하는 근본이념이 아니면 안 되겠습니다. 만일 이 근본에서 벗어나 복리를 증진시키자는 주의를 하자면 나는 절대로 반대합니다. 독립하자는 것이 기본이념이 무엇이냐, 잘 살자는 것인데 잘 살자면 자기의 이념을 살려서 이 세계에서 가장 멋지게 우리는 남보다도 독특하고 경제체제가 특별한 세계의 모범국가를 수립하지 않으면 안 될 것이에요. 우리는 여기에 이의가 없습니다.

그러면 정치적 민주주의를 하는 마당에 왜 경제적 민주주의를 안 해요? 우리가 독립을 안 한단 말입니까? 또 산업공업국으로 하자면 무엇보다도 우리나라의 8할이나 점령하는 농군이 공장으로 대부분이 나가야 되겠습니다. 또 한편 농민에게 세계 모든 사조를 잘 파악시켜서 소위 전체주의라는 공산주의 체제와 모든 그 무제한 자본주의를 취하지 않고 우리는 말하자면 국가권력면에서는 철두철미 민족주의로 나가야 되겠습니다. 그리고 경제면에 들어가서는 사회주의로 나가야 되겠습니다.

이것은 다시 말하면 민족사회주의입니다. 조선이 금후 나가야 할 길이라는 것을 나는 확신하는 것입니다. 우리의 처지, 우리의 경우는 공산주의와 자유주의가 제한이 없이 스스로 충돌하는 이 가운데 끼어있는 것이 아니겠습니까? 또한 우리 민족주의 사상은 어느 부문에 있는 분보다 더 잘 알 수 있을 것입니다. 그렇기 때문에 우리는 이 공산주의와 자유주의를 선택하는 역할을 안 하고 조선 처지에 맞는 민족사회주의로 건설해 나가는 것이 입국의 이념입니다. 아니면 완전독립을 보장하기는 지극히 곤란한 것입니다.

무제한 자유주의에 기반한 그러한 경제조건은 조선 전 민족의 8할을 점령하는 근로대중이 허락치 않아요. 우리가 경제편에 있어서 대체로 입국의 정신을 정할 것 같으면 민족적 체제의 경제범위를 넣지 않으면 안 되리라고 생각합니다.

그야말로 대한민국의 민도(民度)가 전세계 사조로 말미암아서 공산주의와 자유주의가 충돌을 하고 있는 가운데 우리 한국 민족이 살고 있는 것입니다. 그러므로 만대 무궁한 완전 자주독립을 하는데 이 두 사상의 뜻을 잘 완화하는 것이 헌법 제정의 기본정신이라고 하겠습니다. 시방 정치적 민주주의 원칙을 채용한다면 경제적 민주주의 원칙을 채용할 것을 전제로 해서 큰 곤란이 없이 이 장을 속히 넘기시기 바랍니다.

부의장 김동원　　이제 허정 의원 한 분만 언권 드립니다.

허정 의원　　이 문제에 대해서 헌법기초위원회에서도 많이 토의했습니다. 지난 토요일 본회의에서도 오전 오후를 통해서 여러 각도로 많이 검토하였습니다. 경과로 말하면 지난 토요일에 가부간 결정할 문제였지만 이 문제가 대단히 중대한 만큼 일요일이라고 하는 하루를 더 이용을 해서 좀 더 심사숙고해서 월요일인 오늘은 좌우간 결정하자는 그러한 전제로 지난 토요일에 정회했던 것입니다.

그리고 오늘도 또 수 시간을 두고 많이 토의했습니다. 더욱이 의장 선생께서 간곡한 여러 말씀이 계셨습니다. 또 여러분이 여기에 대해서 많은 의사발표가 있었습니다. 그러면 이 문제를 가지고 또 다시 특별위원회 위원을 선출하느니 해서 연기해도 별 유효한 해결이 있기는 어려울 것 같습니다. 다만 의사일정만 많이 들고 여러 가지 우려가 있습니다. 차라리 이 문제를 더 많이 하지 말고 이만하면 충분히 토의했으니까 토론종결을 한 후에 이 좌석에서 가부간 수정을 하는 것이 좋다고 생각합니다.

신현돈 의원   재청합니다.

이원홍 의원   삼청합니다.

부의장 김동원   그럼 지금 거수표결에 부칩시다.

(거수표결)

재석원수 181인, 가에 111인, 부 4인.

부의장 김동원   그런데 지금은 12시가 되었는데 어떻게 합니까 이 표결까지는 시간연장합니다.

지금은 5분간 휴게하고 투표하겠습니다.

(5분간 휴게)

이제 속회합니다. 앉아 주십쇼.

지금은 먼저 문시환 의원의 수정안을 하겠습니다. 투표용지에 쓰는 방식은 가면 가라고 쓰고 부라면 부자를 써서 투표하시겠습니다. 문시환 의원 수정안은 '17조, 18조는 원안대로 두고 19조에 가서 개정하자'는 것입니다.

지금 투표하기를 선포합니다.

(「감표원을 내시요.」하는 이 있음)

의장이 감표위원으로 여기 이석 의원, 정도영 의원 두 분 나와서 감표해 주십쇼.

(두 위원 투표함 앞에 선다.)

(12시 15분 투표개시)

사무국장 차윤홍　왼쪽줄부터 투표해 주십시오. 될 수 있는 대로 오른쪽으로 나와서 왼쪽으로 들어가 주십시오.

(12시 35분 투표완료)

부의장 김동원　이제 투표한 결과를 선포합니다.

재석인원 180인, 가에 81인, 부에 91인, 포기 5인, 무효 3인입니다. 결국 문시환 의원의 수정안은 부결되었습니다.

부의장 김동원　이제 제2수정안에 대해서 투표하도록 하겠습니다.[18]

투표용지를 배포하겠습니다.

18　조병한 수정안은 제17조 2항 다음에 단항으로 「단, 근로자는 이익 배당의 균점권을 갖는다」를 삽입하자는 것이다. 이후 제2독회 말미에 다시 번안동의를 해서 제18조 2항으로 넣게 된다.

(투표개시)

부의장 김동원　　투표결과 선포합니다.

재석의원 180인, 가에 91인, 부가 88인, 기권이 1인, 그러면 지금 이것은 가결되었습니다.

(박수)

이로써 오전 회의는 중지하고 오후 2시 반에 다시 모이겠습니다.

(하오 1시 5분 휴게)

(하오 2시 반 계속 개의)

이승만, 헌법의 신속처리를 강하게 요청

의장 이승만　　지금 개회하겠습니다.

서상일 의원　　제18조 「근로자의 단결, 단체교섭과 단체행동의 자유는 법률의 범위내에서 보장된다.」에 대하여 전진한 의원 외에 10인 수정동의가 있습니다.

의장 이승만　　우리가 지금 헌법을 속히 통과시키는 것이 제일 긴요한 일입니다. 다른 일은 그만두고, 다른 의사를 표시하지 말고 제일 중요한 일을 먼저 해야 할 터입니다. 이 헌법은 헌법기초위원으로 하여금 전문위원들이 있어가지고 얼마 동안을 시간을 들여서 다 해놓은 것이니까 여기에 질의를 하고 토의하고 통과시키는데 조항 하나를 가지고 수정안이 자꾸 나오면 한 조

가지고 하루, 이틀, 열흘 걸린다 하면 이 작업은 전체가 100일 이상이 걸릴지도 모릅니다.

그렇기에 우리는 이것을 정중하게 토의해야 하지만, 빨리빨리 진행해나갑시다. 수정안을 재청해 놓은 조항조항마다 얼른얼른 통과시켜서 제3독회를 하루빨리 하기 위해서는 수정안은 정지시켜 놓지 않으면 안 되겠소이다. 지금은 위원장이 다음 조항 읽을테니까, 여기에 대해서 속히속히 결정해 주시기 바랍니다. 이제 전진한 의원이 나와서 말씀하는 것이 순서라고 합니다.

전진한 의원　18조 단체교섭이라는 것에 대해서 내용을 잘 모릅니다. 그런데 요전 질문 시간에 전문위원이 파업권이 거기에 들어있다고 했고, 오늘 의장께서 파업권을 확인하셨다는 말을 했습니다. 그러므로 이 수정안은 다만 그것을 기록에 남기고 앞으로 법률 제정할 때 충분히 다루리라 여기고 철회할 생각입니다. 그리고 여기에 찬성한 이도 철회해 주셨으면 좋겠습니다.

(「잘 했소」하는 이 있음)

의장 이승만　전진한 의원 대단히 고맙습니다. 서로서로 의견을 양보해 나가면 우리 일이 속히 될 것입니다. 지금 전진한 의원의 말의 조리가 국회 전체의 정신을 나타낸 것인 줄 압니다. 그렇게 생각하시고 진행하고, 속히속히 통과해 주시기를 내가 자꾸 바라는 것입니다. 의장이 거수하시오 할 때 부의 수효가 적으면 대다수 가결이라, 그리고 반만이면 다수 가결이다, 그리고 한 분도 없으면 전수 가결이다 그럽니다.

(소성)

그러니 어떤 분이 의장이 잘못되었으니 다시 해달라고 그러면 그때에는 일어나셔야 될 것입니다. 일어나서 결정하고 또 불분명하다면 여기 호명을 하시라 그러겠습니다. 물론 호명을 하면 나는 가요 누구는 부요 그렇게 나가야 될 것입니다. 지금 제18조 원안에 대해서 가부묻겠습니다.

지금 제18조 원안 가부 묻습니다. 지금 제18조 읽을 필요 있을까요?

(「없어요.」 하는 이 있음)

그렇다고 하면 원안 가부입니다.

(거수표결)

지금은 전수 가결입니다.

그 다음 그러면 제18조는 통과되었고, 제19조 읽겠습니다.

「제19조 노령, 질병, 기타 근로능력의 상실로 인하야 생활유지의 능력이 없는 자는 법률의 정하는 바에 의하여 보호를 받는다.」

서상일 의원　　19조 수정동의는 전진한 의원 외 10인, 김동준 의원 외 10인, 류래완 의원 외 7인이 제출한 것을 전진한 의원이 합쳐서 만든 안이므로 여기에 전진한 의원이 잠깐 나와서 제안자로서 설명해 주셨으면 좋겠습니다.

의장 이승만　　전진한 의원 아까와 같이 해 주시기 바랍니다.

(폭소)

전진한 의원　　제19조 문제는 그렇게 어려운 문제가 아닙니다. 대체로 원 조문을 찬성하지만 실업이라는 조문이 없어 넣고자 한 것이올시다.

의장 이승만　　의견 있나요? 의견 없으면 속히 가결하는 것이 좋습니다.

조봉암 의원　　지금 전진한 의원께서 설명을 하셨는데 좀 부족합니다. 노동자가 실업뿐만 아니라 직무중에 있어서 부상을 당한다든지 병이 생긴다든지 하는 경우에 거기에 대해서 보장을 해 주어야 되겠다 그런 생각입니다.

김옥주 의원　　수정안에 대해 말하자면 실업으로 생활유지를 못할 때를 언급하고 있는데 원안에 이미 「질병, 기타 근로능력의 상실로 인해서」 이렇게 되어 있어 원안에도 지금 말씀한 그 실업으로 생활유지를 못한다는 그 의미가 포함되어 있습니다. 그렇기 때문에 이 원안대로 통과하는 것이 좋겠습니다.

의장 이승만　　수정안을 먼저 묻겠습니다. 수정안을 가라고 생각하시지 않은 분 거수하십시오. 가라고 생각하지 않은 것입니다.

(거수표결)

대다수로 부결되었습니다.

그러면 지금 원안을 묻게 됩니까? 원안에 대한 의견이 있나요? 필요 없습니까? 의견 없으시면 내가 듣기에 매우 좋습니다.

그럼 원안에 대해서 묻겠습니다.

(거수표결)

(만장일치 가결)

제19조는 다 통과되었습니다.

이렇게 하면 내일모래로 헌법 다 통과될 줄 압니다.

20조 지금 시방 위원장께서 읽으세요.

「제20조 모든 국민은 국가 각 기관에 대하야 문서로서 청원을 할 권리가 있다. 청원에 대하여 국가는 심사할 의무를 진다.」

이의 없습니까?

(「이의 없습니다.」 하는 이 있음)

제20조에 이의가 없다고 여러분들이 말씀하시니까 그것은 그대로 접수됩니다.

혼인, 가정, 남녀동등권 신규 삽입 논의

의장 이승만   다음 조문 읽으세요.

제19조 다음에 「혼인은 남녀 동등을 기본으로 하며 가족의 순결과 건강에 관하여서는 법률에 정하는 바에 의하여 국가의 특별한 보호를 받는다.」 권태희 의원 외 38명의 제안이 있습니다. 그러면 권태희 의원 나와서 제안설명 해주시기 바랍니다.

권태희 의원   이것은 어느 조문의 수정이 아니고 새로 한 조목을 편입하자고 하는 것입니다. 전문위원에게 의견을 물은즉 이 조항은 당연히 헌법에 가입이 된다고 하면 제19조 다음에 편입될 성질이라고 합니다.

국민의 권리·의무라고 하는 가장 중요한 장에 국가 구성의 세 가지 기본요소 중 하나인 국민 문제 즉 혼인과 가정에 관한 것에 대해 침묵으로 일관하고 있는 것이 사실입니다. 국민의 권리·의무 장에 반드시 가정을 기초로 하고 가정을 확보하고 가정을 보호하고, 가정을 보장한다고 하는 조목이 열거되지 아니하면 안 될 것입니다. 그렇지 않는다면 우리 헌법 전문에 나타나 있는 우리들의 자손의 영원한 행복과 안전을 보장할 수 있을른지 의문이올시다.

가령 외국의 예를 본다고 할지라도 독일 헌법 제109조와 제119조, 미국 헌법 전문에 가정평화를 보장한다 라고 뚜렷하게 써 있습니다.[19] 그리스 헌법 제41조, 벨기에 헌법 제16조, 일본의 새로운 헌법의 제24조, 폴란드 헌법 제22조에도 명확하게 가정에 대한 보장, 가정에 의한 순결에 대한 책임을 헌법에 명백하게 표시해 두었습니다.

(장면 의원 언권 청함)

의장 이승만   무슨 얘기 있어요?

장면 의원   권태희 의원의 안을 제안한 사람 중 한명으로서 그 안을 여러 토론할 것 없이 여러분이 만장일치 가결해야 될 것입니다. 남녀동등을 헌법에 규정해놓고 아무런 보장이 없어요. 가정, 혼인이라는 것은 남녀평등권이 여기에서 시작되고 남녀동등이 지금 법률로 보장됐다면서 여러 가지 불순한 축첩제도가 과거부터 현재에 이르기까지 시행되고 있습니다.

(「가부요.」 하는 이 있음)

의장 이승만   수정안에 대해서 가부를 묻겠습니다.

---

19   바이마르공화국 헌법 제119조의 '양성의 평등, 혼인과 가족의 보호'를 말한다.

(거수표결)

재석의원 162인, 가에 66인, 부에 61인, 미결이 되었습니다.

권태희 의원　한 번 더 물어주시기 바랍니다.

의장 이승만　지금 요청된 것은 수정안을 다시 한 번 표결에 부쳐달라는 것입니다. 한 번 더 묻겠습니다.

(거수표결)

재석의원 166, 가 64, 부 62, 또 미결입니다.

조헌영 의원　우리 사회에서 가장 문제되는 것이 세 가지가 있다고 합니다. 노동자문제, 농민문제, 여자문제입니다. 우리가 사회단체를 볼 때 무슨 전평이니 무슨 노총이니 전농이니 농총이니 부녀동맹이니 애국부인회니 하는 문제가 가장 큽니다. 청년단체도 있지만 청년은 크면 어른이 될테니까 가장 문제되는 3대 조건은 노동자, 농민, 여자 문제입니다.

이미 헌법에서 농민에게 토지를 준다고 결정했고, 노동자도 과거의 노동자의 노예적 조건에서 해방시킨다고 했습니다. 그러면 우리나라에 가장 중대한 것이 사회적으로 남존여비 사상인데 이것이 척결되지 않으면 안 될 중대한 일입니다. 또 국회 대의원 200명 중에 여자 대의원이 하나도 없다는 것은 역시 남존여비의 사상의 결과라 하겠습니다.

이윤영 의원　지금 우리는 항상 늘 우리의 책임을 생각할 때에 배후에 삼천만 민족이 있고 이 가운데에서 일천오백만 여성이 있다는 것을 언제든지 잊어버리지 않아야 할 것입니다.

만일 이 문제를 여기에 내다놓고 민족 앞에서 투표를 받는다고 하면 당연히 투표될 것입니다. 「혼인은 남녀동권을 기본으로 하며 혼인의 순결과 가정의 건강은 국가의 특별한 보호를 받는다.」 어느 하나도 우리가 부정할 것이 없습니다. 우리는 다 각각 자녀를 가진 사람입니다. 아들이나 딸이나 마찬가지로 귀중히 생각하는 우리들입니다. 우리가 이것을 귀중히 생각하는 사람이라고 할 것 같으면 혼인의 남녀동등이라든지 가정의 권한이라든지 이것을 여기에 넣는 것이 하등 무리가 것이 없고 우리가 마땅히 넣어야 될 조문을 여기 넣는다고 하는 것에 우리가 반대할 아무런 까닭이 없다고 생각합니다.

의장 이승만　　지금 이윤영 의원의 말씀과 같이 남녀동등을 넣는 것이 좋을 것 같습니다. 모친을 보더라도 부녀 동등을 무시할 수 없습니다. 부녀 동등이라는 것으로 보더라도 이 안을 찬성합니다.

그런데 두 번이나 미결이 되었으니 다시 한 번 가부를 물어보겠습니다.

(거수표결)

재석의원 166인, 가에 102인, 부에 19인, 대다수 가결된 것을 결정합니다.

재판, 형벌, 선거권, 공무담임권, 청원권

서상일 의원　　그러면 20조 결정이 되었으니까 21조부터 읽겠습니다.

「제21조 모든 국민은 법률이 정한 법관에 의하여 법률에 의한 재판을 받을 권리가 있다.」

(「이의 없습니다.」 하는 이 있음)

의장 이승만   이의 없으면 그대로 접수합니다.

「제22조 모든 국민은 행위시의 법률에 의하여 범죄를 구성하지 아니하는 행위에 대하여 소추를 받지 아니하며 또 동일한 범죄에 대하여 두 번 처벌되지 아니한다.」

(「이의 없습니다.」 하는 이 있음)

의장 이승만   이의 없으면 그대로 접수합니다.

「제23조 형사피고인은 상당한 이유가 없는 한 지체없이 공개재판을 받을 권리가 있다. 형사피고인으로서 구금되였든 자가 무죄판결을 받을 때에는 법률의 정하는 바에 의하여 이의 없으면 국가에 대하야 보상을 청구할 수 있다.」

서상일 의원   거기에 수정안이 있습니다. 제3항에다가 「고문과 잔혹한 형벌을 금한다.」 이러한 조항을 넣자고 하는 조종승 의원 외 10인, 백형남 의원 외 10인이 있습니다.

조종승 의원 나와서 설명해 주십시요.

조종승 의원   의사를 속히 진행하는 데 있어서 이제 수정안이 들어간 것이 대단히 미안한 일이지만 우리가 헌법 제정에 있어서 가장 일반 대중의 미혹을 풀며 여기에 행정 불만이 없도록 행정하게 하는 것이 가장 좋다고 생각해서 이것을 넣습니다.

의장 이승만   그러면 이 수정안에 대해서 가부를 묻겠습니다.

(거수표결)

의장이 보기에 대대수로 부결되었습니다.

재석의원이 166인이요. 41인이 가요. 81인이 부입니다. 부결입니다.

지금은 원안을 묻겠습니다. 원안 조문을 다 아시지요?

(「네」하는 이 다수 있음)

(거수표결)

재석의원 166인, 가에 103인, 부에 3인, 대다수로 원안이 가결되었습니다.

다음에는 24조 읽겠습니다.

「제24조 모든 국민은 법률이 정하는 바에 의하여 공무를 선거할 권리가 있다.」

(「이의 없습니다.」하는 이 다수 있음)

의장 이승만　　24조 이의가 없으면 그대로 접수합니다.

「제25조 모든 국민은 법률에 정하는 바에 의하여 공무를 담임할 권리가 있다.」

(「이의 없오.」하는 이 있음)

의장 이승만　　이의 없으면 이 조문을 접수합니다.

「제26조 공무원은 주권을 가진 국민의 수임자이며 언제든지 국민에 대한 책임을 진다. 국민은 불법행위를 한 공무원에 파면을 청원할 권리가 있다. 공무원의 직무상 불법행위로 인하여 손해를 받은 자는 국가 또는 공공단체에 대하여 배상을 청구할 수 있다. 단 공무원 자신의 민사상이나 형사상의 책임이 면제되는 것은 아니다.」

(「이의 없습니다.」 하는 이 다수 있음)

의장 이승만　　이의 없으면 그대로 접수합니다.

「제27조 국민의 모든 자유와 권리는 헌법에 열거되지 아니한 이유로서 경시되지는 아니한다. 국민의 자유와 권리를 제한하는 법률의 제정은 질서유지와 공공복리를 위하여 필요한 경우에 한한다.」

서상일 의원　　여기에 수정안이 있습니다. 서순영 의원 외 열 명의 수정안이 있으니까 서순영 의원 나와서 제안 설명 해주십시요.

의장 이승만　　수정안에 대해서 말씀 하시요.

서순영 의원　　제27조에 대해서 제1항의 삭제를 주장하는 것입니다. 그 이유를 간단히 말씀드릴 것 같으면 그것은 있으나 없으나 마찬가지이기 때문입니다. 「경시되지 아니한다.」의 「경시」라는 글자는 법률상 용어로 타당하지 않을뿐더러 내용이 없이 막연한 것입니다. 그러므로 없어도 상관없고 자유와 권리가 제한되는 범위를 좁힌다는 것을 강조하자는 취지에서 제1항을 삭제해서 제2항을 앞으로 옮기자는 것입니다.

의장 이승만　　수정안에 대해서 이론 있어요? 입으로 작정하는 것보다 거수로 작정하는 것이 좋다고 생각해서 거수표결 하겠습니다.

(거수표결)

재석의원 166인, 가에 13인, 부에 83인, 수정안은 부결되었습니다. 시방은 원안을 묻겠습니다.

(거수표결)

재석의원 166인, 가에 131인, 부에 9인, 그러면 원안이 가결 되었습니다.

「제28조 모든 국민은 법률에 정하는 바에 의하여 납세의 의 무를 진다.」

의장 이승만　이의 없읍니까? 이의 없으면 통과합니다.

「제29조 모든 국민은 법률에 정하는 바에 의하여 국토방위 에 의무를 진다.」

서상일 의원　여기에 대해서는 수정안이 있읍니다. 제안자 는 설명해 주시기를 바랍니다.

배헌 의원　여기서 국토방위의 의무를 진다고 했는데 본 의 원은 「병역의 의무를 진다.」로 제안합니다. 어느 나라 국민이거 나 자기의 국토를 방위할 의무를 가진 것은 누구나 다 상식적으 로 알 것입니다. 그러나 제1장 제6조에 「국방군은 국토방위의 신 성한 의무를 수행함을 사명으로 한다.」 그러한 조항이 있는 이상 이 국방군은 병역제에 의한 국방군이어야 할 것입니다. 이렇게 국민 개병의 의무제를 명시하기 위하여 「병역」이라 개정할 것을 주장합니다.

의장 이승만　그러면 이 수정안을 가부 표결에 부치겠습 니다.

(거수표결)

재석의원 166인, 가 8인, 부 109인, 그러면 원안에 대해서 가부 표결하겠습니다.

(거수표결)

재석의원 166인, 가 138인, 부에 없습니다.

그러면 이것은 가결되었습니다.

국회·정부·법원

1948년 7월 5일 월요일(제25차 회의)

양원제와 단원제

의장 이승만

「제3장 국회」

(「이의 없습니다.」하는 이 있음)

의장 이승만　이의 없으면 통과합니다.

오용국 의원　의사진행에 대해서 잠깐 말씀드리겠는데, 이번 국회 조에 대해서는 양원제를 채택하느냐 단원제를 채택하느냐를 많이 토론했었습니다. 지금 수정안이 제출되었는데 역시 이와 관련된 문제인 줄 압니다. 그렇기 때문에 우리는 먼저 단원제를 채택하느냐 양원제를 채택하느냐에 대해서 가부를 물어주어야 하겠습니다. 동의합니다.

의장 이승만　의장에게 잠깐 언권을 주면 설명하려고 합니다. 양원제냐 일원제냐 하는 것은, 첫째 양원제를 채택하는 것이 보통 유행하는 제도입니다. 우리 국회에서도 양원제를 주장하시는 분도 다 그렇게 아실 것입니다.

이 양원제라고 하는 것은 무엇을 표준하였느냐고 하면 미국의 경우, 민중의 대표가 되는 것이 하원이고, 상원이라고 하는 것은 그「스테이트(state)」, 즉 각 도를 대표하는 것입니다. 48개「스테이트」의 그 도마다 그 지방의 자치권리를 결정하기 위해서 대표를 뽑아서 보내는 것입니다.

누구누구는 상원에 들어가고, 누구누구는 하원에 들어가지만 다 같이 민중을 대표한다고 하는 사실은 같은 것입니다. 다만, 그 차이는 민중을 직접 대표해 하원과 정부를 수립해서 정책을 해 나가는 단원제와는 달리, 양원제는 각 도의 자치의 규정에 따라 각 도의 도지사를 민중이 투표해서 그 도의 자치권리를 세워 놓은 뒤에 그 도의 대표를 뽑아 보내 상원을 하게 됩니다. 그러나 오늘의 우리의 형편으로서는 그것은 못할 것이고, 시작도 안될 것이고, 지금 이 형편을 가지고서는 참의원 같은 것을 세우자고 하는 것은 도무지 할 수가 없습니다. 이런 문제로 인하여 양원제를 할 수가 없습니다.

지금 우리는 국회에 양원이 없다 그 말씀이에요. 인민이 선거한 것이 이 국회이고, 상원제도라고 해서 뽑힌 사람이 하나도 없어요. 지금 이 국회에서 단원으로 헌법을 먼저 해 놓아가지고서 그 헌법대로 정부를 조직한다고 하는 것이 우리 민중의 큰 목적입니다.

그리고 정부를 조직하는 것은 무슨 관계가 있는가 하니 헌법초안에다가 단원제를 만들어놓고, 이 국회에서 대통령과 부통령을 선거해서 대통령과 부통령이 정부를 세우도록 만들어놓았습니다. 이렇게 해야 제일 속히 원만히 해결할 수 있다는 것을 이 국회 여러분도 다 잘 아실 것이요 일반 민중도 그럴 것입니다.

그런데 만일 지금에 와서 상·하 양원이라고 하는 것을 헌법에다가 불쑥 집어넣어서 양원이 있어야 국회가 원만히 되겠다고 하는 의견이 들린다면 이 국회에서 대통령, 부통령을 선정해 가지고서 정부를 조직하고자 하는 희망은 다 어떻게 됩니까?

우리가 양원제를 할 형편이 되는지 안 되는지를 막론하고 양원제도를 해야겠다고 주장하는 사람은 정부를 조직해 국가를 세운다는 생각을 안 하는 사람들입니다. 양원제라고 하는 것은 일단 정부를 수립해놓고 그 정부에서 헌법을 개정해 상원은 무슨 대표로 되는 것이고, 누가 선거해서 되는 것이라고 하는 것을 정해서 이 다음 선거부터 한다면 좋겠습니다. 지금은 하기 어려운 이 문제를 가지고서 10여 일을 보낼 수 없습니다. 또 토의하실 사람은 정부 수립에 동의하지 않는 분으로 우리가 볼 수 있겠어요.

(「가부를 물으시요.」 하는 이 있음)

윤재욱 의원   전 세계 각국의 헌법을 보더라도 우리의 민주

> 양원제를 할 형편이 되는지 안 되는지를 막론하고 양원제도를 해야겠다고 주장하는 사람은 정부를 조직해 국가를 세운다는 생각을 안 하는 사람들입니다

주의 원칙인 양원제를 써온 것입니다. 좋다고는 하면서 실행을 못한다고 하는 것은 우리의 정세론으로 인하여 할 수가 없다는 것뿐입니다.

그래서 그 현실을 무조건 부인할 수는 없고 내가 여기에 강경히 꼭 해야 한다고 주장하는 것도 아니고 여러분의 표결에 의해서 부결되면 거기에 순종할 뿐입니다. 지금 의장께서 현실에 대해서 말씀하셨어요. 우리 국회의원 여러분들도 하루바삐 우리의 주권을 회복하지 않으면 안 되겠다고 하는 것에 저 역시 동감입니다.

의장 이승만　　지금 표결에 부치게 하는 것입니까?

(「네」 하는 이 있음)

(거수표결)

재석의원 176인, 가에 14표, 부에 119표이니까 부결된 것이올시다. 현재 양원제에 대해서는 부결된 것이니까, 다음은 단원제도 밖에 없으니까 단원제를 가부 물을 필요는 없을 것입니다.

이제는 그 다음 조부터 읽으십시요.

장병만 의원　　의사진행에 대해서 말씀하려고 합니다. 양원제의 수정안이 들어왔는데 단원제로 할 것 같으면 이 수정안은 소용이 없게 됩니다. 그전 헌법 초안을 가지고 의사진행하시기 바랍니다.

국회의 권한과 운영

의장 이승만　　지금 이 원안대로 이야기할 것입니다.

「제30조 입법권은 국회가 행한다.」

(「이의 없습니다.」 하는 이 있음)

의장 이승만　　이의 없으니까 그 문제는 그대로 통과합니다.

「제31조 국회는 보통·직접·평등·비밀선거에 의하야 공선된 의원으로써 조직한다. 국회의원의 선거에 관한 사항은 법률로써 정한다.」

(「이의 없습니다.」 하는 이 있음)

의장 이승만　　없으면 통과되었습니다.

「제32조 국회의원의 임기는 4년으로 한다.」

(「이의 없습니다.」 하는 이 있음)

의장 이승만　　그대로 접수합니다.

「제33조 국회의 정기회는 매년 1회 12월 20일에 집회한다. 당해일이 공휴일인 때는 그 익일에 집회한다.」

의장 이승만　　거기에 대해서 의장이 조금 수정안을 제출하려고 합니다. 12월 20일에 개회한다는 것은 남의 나라에서도 몇해 전에 시작한 것인데 근래에는 폐단이 많아서 정월 5, 6, 7일 그런 때 보통 모이게 됩니다. 남들도 실행해 보니까 12월 20일에 모인다는 것은 폐단이 많이 있습니다. 과세(過歲)도 해야 되고 그 외에 국회가 모이는 것은 정월 2, 3, 4, 5일 이렇게 하니까 날짜를 그렇게 교정할 것이올시다.

(「위원장이 설명하십시오.」하는 이 있음)

윤재욱 의원　「국회의 정기회는 매년 1회 정월 10일에 집회한다.」이렇게 10일로서 수정하기를 동의합니다.

윤치영 의원　재청합니다.

윤석구 의원　삼청합니다.

의장 이승만　지금 수정안은 12월 20일을 수정해서 1월 10일로 한다는 동의올시다. 의견 있습니까?

서우석 의원　그 동의에 대해서 반대합니다. 대개 회기를 90일로 정하는 것은 아마 헌법에는 지정이 되지 않았다 하더라도 국회법의 회기는 90일로 규정되어 가지고 있는 것이라고 생각합니다. 그런데 만일 1월 10일로 한다면 그 회기는 4월 10일경에 종료하게 될 것이라고 보는데 여기에 예산의 편성시기를 대개 4월 1일, 즉 연도의 시작이 4월이므로 그 예산을 편성하는 시기와 같이 이 국회가 종료하지 않으면 안 될 그런 경우가 있다고 봅니다.

또 그뿐 아니라 12월 20일에 개회를 해 가지고 그 후에 쉰다고 하는 것은 만일 국회에 법률안이 많이 나와서 일단 연구할 기회를 주고서 10일간이라고 하는 여유를 주는 것이라고 생각하는 까닭으로 이 원안대로 통과하는 것이 가하다고 생각합니다.

의장 이승만　가부 표결에 부칩니다. 이 수정에 대해서 12월 20일로 하지 말고 1월 10일에 하자는 것입니다.

(거수표결)

이 수정안은 부결되었습니다.

그러면 원안대로 가부 물을 것 없이 통과합니까?

(「이의 없습니다.」 하는 이 있음)

이의 없으면 그대로 통과합니다.

「제34조 임시 긴급의 필요가 있을 때에는 대통령 또는 국회의 재적의원 4분지 1 이상의 요구에 의하야 의장은 국회의 임시회의 집회를 공고한다. 국회 개회중에 대통령 또는 부통령의 선거를 행할 사유가 발생한 때에는 국회는 지체없이 당연히 집회한다.」

(「이의 없습니다.」 하는 이 있음)

의장 이승만   이의 없으면 그대로 통과합니다.

「제35조 국회는 의장 1인 부의장 2인을 선거한다.」

(「이의 없습니다.」 하는 이 있음)

의장 이승만   그대로 접수합니다.

(「수정안이 있습니다.」 하는 이 있음)

의장 이승만   수정안은 그냥 두지요.

(소성)

서상일 의원   제32조에 국회의장 1인, 부의장 1인을 선거한다는 서순영 의원 외 10인의 수정안이 있습니다.

서순영 의원 설명해 주시기를 바랍니다.

(「가부요.」 하는 이 있음)

의장 이승만   잠깐 말씀하십시요.

서순영 의원   제가 제출한 수정안이 약 7, 8개조 되는데 초안을 수정하고자 하는 용기가 없습니다. 일괄해서 전부 철회합니다.

(박수)

의장 이승만　　원안에 이의 없으면 그대로 접수한다는 것입니까? 그러면 표결을 할터이니까…….

(「동의자에게 물어야만 합니다.」 하는 이 있음)

(「수정안 철회에 대해서 가부 물으십쇼.」 하는 이 있음)

수정안을 철회하는 데 대해서 이의가 없으면 그대로 접수를 합니다.

(「이의 없습니다.」 하는 이 있음)

그럼 다음에는 원안대로 표결하는 것이 됩니다. 이의 없으면 그대로 접수합니다.

(「좋소」 하는 이 있음)

「제36조 국회는 헌법 또는 국회법에 특별한 규정이 없는한 그 재적의원이 과반수의 출석과 출석의원의 과반수로써 의결을 행한다.」

(「이의 없습니다.」 하는 이 있음)

의장 이승만　　이의 없으면 36조 그냥 접수합니다.

「제37조 국회의 회의는 공개한다. 단 국회의 결의에 의하여 비밀회로 할 수 있다.」

(「좋소.」 하는 이 있음)

의장 이승만　　또 그냥 접수합니다. 자미가 납니다.

(소성)

「제38조 국회의원과 정부는 법률안을 제출할 수 있다.」

(「이의 없습니다.」 하는 이 있음)

대통령의 법률안 거부권

의장 이승만　「제39조 국회에서 의결된 법률안은 정부로 이송되어 정부의 이의가 없는 한 이송된 지 15일 이내에 대통령이 공포한다. 만일 이의가 있을 때에는 대통령은 이의서를 부하여 국회로 환부하고 국회는 재의에 부한다. 재의의 결과 국회의 재적의원 3분지 2 이상의 출석과 출석 의원 3분지 2 이상의 찬동으로 전과 동일한 의결을 한 때에는 그 법률안은 법률로써 확정된다. 법률안이 정부로 이송된 후 15일 이내에 공포 또는 환부되지 아니하는 때에도 그 법률안은 법률로써 확정된다. 대통령은 본조에 의하여 확정된 법률을 지체없이 공포하여야 한다. 법률은 특별한 규정이 없는 한 공포일로부터 20일을 경과함으로써 효력을 발생한다.」

서상일 의원　김중기 의원 외 11인으로부터 제39조에 대한 수정안이 제출되었습니다. 김중기 위원 나와서 설명하시기 바랍니다.

김중기 의원　제39조를 볼 때, '국회에서 결정한 법률안에 대해 대통령이 이의가 있다면 재의에 부치게 되는데 재의는 출석 의원 3분지 2의 찬동을 받지 아니하면 폐안이 된다'는 것입니다. 그런데 30조에서 입법권은 국회가 행한다고 했습니다.

국회의 위신을 잃는다든지 국회의 권리를 보장한다는 의미에서가 아니라 우리가 39조를 원 조문 그대로 남김으로써 국회와 대통령 사이에 알력과 마찰이 생길 조문을 만들지 않을까 염려됩니다. 이로 인해 대통령에 대한 탄핵이라든지 소추 같은 것이 생길 수 있는데, 일국의 대표이자 일국의 원수에게 국회에서 감히 이러한 행위를 행할 수 없는 것으로 믿습니다.

그렇다면 이런 알력이라든지 대립을 처음부터 피하기 위해서 39조를 수정하기를 바랍니다. 법률안을 경솔히 결정할 폐단을 막고 신중을 기하기 위해서 '재

> 초안 제39조는 국회와 대통령 사이 알력과 마찰이 생길 염려가 있고 국회가 정부의 자문기관에 지나지 않을 수 있다.

적의원 3분지 2로 출석하고, 출석의원의 과반수'로 법률안을 신중히 처음부터 결의해서 제정한다면 정부와 국회 사이의 마찰도 없어지고 알력도 없이 잘 해 나갈 것이 아닐까 생각합니다. 또 입법권을 국회가 담당하고 있다는 것을 살리지 않으면 안 될 것 같아서 이 수정안을 만든 것입니다.

의장 이승만　여기에 대해서 길게 토의 말고 표결에 부치지요?

윤재욱 의원　39조를 보고 우리 국회의 성격을 여러 가지로서 생각해 봅니다. 물론 삼권분립 원칙에 있어서 우리 국회가 이 원안대로 행한다면 우리 국회는 자문기관에 지나지 못한다고 생각합니다.

왜냐하면 국회에서 가결된 법률을 대통령이 거부권을 행사하게 되었다 그 말씀이에요. 삼권분립 원칙에 있어서 우리 국회

의 기능은 무엇이냐 하면 이것이 대단히 막연합니다. 이 수정안을 절대로 지지하는 의미에서 무엇보다도 이 거부권 행사가 없도록 해야만 될 것입니다.

상원도 없는 마당에 만약에 우리 국회에서 일시의 돌발적으로 무슨 주의나 감정에 편협되어 그것을 결의하였다고 합시다. 상원도 없어서 상원에 회부할 수 없고, 대통령이 거기에 거부권을 행사하게 되었습니다. 그것은 무엇을 의미하는 것입니까? 국회는 자문기관밖에 안 됩니다. 그러므로 이 수정안을 전적으로 나는 찬성하는 사람입니다.

김준연 의원　　　저는 이 수정안을 반대합니다. 보통 법률안을 통과하는 경우에는 과반수가 출석해서 과반수가 동의하면 넉넉합니다. 그런데 재적의원 3분지 2 이상의 출석을 요구하는 것은 너무 과한 요구로 생각합니다. 이 수정안을 반대하고 원안 그대로 통과하기를 나는 바라는 것이올시다.

(「가부요.」 하는 이 다수 있음)

이문원 의원　　　이 수정안을 지지하는 의미에서 간단히 몇 마디 지적하고자 합니다. 우리가 정세에 비추어서 시급히 정부를 수립해서 독립을 달성하는 것이 최대임무이자 급선무이므로 여러 가지 미미한 점은 나중에 미룬다고 할지라도 지금 우리나라 독립 달성의 가장 원동력이 되는 것은 단원인 이 국회라고 봅니다.

그래서 독립정부가 아직 되지 못한 우리나라에 있어서 가장 권위를 가지고 앞으로 독립을 달성할 기관은 우리 국회가 최고

기관이며 유일한 기관이올시다. 그러한데 단원제 국회에서 무기명투표로 선출된 대통령이 그 국회에서 제정한 법률에 대해 거부권을 행사하게 된다고 하면 그야말로 국회는 아무리 생각해봐도 자문기관 밖에는 안 된다고 생각합니다.

대통령이 국회의 선거를 받아서 당선이 되고, 단원제인 그 국회에서 결의한 법률을 거부해서 그것을 재론해서 가장 어려운 3분지 2의 통과를 요구한다면 거의 전부가 대통령 의도대로만 되지 국회의 입법권이라는 것은 잘 시인이 안 된다고 생각합니다.

이러한 중대한 모순을 가지고 있는 원안을 도저히 양심을 가지고 또 정당한 국회를 지지하는 우리로서 지지할 수 없습니다. 원안을 절대로 반대하며 적어도 수정안을 통과해야만 우리가 국민의 대표로서 입법기관에 나온 본의를 다한다고 생각합니다. 만일 여기에 반대한다고 할 것 같으면 우리 국회의원 자신을 무시하고 우리 국회의 부탁을 배반하는 것이라고 생각합니다.

(「그렇지 않소.」 하는 이 있음)

의장 이승만　의장에게 잠깐 언권 주시겠어요?

어느 정부에서든지 행정부 수반되는 이에게 국회를 통과한 국회법안을 부인할 권리가 있다는 것은 아마 공산정부에서는 모르겠으나 아마 다른 데에는 없을 것입니다. 여기에 대해서 가부 묻게 됩니다.

(「의장」 하는 이 있음)

(「가부요」하는 이 다수 있음)

그렇게 결정할 것이니까 아무리 좀 중대한 일일지라도 언권을 조금 양보하고 의견을 좀 정지하고서…….

(「의장」하는 이 있음)

(「가부요」하는 이 다수 있음)

류성갑 의원　다음 수정안이 있습니다. 그 수정안까지 토론을 먼저 여기서 해서 차근차근 가부를 물어가는 것이 좋겠습니다. 다음 수정안이 있지 않습니까?

의장 이승만　수정안이 둘이 있습니까?

서상일 의원　그 수정안은 다시 철회하였습니다.

(「가부요」하는 이 있음)

이주형 의원　지금 39조에 대해서 본 의원은 수정안을 하나 제출한 것이 있었습니다. 그러나 물론 수정안의 취지가 잘못되었다는 것보다는 지금 의장 말씀을 듣고 깊이 느낀 바가 있어서 우리가 이 권리를 가지고 이렇고 저렇고 운운할 시기가 아니므로 저는 그 수정안을 철회하기로 하였습니다. 저 의견에 찬성하신 분 양해해 주시기를 바랍니다.

(박수)

의장 이승만　고맙습니다. 의장의 의견을 듣고 그렇게 하신다는 말씀 고맙습니다. 특별히 우리가 지금 중대한 일을 먼저 생각해야 되니까 아무리 내 의견과 수정안이 있다고 해도 그 일은 지금 헌법 통과해서 정부 수립하는 것보다 더 큰일은 없는 것 같습니다. 아신다면 더 이야기할 것 없이 가부 물을 것이니까 김중

기 의원의 수정안에 대해서 표결해 주시기 바랍니다.[20]

(거수표결)

재석의원 178인, 가에 46표요. 부에 113표니까 부결된 것입니다. 이제는 원안에 대해서 가부 묻습니다.

(거수표결)

대다수로 가결되었습니다. 원안에 대해서 가결되었습니다. 그 다음 조문 읽으시요.

「제40조 국회는 예산안을 심의·결정한다.」

(「이의 없습니다.」 하는 이 다수 있음)

의장 이승만 그대로 접수합니다.

「제41조 국회는 국제조직에 관한 조약, 구화조약, 통상조약, 국가 또는 국민에게 재정적 부담을 지우는 조약, 입법사항에 관한 조약의 비준과 선전포고에 대하여 동의를 한다.」

서상일 의원 여기에 수정안이 있습니다.

이원홍 의원 수정안 제1제안자인데 이것은 제3독회로 미루고 철회합니다.

서상일 의원 그러면 41조의 수정안에 대해 이원홍 의원 외 15인, 황병규 의원 외 10인이 제안한 것과 제2로서 서순영 의원 외 10인이 제안한 것은 철회되었습니다. 그러면 진헌식 의원 외

20　김중기 의원외 11인의 제39조 수정안 내용은 명확히 드러나지 않는다. 그러나 의원들의 발언에 비추어보면, 김중기 의원은 대통령의 재의권을 폐기(본인은 수정이라 함)하고, '법률안 통과시 재적의원 3분지 2로 출석하고, 출석의원의 과반수로 결의하자'고 제안하였다.

44인 이것을 진헌식 의원 나와서 설명해 주시기를 바랍니다.

진헌식 의원　41조에 대한 수정안을 철회합니다. 그리고 제가 제56조 1항, 68조 1항, 9조 10항에 대한 수정안을 제출한 것 전부 철회합니다.

(박수)

의장 이승만　그러면 그대로 접수합니다.

국회의 정부불신임권

의장 이승만　그 다음 조 읽으세요.

「제42조 국회는 국정을 감사하기 위하여 필요한 서류를 제출케 하며 증인의 출두와 증언 또는 의견의 진술을 요구할 수 있다.」

(「이의 없소.」하는 이 있음)

의장 이승만　이의 없어서 그 조항 접수합니다.

서상일 의원　제42조 뒤에 1항을 삽입하자는 안이 나왔습니다. 그것은 강욱중 의원 외 10인이 제안한 것입니다. 강욱중 의원 나와서 제안을 설명해 주시기를 바랍니다.

강욱중 의원　'국회는 정부에 대해서 불신임안을 제출할 수 있다'는 것을 넣자는 것입니다. 여기에 대해서는 전체 토의 때에 잠깐 제가 말씀드린 적이 있었습니다. 이 문제는 정부가 국회에 대한 해산권을 가지는 것과 관련시켜야 될 문제일 것입니다. 이 조항을 넣자는 것은 정치면에다가 조금 활기를 넣자는 것입니다.

만약 이 조항이 없을 것 같으면 일정한 기한 행정부에 있는 분들이 정말로 선하고 아름다운 분들이 아닌 이상, 그러한 심리상태에 오는 여러 가지 결함이 나타날 가능성이 있는 것입니다.

다시 말할 것 같으면 자연히 너무 정치에 대해서 등한시하게 되고, 그로 인해서 무능한 정치를 초래할 염려가 있다는 것입니다. 그 무능한 정치는 불안한 정신을 초래할 가능성이 있으므로 해서 이것을 방지하는 방법이 있어야 될 것입니다. 이러한 의미에서 국회는 불신임안 결의를 제출하는 그러한 권한을 가져야 할 것입니다. 그러니까 부단히 정부를 격려를 시키자는 것입니다.

의장 이승만　　수정안에 대하여 무슨 의논들 없으시면⋯⋯.

(「가부 물으시오.」 하는 이 있음)

수정안의 가부 묻습니다.

(거수표결)

재석인원 178인에 가 65인, 부에 98인, 부결되었습니다.

지금은 원안을 묻게 됩니다.[21]

의장 이승만　　수정안에 대하여 무슨 다른 얘기가 있어요?

김준연 의원　　아까 진헌식 의원께서 41조에 대한 수정안을 철회, 56조에 대한 수정안도 철회, 68조에 대한 수정안도 철회하는 것은 우리 의사를 신속히 하기 위해서 대단히 좋은 것 같지마는 그 한 분만이 철회를 하고 44인이나 되는 분의 동의를 얻지 아니했다는 데에 있어서는 대단히 유감으로 생각합니다. 진헌식

21　원안에 대한 결의 없이, 수정안 철회시 필요한 조치에 대해 논쟁했다.

의원만이 철회한다고 하는 것이 전체적으로 성립이 안 될 것입니다.

이정래 의원　헌법기초위원회에서 아무리 원만한 기초안을 냈다고 할지라도 자기 생각에 양심적으로 생각해볼 것이 있을 것입니다. 또 수정안 철회에 있어서는 찬성자의 의견도 듣지 않고 수정안을 철회한다는 그런 폐단이 있어서 공기가 대단히 험악한 줄 압니다. 그래서 이 점에 있어서 지금부터 수정안 제안자 측과 전문위원하고 간부들이 모여서 수정안에 대해서 신중한 토의를 해 가지고 취소를 시키든지 하는 것이 좋을줄로 생각하고 내일 상정시켜 달라는 의미로 동의합니다.

의장 이승만　이 동의안에 대해서 말씀하시오.

류성갑 의원　진헌식 의원 이외에 44인으로서 41조에 대해서 수정안을 내놓고서 그것을 철회한 것으로 해서 문제가 나는 것 같고, 다른 수정안에 대해서 대부분은 그들과 찬성을 하는 이들로부터서 동의까지 얻어서 대개 철회한 줄로 압니다. 그렇다면 41조 조항만이 문제가 되는 것인데 이것은 원안으로 거수 가결해서 이미 넘어갔습니다. 진헌식 의원이 아까 41조 그 이외에 철회한다는 그것만은 진헌식 의원이 책임을 지고서 44인과 의논해서 철회하면 됩니다. 그 하나 때문에 46조나 47조에 대해서는 철회된다는 것이 아니고 수정안이 있으면 수정안을 참고하고 없으면 그대로 계속했으면 좋겠습니다.

의장 이승만　동의에 대해서 무슨 이의가 없으면 표결에 부치는 게 좋을 것 같습니다.

(「좋습니다.」하는 이 있음)

그러면 지금 동의에 대해서 표결하겠습니다.

(거수표결)

재석인원 176인, 그 가운데에 가가 114표, 부가 6표이니까 가결 선포합니다. 내일 많이 이 회의에 출석해 주시기를 바랍니다. 그러면 오늘은 이것으로서 산회합니다.

(하오 4시 55분 산회)

1948년 7월 6일 화요일 (제26차 회의)

(상오 10시 개의)

공직자의 탄핵

서상일 의원　어제 수정안을 제안하신 여러 의원들과 또 국회 관계자 여러분들과 전문위원들의 합석회의에서 이 헌법을 속히 통과시키자는 애국적 견지에서 많은 수정안들이 철회되었습니다. 오늘은 43조서부터 낭독하겠습니다.

「제43조 국무총리, 국무위원과 정부위원은 국회에 출석하여 의견을 진술하고 질문에 응답할 수 있으며 국회의 요구가 있을 때에는 출석·답변하여야 한다.」

(「이의 없습니다.」하는 이 있음)

의장 이승만　이의 없으면 그대로 접수합니다.

「제44조 국회는 의원의 자격을 심사하고 의사에 관한 규칙을 제정하고 의원의 징벌을 결정할 수 있다. 의원을 제명함에는 재적의원 3분지 2 이상의 찬성이 있어야 한다.」

의장 이승만　　이의가 있으면 말씀하시오. 이의 없으면 그대로 접수합니다.

「제45조 대통령, 부통령, 국무총리, 국무위원, 심계원장, 법관, 기타 법률이 정하는 공무원이 그 직무수행에 관하야 헌법 또는 법률에 위반 한 때에는 국회는 탄핵의 소추를 결의할 수 있다. 국회의 탄핵소추의 발의는 의원 50인 이상의 연서가 있어야 하며 그 결의는 재적의원 3분지 2 이상의 출석과 출석의원 3분지 2 이상의 찬성이 있어야 한다.」

의장 이승만　　이의 없으면 그대로 접수합니다.

「제46조 탄핵사건을 심판하기 위하여 법률로서 탄핵재판소를 설치한다. 탄핵재판소는 부통령이 재판장의 직무를 행하고 대법관 5인과 국회의원 5인이 심판관이 된다. 단 대통령과 부통령을 심판할 때에는 대법원장이 재판장의 직무를 행한다. 탄핵 판결은 심판관 3분지 2 이상의 찬성이 있어야 한다. 탄핵 판결은 공직으로부터 파면함에 끄친다. 단 차에 의하여 민사상이나 형사상의 책임이 면제되는 것은 아니다.」

의장 이승만　　또 이의 없나요? 이의 없으면 그대로 접수합니다.

「제47조 국회의원은 동시에 지방의회의 의원을 겸할 수 없다.」

(「이의 없습니다.」 하는 이 있음)

의장 이승만　　그대로 접수합니다.

「제48조 국회의원은 현행범을 제한 외에는 회기중 국회의 동의없이 체포 또는 구금되지 아니하며 회기 전에 체포 또는 구금되었을 때에는 국회의 요구가 있으면 회기중 석방된다.」

의장 이승만　　또 그대로 접수합니다.

「제49조 국회의원은 국회 내에서 발표한 의견과 표결에 관하여 외부에 대하여 책임을 지지 아니한다.」

의장 이승만　　이의 없으면 그대로 접수합니다.

권태희 의원　　3장은 각 조목이 통과 되었으니까 3장 전부를 통과하기를 동의합니다.

윤치영 의원　　재청합니다.

장면 의원　　삼청합니다.

(거수표결)

의장 이승만　　절대 다수로 가결되었습니다.

「제4장 정부」

(「이의 없습니다.」 하는 이 있음)

의장 이승만　　제4장 정부라는데 이의 없어서 접수합니다.

「제1절 대통령」

(「이의 없습니다.」 하는 이 있음)

의장 이승만　　그대로 접수합니다.

서상일 의원　　여기도 대부분 철회를 많이 했습니다. 축조해서 읽을 것을 생략해도 좋겠습니다.

(「읽어야 됩니다.」 하는 이 있음)

의장 이승만　　어저께 그저께 제가 수정안을 볼 때 이것들은 다 결정하려면 100일이 넘어도 안 될 것 같아서 걱정을 했는데 여러분이 관대하신 마음으로 철회하여 주시여 일이 속히 진행되겠습니다.

대통령의 선출방식과 긴급조치권

서상일 의원　　52조에 수정안이 있습니다. 박종남 의원 이외에 19인이 제출하였습니다.

박종남 의원　　대통령을 선거하는 조항은 헌법에서 가장 중요한 것으로 생각하는 바올시다. 우리 국회의원은 일반 여론을 존중하고 반영시켜서 대중이 신뢰할 수 있는 대통령을 직접 선출하고 그렇게 선출된 대통령으로 하여금 정부를 조직하게 하여 안으로는 정치, 경제, 산업, 문화 등 각 방면에 있어서 일대 혁신정책을 실시하고, 외국과는 우호관계를 맺어서 혼란에 빠진 현시국을 무난히 수습하고 평화적으로 남북을 통합해서 만년 융성의 기초를 확립하여야 할 것입니다. 만일 이번에 국회에서 대통령을 간접적으로 선거하여 정부를 수립하게 된다면 정부수립을 반대하는 세력에게 좋은 선전자료가 될 것입니다. 본 의원은 애국적인 입장에서 직접 선거제도를 역설하는 바입니다.

의장 이승만　　이 문제에 대해서는 충분히 설명하고 토론했으니까 지금은 더 토론할 것 없이 거기에 대해서 표결하는 것이 좋을 줄 압니다. 수정안에 대해서 가부 묻습니다.

(거수표결)

재석원 189인, 가에 16인, 부에 132인, 수정안은 부결되었습니다.

김봉조 의원   원안에 이의 있습니다. 52조 2항을 읽겠습니다. 「전항의 선거는 재적의원 3분지 2 이상의 출석과 출석의원 3분지 2 이상의 찬성투표로서 당선을 결정한다. 단 3분지 2 이상의 득표자가 없는 때에 제2차 투표를 한다. 2차 투표에도 3분지 2이상의 득표자가 없을 때에는 최고득표자 2인에 대하여 결선투표를 행하여 전 투표의 과반수 득표자를 당선자로 한다.」고 했습니다. 과반수 투표자의 찬성으로 할 것 같으면 어떠한 경우에는 대통령, 부통령을 도저히 선출해 내지 못할 경우가 있을 줄로 압니다. 그러니까 이 문구는 투표의 최고득표자로 문구 수정을 꼭 해야 할 것이올시다.

이석주 의원   재청합니다.

박해정 의원   삼청합니다.

의장 이승만   지금 그 동의는 그 투표가 과반수가 아닌 최고득표자로 결정하자는 그러한 동의입니까? 그러면 이 동의 제안에 대해서 다른 이의 있습니까? 그러면 가부를 묻습니다. 그러면 동의 사유는 잘 아시니까 표결에 부치겠습니다.

(거수표결)

재석인원 186인, 가 120인, 부가 25, 가결되었습니다. 이제 그 다음에는 원안에 대해서 원안 다 그대로 두고 거기에 조건만

을 첨부해서 물으니 거기에 대해서 이의가 없으면 그대로 접수
하겠어요.

(「이의 없습니다.」 하는 이 있음)

제53조 대통령은 취임에 제하여 국회에서 좌의 선서를 행한
다. 「나는 국헌을 준수하며 국민의 복리를 증진하며 국가를 보위
하여 대통령의 직무를 성실히 수행할 것을 국민에게 엄숙히 선
서한다.」

(「이의 없소.」 하는 이 있음)

의장 이승만　　다 이의 없으면 이대로 접수합니다.

「제54조 대통령과 부통령의 임기는 4년으로 한다. 단 재선에
의하여 1차 중임할 수 있다. 부통령은 대통령 재임중 재임한다.」

의장 이승만　　여기에 수정안이 있습니다.

김명동 의원　　대통령이 자리를 떠난다고 해서 우리가 선거
한 부통령을 그만두게 한다는 것은 도저히 안 됩니다. 그래서 제
가 수정안을 제출한 것입니다.

의장 이승만　　그러니까 제54조에 「부통령은 대통령 재임 중
재임한다」는 그것을 삭제하자는 말씀입니까?

서상일 의원　　네. 그렇습니다.

김준연 의원　　대통령과 부통령으로 말할 것 같으면 그 연령
이라든지 그 모든 관계가 서로 마음이 맞는 사람이 되어야 할 것
입니다.

의장 이승만　　표결에 부치겠습니다. 이 수정안의 제54조 규
칙에 대해서 수정안의 가부를 묻습니다.

(거수표결)

　재석인원 186명에 가가 21인, 부에 107인, 부결되었습니다.

　이제 그러면 원안에 대해서 표결에 부칠터인데 거기에 대해서 이의 없으면 그대로 접수합니다.

　(「이의 없소」 하는 이 있음)

　그러면 그대로 접수합니다.

　「제55조 대통령, 부통령의 임기가 만료되는 때에는 그 임기가 만료되기 늦어도 30일 전에 국회에서 후임 대통령, 부통령을 선거한다.」

　(「이의 없소」 하는 이 있음)

　이의 없으면 그대로 접수합니다.

　「제56조 전시 또는 비상사태에 제하여 공공의 안녕질서를 유지하기 위하여 긴급한 조치를 할 필요가 있을 때에는 대통령은 국회의 집회를 기다릴 여유가 없는 경우에 한하여 법률의 효력을 가진 명령을 발하거나 또는 재정상 필요한 처분을 할 수 있다. 전항의 명령 또는 처분은 지체없이 국회에 보고하여 승인을 얻어야 한다. 만일 국회의 승인을 얻지 못한 때에는 그때부터 효력을 상실하여 대통령은 지체없이 차를 공포하여야 한다.」

> 비상사태가 무엇인지를 구체적으로 열거해서 제한하지 않으면 국민의 자유가 침해될 우려가 있다.

　서상일 의원　여기에 수정안이 있습니다. 진헌식 의원 외 44인, 이원홍 의원 외 15인, 이진수 의원 외 12인, 진헌식 의원은 설명해 주시기 바랍니다.

진헌식 의원 　비상이라는 문구가 너무도 막연한 감이 있습니다. 인민의 자유권리가 부당히 침해될 우려가 없지 않습니다. 그러므로 병란, 기타 전쟁 때의 비상사태라고 하는 것으로 해서 수정안을 제출한 것입니다.

이진수 의원 　'나치스 독일'의 예를 보거나 일본의 예를 볼 적에 비상사태가 있는 까닭에 국민의 권리를 침해하는 것이 있으므로 비상사태라는 이유를 열거해서 말해야 합니다.

진헌식 의원 　제가 수정안을 제출한 데 있어서 지금 이진수 의원의 말씀을 접수합니다.

의장 이승만 　이 문제에 수정안에 대해서 가부를 묻겠습니다.[22]

(거수표결)

표결수 182인에 가가 140입니다. 부가 40이니까 가결되었습니다.

의장 이승만 　「제57조 대통령은 법률에서 일정한 범위를 정하여 위임을 받은 사항과 법률을 실시하기 위하여 필요한 사항에 관하여 명령을 발할 수 있다.」 이의 없으면 제57조 그대로 접수합니다.

(「이의 없소.」 하는 이 있음)

의장 이승만 　「제58조 대통령은 조약을 체결하고 비준하며

22　제56조 진헌식 의원 외 44인의 수정안은 '병란, 기타 전쟁때의 비상사태'라는 내용을 첨가한 것이다. 최종안은 「내무, 외환, 천재, 지변 또는 중대한 재정, 경제상의 위기에 제하여」로 변경하였다.

선전포고와 강화를 행하고 외교사절을 신임·접수한다.」

(「이의 없소」하는 이 있음)

의장 이승만　　이의 없으면 제58조는 그대로 접수합니다.

「제59조 대통령은 중요한 국무에 관하여 국회에 출석하여 발언하거나 또는 서한으로 연락한다.」

의장 이승만　　이의 없으면 그대로 접수합니다.

「제60조 대통령은 국방군을 통수한다. 국방군의 조직과 편성은 법률로써 정한다.」

(「이의 없소」하는 이 있음)

의장 이승만　　그 법률로 정한다는 조건이 붙지 않을까요? 혹 이의 없으면 그대로 접수합니다. 「제61조 대통령은 헌법과 법률의 정하는 바에 의하여 공무원을 임면한다.」

(「이의 없소」하는 이 있음)

의장 이승만　　이의 없으면 그대로 접수합니다.

「제62조 대통령은 법률의 정하는 바에 의하여 사면, 감형과 복권을 명한다. 일반사면을 명한 때는 국회의 동의를 얻어야 한다.」

(「이의 없소」하는 이 있음)

의장 이승만　　이의 없으면 그대로 접수합니다.

「제63조 대통령은 법률의 정하는 바에 의하여 계엄을 선포한다.」

(「이의 없소」하는 이 있음)

의장 이승만　　이의 없으면 그대로 접수합니다.

「제64조 대통령은 훈장, 기타 영예를 수여한다.」

(「이의 없소」 하는 이 있음)

의장 이승만　　이의 없으면 그대로 접수합니다.

「제65조 대통령의 국무에 관한 행위는 문서로 하여야 하며 모든 문서에는 국무총리와 관계 국방위원의 부서가 있어야 한다. 군사에 관한 것도 또한 같다.」

(「이의 없소」 하는 이 있음)

의장 이승만　　거기에 대해 이의가 없으면 그대로 접수합니다.

「제66조 대통령은 내란 또는 외환의 죄를 범한 때 이외에는 재직중 형사상의 소추를 받지 아니한다.」

(「이의 없소」 하는 이 있음)

의장 이승만　　이의 없으면 그대로 접수합니다.

「제2절 국무원」

(「이의 없소」 하는 이 있음)

의장 이승만　　이의 없으면 그대로 접수합니다.

「제67조 국무원은 대통령과 국무총리, 기타 국무위원으로 조직되는 합의체로서 대통령의 권한에 속한 중요 국책을 의결한다.」

(「이의 없습니다.」 하는 이 있음)

국무총리 임명의 국회동의권

의장 이승만　　「제68조 국무총리와 국무위원은 대통령이 임면한다. 국무위원의 총수는 국무총리를 합하여 8인 이상 15인 이내로 한다. 군인은 현역을 면한 후가 아니면 국무총리 또는 국무위원에 임명될 수 없다.」

서상일 의원　여기에 수정안이 있습니다.

68조 수정안 진헌식 의원 외 44인, 안준상 의원 외 10인, 홍범희 의원 외 11인, 장병만 의원은 철회하고, 권태욱 의원 외 10인, 조병한 의원 외 10인, 이원홍 의원 외 15인, 황두연 의원 외 10인, 조종승 의원 외 12인, 서이환 의원 외 11인. 진헌식 의원 나와서 설명해 주시기 바랍니다.

진헌식 의원　국민의 의사에 합치되는 정치를 하려면 정부와 국회는 긴밀한 연계성이 있어야 하므로 국무총리의 임명을 대통령에 일임하지 않고 국회의 승인을 요하게 하고 또 총선거 후 새로 국회가 성립되면 종전에 승인받은 국무총리라 할지라도 다시 국회의 승인을 얻게하여 비록 책임내각제가 아니라도 국회에 기초를 둔 공고한 정부를 유지함이 적절하다고 생각합니다.

송창식 의원　우리가 대통령책임제를 채택했다고 하지만 대통령의 권한이 약합니다. 국무원을 의결기관으로 한 것이 그렇습니다. 거기에 더하여 국무위원 임명도 국무총리의 제천에 의해서 해야 한다면 임명권은 대통령이 가졌지만 실지는 국무총리 맘대로 임명하는 제도가 됩니다. 그러할 것 같으면 이것이 순수한 내각책임제가 되지 않을까 생각을 합니다.

이윤영 의원　대통령과 부통령을 국회에서 선거하고 국무총리도 국회에서 승인합니다. 거기에 더하여 국무위원도 국무총리가 제천해서 대통령이 임명한다면 이것은 다시 내각책임제로 돌아가는 것입니다. 국무총리의 제천권 없이 대통령에게 임명권을 준다고 해서 대통령이 국무총리에게 아무 의논도 없이 임명 하지는 않으리라고 생각합니다.

안준상 의원　입법, 사법, 행정 삼권을 분립하는 근본 정신은 서로 견제하게 하는 것입니다. 대통령과 국무총리의 생각이 다를 경우에 국무총리가 곤란한 상황이 생길 것이라는 말씀이 있습니다만 이것은 걱정할 필요가 없습니다. 국무총리가 국무위원을 추천할 때에 임명권을 가지고 있는 대통령과 미리 상의를 할 것이라고 생각합니다.

이호석 의원　내각책임제를 대통령 중심주의로 하고, 양원제를 단원제로 하고 이러한 등등의 모든 것을 기획했던 것은 헌법 초안이 속히 통과하기 위해서 였습니다. 무조건 원안대로 통과하기를 나는 바라는 바입니다.

김재학 의원　국무위원을 국무총리의 제천에 의해서 대통령이 임명한다면 그야말로 대통령은 허수아비요. 국무총리의 독재일 것입니다. 우리가 지금 대통령이 독재하는 것을 견제하기 위해서 내각책임제냐 하는 문제가 나오는데 여기에 있어서는 대통령 독재를 견제하는 것만 생각했지 국무총리 독재를 견제한다는 것은 도무지 몰랐다는 것입니다.

최운교 의원　68조 제1항을 「국무총리는 대통령이 임명하고 국회의 승인을 받아야 한다. 국회의원 총선거 후 국회가 개회되었을 때에는 국무총리 임명에 대한 승인을 다시 받아야 한다.」는 것은 그대로 두고 「국무위원은 국무총리의 제천으로 대통령이 임명한다.」는 것은 삭제하기로 하는 것을 개의합니다.

이남규 의원　우리가 차분히 돌이켜 볼 필요가 있습니다. 대통령제를 취한 근본 의의가 국가건설의 현 단계에서 대통령에게 강력한 권한을 부여해서 이 과도기를 수습해 나간다는 것입니다. 만일 평시라고 하게 될 것 같으면 반드시 내각제를 취해야 한다는 것은 이의가 없을 것이라고 생각됩니다. 여러분이 대통령권한을 제한하고자 하는 의사가 정 그렇다면 「국무총리는 대통령이 임명하고 국회의 승인을 얻어야 된다.」는 규정으로 충분합니다.

의장 이승만　지금은 표결에 부칩니다. 그런데 의장의 의견이라면 이렇습니다. 지금 대통령이 국무총리를 임명해서 국회에 통과를 요구한다는 것 잘된 줄로 압니다. 여기에 대해서는 길게 토론하지 아니하고 표결에 부쳐도 큰 문제가 없다고 생각합니다. 이 문제에 대해서는 오후 회의에 다시 정확히 하기 위해서 지금은 휴회합니다.

(하오 0시 20분 휴게)

(하오 2시 계속 개의)

의장 이승만　자리 정돈해 주세요. 토의 개시합니다.

박해정 의원　표결방법은 무기명투표로 하기를 요청합니다.

(「재청」하는 이 있음)

의장 이승만　대다수로서 그러면 지금은 이것을 표결할 텐데 표결할 때에는 또 다시 손을 들어주세요. 「국무위원

> 국무총리는 대통령이 임명하고 국회의 동의를 받도록 함.
> 국무총리의 국무위원 제천권은 부결되어 대통령이 직접 임명하도록 함.

은 대통령이 임명하고 국회에 통과해야 된다.」는 것 한 가지 입니다.

신익희 의원　미안합니다. 시방 의장이 말이 많으셔서 건강에 많은 관계가 있어 말을 잘 못하십니다. 보좌하는 책임으로 여러분에게 말씀합니다. 지금 수정안이 나와 있는 것은 무기명투표로 하자는 것이 있습니다. 시방 의장의 의사로 말하면 그대로 거수하는 방법으로 표결하겠습니다.

의장 이승만　내가 얘기하는 데에는 얘기를 마시고 자꾸 얘기하고 참견하면 어떻게 되어 나가는 것인지 잘 모르겠습니다. 그러니 가만히 계세요. 내가 잘못해도 한 사람 실수니까…….

(소성)

그러면 지금은 표결합니다. 수정안을 먼저 가부 묻겠습니다. 「국무총리는 대통령이 임명하고 국회의 통과를 해야 된다」는 것이 하나고, 「새로 국회가 개회하였을 때 그 전 국무총리라도 통과를 받아야만 된다」 그 두 가지가 한뜻인데 이것을 먼저 가부를 묻겠습니다.

(거수표결)

재석인원 165인, 가 117표, 부가 19표입니다. 그러면 가결된 것입니다.

이어서 국무총리가 제천해서 국무원을 조직하자는 수정안을 묻겠습니다.

(거수표결)

재석인원 165인, 가 39표, 부가 90표이니까 부결입니다. 이

제 그 원안에 남은 조건을 통과할 터이니까 가부를 묻겠습니다.

서상일 의원　「국무총리는 대통령이 임명하고 국회의 승인을 받어야 한다. 국회의원 총선거 후 신 국회가 개회하였을 때에는 국무총리 임명에 대한 승인을 다시 받어야 한다.」 그 다음에 「국무위원회는 대통령이 임명한다. 국무위원의 총수는 국무총리를 합하야 8인 이상 15인 이내로 한다. 군인은 현역을 면한 후가 아니면 국무총리 또는 국무위원에 임명 될 수 없다.」 이렇게 된 것 입니다.

의장 이승만　이 문제에 대해서 말이 많이 있는 것이니까 이 원안을 수정안에 포함시켜 표결합니다.

(거수표결)

재석인원 165인, 가 127표, 부가 3표입니다. 그러므로 해서 가결된 것입니다. 대단히 잘 가결된 것입니다.

의장 이승만　「제69조 대통령은 국무회의의 의장이 된다. 국무총리는 대통령을 보좌하여 국무회의의 부의장이 된다.」

(「이의 없습니다.」 하는 이 있음)

의장 이승만　거기에 대해서 이의 없는 것으로 알고 접수합니다.

「제70조 국무회의의 의결은 과반수로써 행한다. 의장은 의결에 있어서 표결권 이외에 가부 동수인 경우에는 결정권을 가진다.」

(「이의 없습니다.」 하는 이 있음)

의장 이승만　또 이의 없어서 또 접수합니다.

「제71조 좌의 사항은 국무회의의 의결을 경하여야 한다.

1. 국정의 기본적 계획과 정책
2. 조약안, 선전, 강화, 기타 중요한 대외정책에 관한 사항
3. 헌법 개정안, 법률안, 대통령안
4. 예산안, 결산안, 재정상의 긴급처분안, 예비비 지출에 관한 사항
5. 임시국회의 집회 요구에 관한 사항
6. 계엄안, 해엄안
7. 군사에 관한 중요사항
8. 영예수여, 사면, 감형, 복권에 관한 사항
9. 행정 각부간의 연락사항과 권한의 획정
10. 정부에 제출 또는 회부된 청원의 심사
11. 대법관, 검찰청장, 심계원장, 국립대학총장, 대사, 공사, 군사령관, 군참모장, 기타 법률에 의하야 지정된 공무원과 중요 국영기업의 관리자의 임면에 관한 사항
12. 행정 각부의 중요한 정책의 수립과 운영에 관한 사항
13. 기타 국무총리 또는 국무위원의 제출하는 사항」

(「이의 없습니다.」하는 이 있음)

의장 이승만　　제3절 행정 각부 대해서 이의 없으면 접수합니다.

「제72조 행정 각부 장은 국무위원중에서 대통령이 임명한다. 국무총리는 대통령의 명을 승하여 행정 각부 장을 통리·감독하며 분담되지 아니한 행정사무를 담임한다.」

(「이의 없습니다.」하는 이 있음)

「제73조 국무총리 또는 행정 각부 장은 그 담임한 직무에 관하야 총리령 또는 부령을 발할 수 있다.」

(「이의 없습니다.」 하는 이 있음)

의장 이승만　　여기 대해서 총괄해서 제4장 모든 것을 표결에 부치겠습니다.

(거수표결)

재석의원 169인, 가에 136인, 부에 1인 가결되었습니다.

대법원장과 대법관의 임명

「제5장 법원」

(「이의 없습니다.」 하는 이 있음)

의장 이승만　　「제5장 법원」이라는 것은 접수합니다.

아무 이의 없어서 그대로 접수합니다.

「제74조 행정 각부에 조직과 직무 범위는 법률로써 정한다.」

(「이의 없습니다.」 하는 이 있음)

의장 이승만　　그대로 접수합니다.

「제75조 사법권은 법관으로써 조직된 법원이 행한다. 최고 법원인 대법원과 하급법원의 조직은 법률로써 정한다. 법관의 자격은 법률로써 정한다.」

(「이의 없습니다.」 하는 이 있음)

의장 이승만　　그대로 접수합니다.

「제76조 법관은 헌법과 법률에 의하여 독립하여 심판한다.」

(「이의 없습니다.」 하는 이 있음)

의장 이승만　　여기 대해서 총괄해서 제4장 모든 것을 표결에 부치겠습니다.

(거수표결)

재석의원 169인, 가에 136인, 부에 1인 가결되었습니다.

여기 대해서 의견이 없으면 그대로 접수합니다.

「제77조 대법원장인 법관은 대통령이 임명하고 국회의 승인을 얻어야 한다.」

강욱중 의원　　제77조 이것을 「대법원장 및 대법관은 법률에 의하여 선정된 다음 대통령이 임명하고 국회의 승인을 얻어야 된다.」 이렇게 수정할 것을 제안합니다. 수정안의 골자는 법률에 의하여 선정하자는 것입니다. 여러분은 저 미국에서 일어난 뉴딜 사건을 잘 아실 것입니다. 미국 대법원이 뉴딜정책을 위헌으로 판결하자 루즈벨트는 그 판결을 번복시키기 위해서 두 번이나 재판관을 경질시킨 사실이 있습니다. 우리는 이 전철을 다시 밟지 않기 위해서 사법권은 완전히 독립시켜야만 됩니다.

조헌영 의원　　이 수정안에 반대합니다. 사법권의 독립은 재판에 있어서의 독립이지 사법부 구성에 대한 독립을 의미하는 것이 아닙니다. 만약 그렇다고 하면 사법기관의 잘못을 바로 잡을 수가 없다고 생각합니다. 강욱중 의원이 미국의 뉴딜 정책을 예로 들었습니다마는 우리는 미국처럼 사법권을 독립시키는 데에는 반대합니다. 루즈벨트가 네 번이나 선출된 것은 뉴딜 정책에 대한 민중의 지지를 받았기 때문입니다. 뉴딜 정책이 헌법에 위반된다고 두 번이나 판결한 것은 대중의 의사를 무시한 것이니 이러한 폐단이 없도록 하기 위해서라도 사법부의 구성을 사법 관계자에게 맡기는 것은 불가합니다.

이윤영 의원　　수정안은「대법원장 및 대법관은 법률에 의하여 선정된 자를 대통령이 임명하고 국회에서 승인을 얻어야 한다.」 그랬는데 대단히 어렵습니다. 이 대법관을 선정하는 그 법률을 어떻게 정할지 모르겠습니다. 우리가 이렇게 아주 어려운 것을 만들어가지고 할 필요가 없다고 생각합니다.

김동준 의원　　대법원장을 대통령이 자기 마음에 드는 사람을 임명한다고 하면 사법부가 양심적 재판을 할 수가 없다고 생각합니다. 그러므로 대법관을 임명하는 어떠한 법률을 만들고 그에 따라서 대통령이 임명하고 국회의 승인을 받는다고 하는 것이 좋다고 생각해서 수정안을 찬성하는 바입니다.

의장 이승만　　여러분이 많이 토론하였으니깐 표결에 붙이는 것이 좋다고 생각합니다. 먼저 수정안에 대해서 묻겠습니다.

(거수표결)

재석인원 169, 가에 23, 부에 102, 부결되었습니다.

원안은 아시는 문제이니 더 설명하지 않고 이의 없으면 그대로 접수합니다.

(「이의 없습니다.」 하는 이 있음)

그러면 그대로 접수합니다.

서상일 의원　　제78조 법관의 임기는 10년으로 하되 법률의 정하는 바에 의하야 중임할 수 있다.」

(「이의 없습니다.」 하는 이가 있음)

의장 이승만　　이의가 없으면 그대로 접수합니다.

서상일 의원　　79조 「법관은 탄핵에 의하는 외에는 형벌 또는 징계처분에 의하지 아니하고는 파면, 정직 또는 감봉되지 아니한다.」

(「이의 없습니다.」 하는 이 있음)

의장 이승만　　이의 없으면 그대로 접수합니다.

「제80조 대법원은 법률의 정하는 바에 의하여 명령, 규칙과 처분이 헌법과 법률에 위반되는 여부를 최종적으로 심사할 권한이 있다. 법률이 헌

> 법률의 위헌성 여부는 헌법위원회가 이를 판단하도록 함. 헌법위원회는 부통령, 대법관 5인, 국회의원 5인으로 구성함.

법에 위반되는 여부가 판결의 전제가 되는 때에는 법원은 헌법위원회에 제청하여 그 결정에 의하여 재판한다. 헌법위원회는 부통령을 위원장으로 하고 대법관 5인과 국회의원 5인의 위원으로 구성한다. 헌법위원회에서 위헌결정을 할 때에는 위원 3분지 2 이상의 찬성이 있어야 한다. 헌법위원회의 조직과 절차는 법률로써 정한다.」

(「이의 없습니다.」 하는 이 있음)

의장 이승만　　이의 없으면 그대로 접수 통과합니다.

「제81조 대법원은 법원의 내무 부 규율과 사무처리에 관한 사항에 관한 규칙을 제정할 수 있다.」

(「이의 없습니다.」 하는 이 있음)

의장 이승만 그러면 접수 통과합니다.

「제82조 재판의 대심과 판결은 공개한다. 단 안녕질서를 방해하거나 풍속을 해할 염려가 있는 때에는 법원의 결정으로서 공개를 아니할 수 있다.」

의장 이승만 이의 없으면 그대로 접수통과합니다.

이유선 의원 제5장 전체를 통과하기로 동의합니다.

의장 이승만 5장은 그대로 접수 통과하자는 동의를 표결에 부칩니다.

(거수표결)

재석원 169인, 가 113인, 부 없습니다. 그러면 가결되었습니다.

제5절
경제·헌법개정·부칙

1948년 7월 6일 화요일(제26차 회의)

경제질서의 기본정신

「제6장 경제」

의장 이승만 　이의 없으면 접수통과합니다.

「제83조 대한민국의 경제질서는 모든 국민에게 생활의 기본적 수요를 충족할 수 있게 하는 사회정의의 실현과 균형있는 국민경제의 발전을 기함을 기본으로 삼는다. 각인의 경제상 자유는 이 한계내에서 보장된다.」

의장 이승만 　이의 없으면 접수 통과합니다.

「제84조 광물, 기타 중요한 지하자원, 수력과 경제상 이용할 수 있는 자연력은 국유로 한다. 공공 필요에 의하여 일정한 기간 그 개발 또는 이용을 특허하거나 또는 특허를 취소함은 법률의 정하는 바에 의하여 행한다.」

서상일 의원　여기 수정안이 있습니다.

황병규 의원　이 수정안에 있어서 「광물」 밑에 「어장」이 빠졌습니다. 이것을 삽입해 주십시오. 지하자원과 수산자원은 반드시 국유화해야 한다고 생각합니다.

윤석구 의원　어장을 국영으로 할 것 같으면 특허가 있어야만 영업적으로 어업을 하게 됩니다. 조그마한 배 하나를 가지고서 그날그날 고기를 잡는 어민들이 많이 있습니다. 이것을 허가가 없는 것이라고 단속하게 되면 어민들에게 많이 폐를 끼치게 됩니다.

의장 이승만　구구히 토론할 필요가 있겠습니까?

(「필요 없습니다.」 하는 이 있음)

박윤원 의원　수산자원은 벌써 과거부터 공유로 되어 있는 것이기에 국유와 같이 취급되어 있습니다. 그리고 어업 질서를 유지하기 위해서 허가를 준다든지 명의를 주든지 이렇게 해 가지고서 질서를 유지해 왔습니다. 따라서 헌법으로서 허가를 주고 매매를 하게 되어 있는 것이올시다.

의장 이승만　지금은 그 「수산자원」이라고 하는 넉 자를 84조에 삽입하면 좋겠다고 하는 것을 표결에 부치겠습니다.

(거수표결)

재석의원 173인, 가에 126표, 부에 2표이므로 이 수정안은 가결된 것이올시다.

농지는 농민에게 분배

서상일 의원　「제85조 농지는 농민에게 분배함을 원칙으로 하며 그 분배의 방법, 소유의 한도, 소유권의 내용과 한계는 법률로써 정한다.」 여기에 수정안이 있습니다. 전진한 의원의 대리로 황두연 의원이 나오셔서 제안설명합니다.

황두연 의원　「원칙으로 하며」를 빼고서 「농지는 농민에게 분배하며」라고 이렇게 수정해 달라고 하는 것입니다. 원칙으로 한다고 하는 것은 빼고 농민에게 분배한다고 해서 반드시 농민이 자작할 수 있도록 해야 할 것이올시다.

전문위원 유진오　이 「원칙」이란 두 자를 넣은 것은 결코 일시적으로 농민에게 분배한다는 그런 정신에서 나온 것이 아닙니다. 전부 농민에게 분배한다고 하면 예외도 없지 않을 것으로 대단히 곤란하리라고 생각해서 이것을 내놓은 것에 지나지 않습니다. 결단코 토지분배에 있어서 예외를 두자는 취지가 아닙니다.

이석주 의원　토지문제는 농민, 노동자 문제와 같이 조선 국가의 제일 중대한 문제이고 우리 헌법 가운데 제일 중대한 문제라고 생각합니다. 우리 국가에는 대관절 소작제도라는 것을 없애버려야 합니다. 그렇기 때문에 토지를 농민에게 완전히 준다는 것을 분명히 해야 합니다.

의장 이승만　가부 표결하니까 언권 더 안 드려요. 표결에 대해서…….

　(장내 대소란)

지금은 의장의 권리로서 표결할 터이니까 손을 들지 않으면 안 됩니다.

(거수표결)

재석의원 172인입니다. 가에 94, 부가 65이니까 이 수정안은 가결되었습니다. 또 수정안이 있습니다.

서상일 의원   제85조 조규갑 의원 외 10인, 권태욱 의원 외 10인의 수정안이 있습니다. 그럼 조규갑 의원 수정안에 대해서 설명해 주시기를 바랍니다.

조규갑 의원   본인이 지금 제안한 것은 산림문제인데 「산림은 원칙으로 국유로 하고 소면적인 농촌 공유림 및 농가 사유림은 용인하며 그 소유의 한도 및 조림, 개간 방법은 법률로써 정한다.」 그것을 전문위원에게 부탁을 하니까 이 안이 모순된 점이 있다고 해서 이 밑에 신성균 의원 외 10인이 「농지는 농민에게 분배한다」는 이 안에 찬성하고 저는 철회합니다.

(「가부요.」 하는 이 있음)

의장 이승만   또 나온 의견없으세요?

(「가부요.」 하는 이 있음)

조영규 의원   제안자인 저도 철회합니다.

산림을 국유로 할 것인가

조봉암 의원   산림문제는 농지와 마찬가지로 중요한 것인데 어째서 수정안을 이유없이 철회하시는지 이해하기 어렵습니다. 토지를 지주에게서 박탈해서 농민에게 나누어서 경작하게 하더라도 산림을 그대로 둔다면 완전히 독점하는 위험이 있습니다.

조종승 의원　　산림은 농지보다도 그 면적에 있어서 더욱 광대한 만치 매우 우리 국민경제에 큰 역할을 가지고 있습니다. 종래에 우리 관습으로 산림을 한 동리라든지 한 면이라든지 공유해서 공동으로 경영해서 잘 조림되고 잘 양육이 되고 있습니다. 산림은 당연히 농민에게 분배하는 것이 아니라 국영으로 하는 것이 옳다고 생각을 합니다.

(「옳소」, 「좋아」 하는 이 있음)

조병한 의원　　농민은 농토뿐만 아니라 산림이 있어야 잘 살수가 있습니다. 어느 정도 개인의 필요에 의해서 이것을 분배하는 산림정책이 필요한 것입니다. 이것은 산림보호를 위해서도 가장 필요한 것입니다.

신광균 의원　　1,500만 정보나 되는 임야를 국유로 한다고 할때에 그것을 관리할 예산 문제도 생각해 보아야 하고, 또 가령예산이 허락된다 하더라도 국가의 손이 1,500만 정보의 막대한면적에 미치느냐 하는 것도 생각해야 할 것입니다. 우리가 국유로 한다는 것은 산림을 더 황폐화하는 것밖에 안됩니다.

김우식 의원　　이 산림 분배에 대해서 절대 반대합니다. 어째 그러냐 하면 농토는 농민에게 주고 산림도 농민에게 다 돌려주면 그 산림을 가지고 있는 지주나 그 사람은, 산림까지 다 빼기고 농토까지 다 갈러주면 그 사람은 무엇을 먹고 삽랍니까?

(소성)

그뿐만 아니라 산림이라고 하면 대개 자기 역대로 내려온

산도 있고 산이 높은 데도 있고 낮은 데도 있고 먼 데도 있고 가까운 데도 있는데 무엇을 갈려준다는 말씀입니까? 산림이나 농토를 갈려주면 동산까지 다 갈립니다. 절대로 반대합니다.

(소성)

(장내 소연)

남궁현 의원 국유도 절대 반대하고 분배하는 것도 절대 반대합니다. 국유로 해놓고 볼 것 같으면 이 헌법을 실천시키기 전에 벌써 나무는 다 산에서 없어질 것입니다. 또 분배한다고 할 것 같으면 현재 사유로 가지고 있는 사람들이 분배를 당하기 전에 나무를 베어먹을 것입니다. 녹화가 아니라 적화가 된다는 것을 인식해야 됩니다.

의장 이승만 지금 폐회할 시간이 한 35분, 40분 가량 남았는데 아직 6장의 조문이 한 셋 정도 남아 있습니다. 이 안에 대해서 토의할 것 없으면 조금 정지하시고 표결에 부치겠습니다.

가부 묻습니다.

(거수표결)

재석원수 173인, 가 49인, 부 112인, 부결되었습니다. 그러면 원문에 대해서는 그대로 접수된 것입니다.

「제86조 중요한 운수, 통신, 금융, 보험, 전기, 수도, 까스 및 공공성을 가진 기업은 국영 또는 공영으로 한다. 공공 필요에 의하여 사영을 특허하거나 또는 그 특허를 취소함은 법률의 정하는 바에 의하여 행한다. 대외무역은 국가의 통제하에 둔다.」

김웅진 의원　　중요한 산업중에 「수리」라는 게 빠졌습니다. 우리에게 무엇보다도 중요한 것은 식량문제입니다. 압록강부터 임진강, 한강, 낙동강의 좋은 자연을 이용해서 자꾸 늘어가는 우리 인구의 식량문제를 해결하지 않으면 다른 문제는 하나도 해결되지 않을 것입니다. 이 두 글자만을 넣어주시기 바랍니다.

의장 이승만　　가부 묻습니다.

(거수표결)

재석원수 173인, 가 126인, 부 7인, 가결되었습니다.

의장 이승만　　「제87조 국방상 또는 국민생활상 긴절한 필요에 의하여 사영기업을 국유 또는 공유로 이전하거나 또는 그 경영을 통제·관리함은 법률의 정하는 바에 의하여 행한다.」

「제88조 제84조 내지 제87조에 의하여 특허를 취소하거나 권리를 수용, 사용 또는 제한하는 때에는 제15조 제3항의 규정을 준용한다.」

장면 의원　　제6장을 통과하기를 동의합니다.

의장 이승만　　6장 전체를 그냥 통과하는 것을 묻는 것이야요.

(거수표결)

재석원 수 172인, 가 144인, 부 없습니다. 그러니까 전부 가결되었습니다. 지금 아마 회의할 시간이 거진 다 되었습니다.

최운교 의원　오늘 오후 7시까지 시간을 연장하고 그 전이라도 전문이 통과되면 산회하기로 하고 시간 연장 하기를 동의합니다.

(「재청」「삼청」 다수 있음)

의장 이승만　그러면 가부 묻습니다. 7시까지를 연기를 해 가지고서 오늘 예정한 날자니까 연기를 해 가지고서 토의하자는 그 동의에 대하여 가부 묻습니다.

(거수표결)

재석원수 172인, 가 105인, 부 55인, 그러면 가결된 것입니다.

(박수)

그 결심들을 보니까 나는 퍽 감격합니다. 더구나 모든 언권까지 양보를 해서 진행하는 것을 볼 적에는 진정으로 감사한 생각이 많습니다. 지금 부의장이 한 10분 동안 휴식을 했으면 좋겠다고 하는데 그것은 부의장 명령에 의지해서 10분간 휴식하겠습니다.

(소성)

(하오 4시 55분 휴식)

(하오 5시 5분 계속 개의)

부의장 신익희　좌석 정돈해 주십시오. 시방으로부터 계속해서 다시 개회를 합니다. 계속해서 초안의 조문을 낭독합니다.

정부의 예산과 회계

서상일 의원 「제7장 재정」

부의장 신익희 이의 없으시면 그대로 통과되었습니다.

「제89조 조세의 종목과 세율은 법률로써 정한다.」

「제90조 국가의 총수입과 총지출은 각 회계연도마다 정부는 예산안을 편성하여 국회의 의결을 얻어야 한다.

특별히 계속지출의 필요가 있을 때에는 연한을 정하여 계속비로서 국회의 의결을 얻어야 한다.

국회는 정부의 동의없이는 정부가 제출한 지출예산 각항의 금액을 증가하거나 또는 신비목을 설치할 수 없다.」

서상일 의원 여기에 수정안이 있습니다.

진헌식 의원 90조를 수정한 이유는 정부가 예산을 편성하여 국회에 제출하는 시기를 매년 12월 국회 개회 초에 하게 하여 국회가 예산을 충분히 심의할 기간을 주게 한 데 있습니다.[23]

부의장 신익희 바로 표결에 부칩니다.

(거수표결)

재석원수 137인, 가 87인, 부 10인, 과반수로 수정안은 가결되었습니다.

---

23 진헌식 의원은 정부가 예산을 편성하여 국회에 제출하는 시기를 "매년 12월 국회 개회 초에 하자"고 제90조 수정안을 제안했다. 최종안에는 「정부는 국가의 총수입과 총지출을 회계년도마다 예산으로 편성하여 매년 국회의 정기회 개회 초에 국회에 지출하여 그 의결을 얻어야 한다.」고 규정하였다.

「제91조 국채를 모집하거나 예산 외에 국가의 부담이 될 계약을 함에는 국회의 의결을 얻어야 한다.」

「제92조 예측할 수 없는 예산 외의 지출 또는 예산 초과지출에 충당하기 위한 예비비는 미리 국회의 의결을 얻어야 한다.

「제93조 회계연도가 개시될 때까지에 예산이 의결되지 아니한 때에는 정부는 전년도의 예산을 실행한다.」

서상일 의원　여기 수정안이 있습니다.

진헌식 의원　이유만 간단히 말씀드리겠습니다.

제93조 수정안 이유는 국회는 반드시 예산을 의결할 의무를 규정하여 국정의 정체를 방지하는 것입니다. 국회가 부득이한 사정으로 예산을 의결하지 못할 때에는 1개월 이내에 가예산을 의결하여 정부로 하여금 실행케 할 동시에 그 기간 내에 반드시 예산을 의결하도록 하자는 것입니다.

부의장 신익희　의견 없으면 가부에 부치겠습니다.

(거수표결)

재석원수 137인, 가 112인, 부 21인, 과반수로 가결되었습니다.

이 93조는 수정안대로 그대로 통과된 것입니다.

다음 조문을 읽습니다.

「제94조 국가의 수입·지출의 결산은 매년 심계원에서 검사한다.

정부는 심계원의 검사보고와 함께 결산을 차년도의 국회에 제출하여야 한다. 심계원의 조직과 권한은 법률로써 정한다.」

서상일 의원　여기에 수정안이 있습니다.

서용길 의원　제2항에 결산을 차년도의 국회에 제출하야 승인을 받아야 한다. 반드시 국회의 승인을 받아야 되겠다는 조문을 삽입해야 될 줄 압니다.

부의장 신익희　이의 없습니까? 저 뒤의 한 분 있읍니다. 말씀해 주십시요.

김봉조 의원　이것은 예비비 지출이 아니고 이미 전년도에 있어서 예산된 항목에 의지해서 정부가 그 예산된 대로 지출한 것이니까 차년도 국회에서 다시 승인을 얻을 필요가 없을 줄 압니다. 원안을 찬성하고 이 수정안을 반대합니다.

부의장 신익희　다른 의견 없으시면 가부묻겠습니다. 이 수정안은 극히 간단한 것입니다. 결산을 제출해서 승인을 받아야 되는 것입니다. 표결하겠습니다.

(거수표결)

재석인원 152인, 가에 29인, 부에 95인, 과반수로 부결되었습니다. 그러면 부결되었는데 이 원안을 다시 또 표결할 필요가 없습니까?

(「이의 없습니다.」 하는 이 있음)

이의 없으면 그대로 통과되었습니다.

부의장 신익희　이 7장 전체를 그대로 축조해서 통과하자는 동의, 재청, 삼청이 있습니다. 이 동의를 표결합니다.

(거수표결)

재석인원 152, 가 109, 부 없습니다. 과반수로 통과되었습니다.

서상일 의원　「제8장 지방자치」

「제95조 지방자치단체는 재산을 관리하며 법령의 범위내에서 고유의 행정사무와 법률에 의하여 위임된 행정사무를 처리한다.

지방자치단체는 법령의 범위내에서 자치규정을 제정할 수 있다.」

(「이의 없습니다.」 하는 이 있음)

「제96조 지방자치단체의 조직과 운영에 관한 사항은 법률로써 정한다.

지방자치단체에는 각각 의회를 둔다.

지방의회의 조직, 권한과 의원의 선거는 법률로서 정한다.」

(「이의 없습니다.」 하는 이 있음)

부의장 신익희　제8장은 그대로 통과시키기로 동의 성립되었습니다.

이의 없습니까? 그러면 표결에 부칩니다.

(거수표결)

재석인원 152인, 가 108, 부 없습니다. 가결되어서 한 장 통과했습니다. 다음 장을 낭독하겠습니다.

헌법개정은 재적의원 3분의 2의 동의로 가결

「제9장 헌법 개정」

(「이의 없습니다.」하는 이 있음)

「제97조 헌법 개정의 제안은 대통령 또는 국회에 재적의원 3분지 1 이상의 찬성으로써 한다.

헌법 개정의 제의는 대통령이 이를 공고하여야 한다.

전항의 공고 기간은 30일 이상으로 한다.

헌법 개정의 의결은 국회에서 재적의원 3분지 2 이상의 찬성으로써 한다.

헌법 개정이 의결된 때에는 대통령은 즉시 공포한다.」

(「이의 없습니다.」하는 이 있음)

부의장 신익희　　이의 없으면 그대로 통과되었습니다.

윤치영 의원　　제9장 그대로 통과하기를 동의합니다.

장면 의원　　재청합니다.

최국현 의원　　삼청합니다.

부의장 신익희　　제9장 이것을 그 장으로서 통과하자는 동의, 재청, 삼청이 있습니다. 의견 있어요? 의견 없으시면 이 동의를 표결합니다.

(거수표결)

재석인원 152, 가 105, 부 없습니다. 과반수로써 가결되었습니다.

다음 장을 읽습니다.

서상일 의원　「제10장 부칙」

(「이의 없습니다.」하는 이 있음)

부의장 신익희　이의 없으면 이 장의 제목 통과되었습니다.

「제98조 이 헌법은 이 헌법을 제정한 국회의 의장이 공포한 날로부터 시행한다. 단 법률의 제정이 없이는 실현될 수 없는 규정은 그 법률이 시행되는 때부터 시행된다.」

「제99조 현행 법령은 이 헌법에 저촉되지 아니하는 한 효력을 가진다.」

(「이의 없습니다.」하는 이 있음)

부의장 신익희　이의 없으면 이 조문도 통과되었습니다.

해방 이후의 반민족 행위도 처벌할 것인가

서상일 의원　「제100조 이 헌법을 제정한 국회는 단기 4278년 8월15일 이전의 악질적인 반민족 행위를 처벌하는 특별법을 제정할 수 있다.」여기 수정안이 있습니다.

조규갑 의원　8·15 이전에는 물론 반민족자를 처치하려니와 8·15 이후에 악질적인 간상배도 삼천만 대중이 공동으로 다 미워하는 것입니다. 건국을 좀먹은 악질적 간상배에 대해서는 좌우익뿐만 아니라 전민족적으로 미워하는 것입니다. 이것을 처벌해서 민족적 정기를 바로잡자는 이런 의미에서 여러분은 일치협력해서 찬동해 주시기 바랍니다.

조옥현 의원　　해방 이전에 악질적인 반민족적 행위를 한 그 사람만 규정이 되었지 해방 이후 오늘날까지 반민족적 행위를 하는 사람은 하등 규정이 없으므로 나는 유감으로 생각합니다. 모리간상배뿐만 아니라 민족과 국가 전체를 어떤 나라의 속국으로 만들려는 파괴분자의 행동은 반민족적 행위가 아니고 무엇이라 규정하겠습니까? 8월 15일 이전 이후를 가릴 것 없이 반민족적 행위에 있어서 우리가 법률을 만들어야겠다고 생각합니다.

신현돈 의원　　반대합니다. 장차 우리가 정부를 조직하고 모든 잘못한 것을 처벌할려고 규명할 때에는 우리가 관대한 생각으로 포용하고 정치 아량이 없고는 안 됩니다. 이 반역행동이라든지 간상배라고 하는 이러한 문구를 시행한다고 하면 정부가 조직된 후 무한한 혼란을 일으키겠다는 것을 우리가 생각해야 될 줄 압니다.

부의장 신익희　　찬부의 의견을 그만두고 표결에 부치면 어떻습니까?

(의장 소연)

이 안은 토론 찬부 의견 그만두고 표결에 부치기로 합니다.

(「의장」, 「의장」 하는 이 다수 있음)

언권을 허락하고 안 하고 하는 것은 사회에게 절대 권리가 있는 것입니다. 여러분, 자리 정리해 주세요. 수정안을 다시 낭독하겠습니다.

서상일 의원　　두 가지 수정안이 있습니다. 「이 헌법을 제정한 국회는 이 헌법 제정 이전에 악질적인 반민족적 행위를 처벌할 특별법을 제정한다.」 이러한 안이 하나 있고요. 「이 헌법을 제정한 국회는 단기 4278년 8월 15일 이전에 악질적인 반민족적 행위자와 단기 4278년 8월 15일 이후의 악질적인 간상배를 처벌하는 특별법을 제정할 수 있다.」 이 두 항이 있습니다.

부의장 신익희　여러분 다 읽으신 것을 들으셨지요?

제1수정안을 표결에 부치겠습니다.

(거수표결)

재석원 155, 가 48, 부 63, 가와 부 모두 과반수가 못되므로 미결되었습니다. 미결 되었으니까 제2수정안을 표결합니다.

(거수표결)

재석 154, 가 31, 부 68, 이것도 과반수가 되지 못하였으므로 미결입니다. 그러면 원안을 표결에 부치겠습니다.

재석원 154인, 가 85인, 부 34인, 그러면 과반수로 원안이 가결되었습니다. 그러면 다음 조목을 낭독하십시오.

「제101조 이 헌법을 제정한 국회는 이 헌법에 의한 국회로서의 권한을 행하며 그 의원의 임기는 국회 개회일로부터 2년으로 한다.」

그런데 여기 수정안이 하나 있습니다.

서상일 의원　최국현 의원 외 10인의 수정안이 있습니다.

최국현 의원　이 문제는 여러분이 아마 체면관계로 해서 말을 못한 줄로 압니다. 체면보다도 정치적 문제로 중대한 결함을 가져올 수 있습니다. 우리가 선거하는 그 대통령이 정책을 수행하는 데 있어서 만약 2년으로 대통령 임기를 고친다면 도저히 할 수가 없습니다. 시간적으로 물질적으로 중대한 파문을 일으키는 것입니다. 만약 이것을 금전으로 계산한다면 수십억원에 달할 것이며, 시간적으로 계산하면 막대한 생산에 지장이 될 줄로 압니다. 이것은 대통령 임기와 동일하게 4년으로 되지 않으면 중대한 결함이 되는 줄로 생각합니다. 이것을 동의하는 바입니다.

부의장 신익희　　시방 규칙문제입니다. 여기 수정안은 내가 알기로는 서면으로 제출하자는 기한이 넘은 안입니다. 아무리 좋은 안일지라도 미안하지만 이것을 각하합니다. 그러면 본조에 대한 이의를 묻겠습니다.

(「이의 없소」 하는 이 있음)

이의 없으면 그대로 통과하겠습니다.

「제102조 이 헌법 시행시에 재직하고 있는 공무원은 이 헌법에 의하여 선거 또는 임명된 자가 그 직무를 계승할 때까지 계속하여 직무를 행한다.」

(「이의 없소」 하는 이 있음)

부의장 신익희　　이의 없으면 원안대로 통과합니다.

여기 103조에 삽입해달라는 수정안이 나왔습니다. 신성균 의원 외 13인입니다. 신성균 의원 설명을 하십시요.

신성균 의원　　103조로서 삽입해주실 것을 요청합니다. 「단기 4278년 8월 15일 현재의 일본 정부 또는 일본인이 소유재산은 국유로 한다.」 이 조문을 넣어 달라고 하는 것이올시다.

서상일 의원　　헌법기초위원회에서 이 문제가 많이 토의가 되었습니다. 그런데 이것은 우리가 외교정책으로서 해결할 문제이지 이것을 헌법에는 안 넣기로 한 것이올시다.

이석주 의원　지금 여러 동지께서 말씀을 하기를 대단히 주저하는 것 같습니다. 그러나 우리는 신성균 의원이 말씀하시는 것이 당연하다고 생각합니다. 그렇기 때문에 주저할 것이 어디 있겠습니까?

(「옳소」하는 이 있음)

우리 국가 부력의 8할이 적산입니다. 그러면 만일 부력의 8할을 11개국이 주는지 안 주는지 모르니까 헌법에다가 제정할 수가 없다고 하면 독립하자는 말을 하지 말자는 것입니까?

이청천 의원　일본놈이 물러가면 당연히 우리의 것인데 법률로 작정 못 할 것이 어디있소? 일본놈의 물건은 당연히 우리의 물건이라고 헌법에다가 제정해야 돼요. 그리고 국제적으로도 이미 우리의 것으로 된 것입니다.

김준연 의원　저는 기초위원의 한 사람으로서 기초위원회에서 어째서 이 조문을 헌법에 넣지 않았는지를 설명하려고 합니다. 하-지 장군이 일본 적산이라는 것은 조선 국민의 것이라는 것을 몇 번 설명하는 것을 봤습니다. 헌법에 넣지 않더라도 당연히 우리 물건이므로 해서 넣지 않았습니다.

전문위원 유진오　이 문제에 대해서 적산이 우리 것이라 이미 국제공약으로 된 것이라고 생각합니다. 앞으로 신정부가 서면 해결될 것이니까 하는 이러한 점에서 빼는 것이 좋겠다고 이렇게 된 것으로 생각됩니다.

부의장 신익희　그러면 그만큼 토의하셨으니 가부묻겠습니다.

(거수표결)

표결한 결과 말씀드리겠습니다. 재석의원 154명, 가에 39명, 부에 85표, 과반수로 부결되었습니다. 이 수정안 첨가하자는 것이 부결된 것을 선포합니다.

그러면 시방 약 두 시간 동안 더 연장하고 모든 곤란과 피곤을 돌아보지 않고 이 시간까지 다 같이 공동 분투해 내려온 것에 감사드립니다. 오늘은 이것으로 휴회하고 내일 상오 10시 정각에 다시 본회의를 개시하여 제2독회의 마지막 남은 부분을 계속하려고 합니다.

(하오 6시 50분 산회)

1948년 7월 7일 수요일(제27차 회의)

(상오 10시 5분 개의)

부의장 김동원　곧 개회하겠습니다.

사무총장 전규홍　다 정돈해 주시기 바랍니다.

부의장 김동원　제27차 회의를 개회합니다.

외국인의 법적 지위를 보장

부의장 김동원　진헌식 의원 외 44인이 제7조에 2항을 넣는 것이 좋다는 수정안이 들어왔습니다.

진헌식 의원　우리가 헌법을 제정하는 데 있어서 외국인의 법적 지위를 보장하지 않는 것은 대단히 유감스럽다고 생각됩니다. 그래서 제7조 2항에다가 「외국인의 법적 지위는 국제법, 국제조약과 국제관습의 범위 내에서 보장된다.」 이러한

조항을 넣으면 좋다는 의미에 있어서 이것을 제안한 바입니다.[24]

이승만 의원　이 사람의 생각도 그 조문을 넣는 것이 필요한 것 같습니다. 남의 나라에 우리나라 사람이 살고 있는 이 때에 그런 조문이 없다고 하면 외국인들에게 비웃음을 받을 것입니다. 어떤 나라에서도 자기 시민뿐만 아니라 그 나라 안에 사는 사람들은 일체로 보호한다고 헌법에 규정이 들어가는 것이니까 우리도 이 조문 하나를 넣으면 대단히 좋을 것 같습니다.

(「가부요.」 하는 이 다수 있음)

부의장 김동원　그러면 여러분 다 좋게 여기시는 것 같이 관찰되니 가부 묻겠습니다.

(거수표결)

재석의원 157, 가에 109, 부에 두 표, 그 수정안 대로 가결되었습니다.

헌법전문 수정에 대한 의견

부의장 김동원　이제 한 가지 있는 것은 윤치영 의원 외 10인의 헌법전문에 대한 수정안이 있습니다. 그러면 전문에 대해서

24　제7조 최종안은 「외국인의 법적 지위는 국제법과 국제조약의 범위 내에서 보장된다.」

윤치영 의원이 수정안을 말씀하겠습니다.

윤치영 의원 전문 수정만 읽겠습니다.

「유구한 역사와 전통에 빛나는 우리들 대한민국은 기미년 3월 혁명으로써 대한민국을 수립하여 세계에 선포한 그 위대한 독립정신을 계승하여 지금 독립 민주정부를 재건함에 있어서 민족의 통일을 공고히 하고 모든 고래의 폐습을 타파하여 정치, 경제, 사회, 문화의 모든 영역에 있어서 각인의 기회를 균등히 하고 능력을 최고도로 발휘케 하여 각인의 책임과 의무를 완수케 하며」 그 다음 「안으로」부터는 원문과 마찬가지입니다.

부의장 김동원 이 전문의 수정안은 최운교 의원 외 14인이 수정안을 제출했는데 이 최운교 의원 외 몇 분은 윤치영 의원과 합류해서 이 수정안을 제출한 것으로 되었습니다. 거기에 대해서 무슨 이의있으면 말씀하십시오.

조국현 의원 「기미년 3월 1일 혁명으로써 대한민국을 수립하여 세계에 선포한 그 위대한 독립정신을 계승하여」 이것을 넣고 「3·1혁명의 위대한 독립정신을 계승하여」 이것을 빼자는 데에 저는 찬성합니다. 그렇지만 혁명이라는 문구는 불가하다고 생각합니다. 3·1 민족운동이라는 것이 일본 정권 밑에서 제도를 고치자는 혁명은 아닙니다. 「혁명」 글자를 변경해서 「항쟁」이라고 했으면 좋겠다고 생각합니다.

부의장 김동원 윤치영 의원 「항쟁」이라는 것이 어떻습니까?

윤치영 의원 좋습니다. 더 좋은 게 있으면 또 수정해도 좋습니다.

부의장 김동원　　그러면 수정 제안자로서 「항쟁」으로 고치겠다고 합니다.

혁명, 항쟁, 독립, 광복

이승만 의원　　지금 말씀에 대해서 혁명이라는 것이 옳은 문구가 아니라는 말씀을 내가 전적으로 찬성합니다. 혁명이라면 우리나라 정부를 전복하자는 것인데 원수의 나라에 와서 있는 것을 뒤집어놓는 것을 혁명이라 하는 것은 그릇된 말입니다. 그런데 「항쟁」이라는 말은 좋으나 거기다 좀 더 노골적으로 「독립운동」이라고 그러면 어떻습니까? 지난번에도 말했지만 그 기미년의 민주적 정신 밑에 아무 다른 계획이 없고 문구가 어떻게 되든지 간에 다른 얘기가 없는 것은 문제입니다. 기미년에 우리 민주정부를 수립해 가지고 국가를 지금 와서 우리가 재건해 나간다는 것을 넣는 것에 찬성합니다. 기미년에 우리가 나서 군주정부를 세우지 아니하고 독재정부도 세우지 아니하고 민주정부를 세워가자고 세계에 광고한 그 사실만은 우리가 뚜렷하게 내놓는 것이 우리의 긴 역사상으로나 우리의 민주사업을 진행하는 데 대단히 좋을 것임을 여러분께서 기억해 주실 것을 바란다는 말씀입니다.

> 3·1운동의 의의는 군주제나 독재가 아닌 민주정부를 수립하여 세계에 알린 것이다.

윤치영 의원　　이 「혁명」이라는 문자에 대해서 지금 말씀하시는 것이 당연하므로 이것을 「광복」으로 고치면 어떨까 생각합니다.

이석주 의원   고래의 폐습이라고 할 것 같으면 우리 사천 년 이래의 빛나는 역사를 조금 말살시키는 그러한 기분이 있지 않는가 하는 느낌입니다. 이것은 시간을 가지고 수정해 주시기를 바랍니다. 그러면 여기서 의장이 수정자와 같이 협의해 가지고 다섯 사람을 지명하여 내일 다시 상정해 주기를 동의합니다.

조헌영 의원   내일까지 할 필요가 없다고 생각합니다. 늦어도 오후까지 몇 자만 고치면 될 것입니다. 그 「3·1혁명」이라는 것과 「광복」이라는 것과 「항쟁」이라고 하는 것이 다 적당치 않다고 저는 생각합니다. 혁명이라는 것은 말이 되지 않고 항쟁이라는 것은 좀 우리 위신상 관계가 있고, 또 광복된 것이 아니니까 광복이라는 것이 적당치 아니해서 제 생각에는 그냥 「3·1운동」이라고 하는데 이것을 여기다가 「기미년에 대한민국을 수립하여 세계에 공포한 3·1운동의 위대한 독립정신을……」 이렇게 하는 것이 적당하다고 생각합니다.

류성갑 의원   원안대로 「자주독립의 조국을 건설」이라고 했으면 좋겠고, 이번에 「대한민국을 수립하여 세계에 선포한……」 이것을 집어넣는데 여기에 대해서는 절대 찬성합니다.

부의장 김동원   지금은 동의에 대해서 토의를 해서 동의를 성립시키든지 부결시키든지 한 후에 일을 하는 것이 좋겠습니다. 특별의원 다섯 분을 택해서 거기에 대한 심심한 연구를 해 가지고 오후 2시 회의에 제출하자는 동의올시다.

(거수표결)

재석의원 158인, 가 113, 부 0, 이제 이석주 의원의 동의안이 그대로 가결되었습니다.

헌법의 명칭을 "대한민국 헌법"으로

서정희 의원　이 헌법의 제목에 대한 동의를 하려고 나왔습니다. 이 헌법을 「대한민국 헌법」이라고 하는 것에 동의합니다.

이진수 의원　재청합니다.

김상덕 의원　삼청합니다.

부의장 김동원　그러면 이 헌법 명칭을 「대한민국 헌법」이라고 하자는 동의, 재청, 삼청이올시다. 거기 의견 있습니까? 없으면 동의의 가부 묻겠습니다.

(거수표결)

재석의원 158인, 가 112인, 부 없습니다. 그대로 가결되었습니다. 지금은 오전 회의는 한 20분쯤 남았지만 휴회하고 오후에 3독회를 하기로 선포합니다.

(상오 11시 40분 휴게)

(하오 2시 계속 개의)

의장 이승만　자리를 정돈해 주세요. 개회시간 되어서 개회합니다. 인원수 되었으니까 더 기다리지 않고 지금 토의 다시 개시합니다. 지금 토의에 먼저 말씀할 것이 있으면 발언들하세요.

이익균점권에 대한 번안동의 통과

서상일 의원   긴급번안동의가 하나 들어왔습니다. 제의자인 조병한 의원의 설명을 잠깐 들어보는 것이 좋을까 싶습니다.

조병한 의원   이 헌법 제17조에 대해 여러 번 발언하게 되어서 대단히 미안합니다. 제17조 제2항에 그 밑에다가 단서로 해서, 「단 근로자는 이익배당의 균점권을 가진다.」는 그런 것을 넣었는데 제가 보건대 이 취지가 명백히 나타나지 않습니다. 그래서 장래 입법자든지 기타 일반 국민들이 그 해석에 여러 가지 곤란을 당할가 해서 문구를 수정하고, 또 법률 체재상으로 보아서 제18조 2항에 넣는 것이 좋을 듯 합니다. 새로 수정된 안은 「영리를 목적으로 하는 기업에 있어서는 노동자는 법률의 정하는 바에 의하여 이익을 분배하고 균점한 권리가 있다.」 이렇게 했습니다. 그 내용은 똑같다고 봅니다. 그것을 명백히 하기 위하여 이렇게 했습니다. 그것을 잘 생각해 주시면 좋겠습니다.

의장 이승만   여기에 대해서 찬성하고 찬성 아니하는 문제에 대해서 그리 길게 토론 안 할 것이니 지금은 표결에 부칠 것입니다. 이익을 균점한다는 것이 그렇게 잘 되는 것이 아니에요. 이 조건이 국회에서 통과되더라도 시행을 하자면 잘 아니되는 것이에요. 5개월이나 6개월안으로 근로대중으로부터 이것을 교정하자는 얘기가 많을 것입니다. 지금 가부를 묻겠습니다. 그것은 번안하자는 동의입니다.

(거수표결)

재석의원 156, 가가 120, 부가 36이니까 가결된 것입니다.

장면 의원　　영리를 목적으로 하는 기업이라는 것은 국영이나 공영을 포함하지 않는다는 의미로 나는 듣고 있습니다. 그러나 단순히 '영리를 목적으로 하는' 그렇게 한다고 할 것 같으면 공영으로 하는 기업도 영리를 목적으로 하는 것이 많이 있습니다. 뜻을 명백히 하기위해 영리를 목적으로 하는 사기업이라고 해야 할 것입니다. 조병한 의원께서 사(私) 자를 하나 넣는 것을 동의에 내포해 주시기 바랍니다.

조봉암 의원　　사기업체거나 공기업체를 불문하고 노동자에 그런 이익을 균점할 수가 있는 법이라야 됩니다. 사영이라든지 공영이라든지 그런 것을 구별한다고 하면 대단히 오해가 생길 것입니다.

오용국 의원　　균점한다는 것이 어떤 의미인지 해석하기 곤란할 줄 압니다. 이 조문이 기업 전체에 대하여 어떠한 영향을 가져오느냐를 신중히 생각해서 근로자의 이익도 옹호하는 동시에 기업주도 옹호하는 적당한 문구로 수정하시기를 바랍니다.

의장 이승만　　이것을 가지고 시간을 많이 허비할 수가 없으니까 지금 표결합니다.

(거수표결)

재석의원 157, 가 87, 부 38, 가결된 것입니다.

헌법 전문 채택

서상일 의원 「전문」을 여러분 앞에 배부해 드리겠습니다. 이렇게 수정되어 있습니다. 「유구한 역사와 전통에 빛나는 우리들 대한민국은 기미 3·1운동으로 대한민국을 건립하여 세계에 선포한 위대한 독립정신을 계승하여 이제 민주독립국가를 재건함에 있어서 정의, 인도와 동포애로써 민족의 단결을 공고히 하며 모든 사회적 폐습을 타파하고 민주주의 제 제도를 수립하여」 그 다음에는 원안과 같이 계속된 것입니다.

의장 이승만 거기에 대해서 여러분이 누차 이야기하셨으니까 길게 의논할 필요가 없다고 생각합니다.

서상일 의원 「민주주의 제 제도를 수립하여 정치, 경제, 사회, 문화의 모든 영역에 있어서 각인의 기회를 균등하고 능력을 최고도로 발휘케하며 각인의 책임과 의무를 완수케하여 안으로는 국민생활의 균등한 향상을 기하고 밖으로는 항구적인 국제평화의 유지에 노력하여 우리들과 우리들 자손의 안전한 자유와 행복을 영원히 확보할 것을 결의하고 우리들의 정당 또 자유로히 선거된 대표로써 구성된 국회로써 단기 4281년 월 일 이 헌법을 제정한다.」

이재형 의원 수정안 중에 다소 자구상 모순이 있는 것 같습니다. 기미 3·1운동으로 대한민국을 건립하여 그 다음에 가서 「민주독립국가를 재건함에 있음」 이렇게 되었으니까 전후 착각이 생기는 것으로 봅니다. 재건을 빼고 건설이라고 하면 모순이 없어지리라고 생각합니다.

의장 이승만　　지금은 이것을 자세히 들어보십시오. 이 전문 「유구한 역사와 전통에 빛나는 우리들 대한민국은 기미 3·1독립운동으로 대한민국을 건립하여 세계에 선포한 위대한 독립정신을 계승하여 이제 민주독립국가를 재건함에 있어서」 그랬으니까 거기에 대해서 별로 모순될 것이 없을 것 같습니다.

지금은 가부를 표결할 것입니다. 더들 말씀 마시고 가부 작정하시기 바랍니다. 그대로 여기서 전부 접수하자고 하는 그것을 표결에 부칩니다.

(거수표결)

재석의원 157인 중 가가 91이요, 부가 16이니까 가결된 것이올시다.

여러분 그동안 많이 노력을 많이 하셨습니다. 우리가 근로 대한 국회의원들도 제일 근로대중이라고 생각해 가지고 (소성) 그 중에 노력 많이들 하셨고, 다소에 거기 주의, 주장할 것들도 있었지만 다 삭제하고서 이와 같이 속히 성취해서 원만한 효과를 이루게 된 것을 여러분들에게 다 치하하는 것입니다.

외국 친구들도 우리를 보고서 다 이만치 치하하는 사람들이 있어요. 헌법기초위원은 물론이지만 국회의원 외에 많이 노력하신 전문가 분들에게 더욱 우리가 치하하려고 합니다.

(박수)

헌법 주요 조항 해석

조봉암 의원　동의하시기 전에 잠깐 헌법 정신에 대한 것을 말씀드리려고 합니다. 우리가 정한 중요한 이 법률 가운데에 법의 정신이 과연 어디에 있느냐고 하는 것을 기록으로 남기기 위해 말씀드리고자 합니다.

제18조에 「노동자의 파업권」을 주장한 의원들이 많이 계셨습니다. 그러나 「단체교섭과 단체행동의 자유는 법률의 범위내에서 보장된다.」 그런 조항이 있기 때문에 단체행동의 자유에 파업권이 포함될 것이니까 특별히 파업권이라고 하는 것을 넣지 않아도 된다고 해석되어 삽입 안 된 것이올시다. 이 다음에 이 헌법을 해석하고 또는 행정하는 사람이 파업이라고 하는 조항이 안 들었으니까 파업은 용인되지 않는다고 하면 헌법정신에 위반된다는 것을 기록에 남겨야 할 것이올시다.

다음에는 제23조 잔인한 형벌과 고문은 금한다. 이런 조항이 빠졌어요. 제9조에 신체의 자유의 조항이 있기 때문에 결국 '잔인한 형벌이라든지 고문은 할 수가 없다.' 그렇게 해석하였습니다. 그렇기 때문에 이런 중요한 조문을 여기에다가 넣지 않았으므로 이것 역시 같은 의미에서 우리가 기록에다가 남겨둘 문제입니다.

그 다음에는 제41조에 많은 격론이 있었던 것은 국회가 선전포고에 대하여 동의한다 그런 표현이올시다. 여기에는 그러면 동의한다 할 것 같으면 명령적인 의사가 거기에 포함되어 있습니다. 이것도 기록에 남겨두셔야 할 것이올시다.

그 다음 제16조는 교육문제인데 소학교육은 의무교육이라고 규정이 되는데 거기에서 무상이라고 하는 문자가 있습니다. 완전히 국가가 의무를 지는 것이라고 해석하므로 이것이 무상으로써 규정된 것이라고 저는 믿고 있습니다.

그런 까닭에 제가 이 몇 가지를 말하는 것은 이 헌법 제정하는 정신은 어디에 있는 것이라고 하는 것이 기록에 남아야 한다는 의미에서 특별히 이 말씀을 드린 것입니다.

의장 이승만　지금 조봉암 의원의 설명하신 것은 다 잘 들으셨고 또 국회의원 전부가 근로대중이나 농민을 차별하려는 생각은 조금도 없을 것입니다. 세세하게 다른 법률에 들어갈 것이니까 들어갈 때에 만약 이 국회가 정한 그 주의를 따라서 할 것으로 저는 믿으니까 거기에 대해서는 다른 이의가 없는 줄로 압니다. 지금은 다른 이야기를 마시고 오늘 이렇게 해 나갈 것 몇 가지 의견이 있으시면 지금 말씀하세요.

지금 국회의 헌법 기초안건을 세세히 조목별로 토의해서 2독회까지 통과해 놓은 것입니다. 여기서 문구라든지 글자를 정정할 것이 있으면 3독회에 가서 작정이 될 것입니다. 그러니까 사흘 동안 휴회하는 동안에 헌법 기초안의 문구와 글자를 교정하고 동시에 정부수립법안을 월요일 아침까지 제정해서 내놓기로 하십시다. 그리고 그날 통과하도록 준비해 가지고 나오시기를 바랍니다.

그렇다면 여러분들 함께 많이 쉬어가지고 오는 월요일에는 뚝딱 작정하기를 바랍니다. 그러면 지금은 휴회 선포합니다.

(하오 3시 37분 산회)

제4장

헌법안
제3독회와
헌법 채택

헌법안 제3독회

사무총장 전규홍　　개회하겠습니다.

지금 출석인원수는 138명이올시다.

의장 이승만　　지금 국회 제28차 회의 개회합니다.

헌법안 제3독회 시작

서상일 의원　　축조해서 읽겠습니다. 자세히 보아주시기 바랍니다.

「전문」

유구한 역사와 전통에 빛나는 우리들 대한국민은 기미 3·1운동으로 대한민국을 건립하여 세계에 선포한 독립정신을 계승하여 이제 민주독립국가를 재건함에 있어서 정의, 인도와 동포애로써 민족의 단결을 공고히 하며 모든 사회적 폐습을 타파하고 민주주의 제 제도를 수립하여 정치, 경제, 사회, 문화의 모든 영역에 있어서 각인의 기회를 균등히 하고 능력을 최고도로 발휘케 하며 각인의 책임과 의무를 완수케 하여, 안으로는 국민생활의 균등한 향상을 기하고 밖으로는 항구적인 국제평화의 유지에 노력하여 우리들의 자손의 안전과 자유와 행복을 영원히 확보할 것을 결의하고 우리들의 정당 또 자유로히 선거된 대표로써 구성된 국회에서 단기 4281년 월 일 이 헌법을 제정한다.

(「좋습니다.」하는 이 있음)

「대한민국 헌법」

「제1장 총강」

의장 이승만   여러분이 의아한 점이 계시면 말씀해 주십시오.

(「이의 없습니다.」하는 이 있음)

그러면 그대로 넘어가겠습니다.

「제1조 대한민국은 민주공화국이다.」

「제2조 대한민국의 주권은 국민에게 있고 모든 권력은 국민으로부터 나온다.」

서상일 의원   「발한다.」하는 원문을 「나온다.」라고 고쳤습니다.

「제3조 대한민국의 국민되는 요건은 법률로써 정한다.」

「제4조 대한민국의 영토는 한반도와 그 부속도서로 한다.」

「제5조 대한민국은 정치, 경제, 사회, 문화의 모든 영역에 있어서 각인의 자유, 평등과 창의를 존중하고 보장하며 공공복리의 향상을 위하여 이를 보호하고 조정하는 의무를 진다.」

서상일 의원　　「개인의 자유」라는 것을 「각인의 자유」라고 고치고 「차를」 하는 것을 「이를」이라고 고쳤습니다.

「제6조 대한민국은 모든 침략적인 전쟁을 부인한다. 국방군은 국토방위의 신성한 의무를 수행함을 사명으로 한다.」

윤치영 의원　　제6조에 국방군으로 하는 것을 국군으로 고치자고 동의합니다. 국군이라 할 것 같으면 우리의 군사에 대한 총칭입니다. 그러므로 국군이라 할 것 같으면 자연 국방군은 거기에 포함되는 것입니다.

의장 이승만　　여기에 대해서 다 들으셨으니까 「국방군」이라는 것을 「국군」이라고 고치자는 그 동의올시다.

(거수표결)

재석의원 161, 가가 125요. 부가 12니까 이 동의 가결돼서 「국방군」이라는 것이 「국군」이라고 작정되었습니다.

(「의장」 하는 이 있음)

긴급한 일 또 조건이 없으면 이야기 마십시오.

의장 이승만　　「제7조 비준 공포된 국제조약과 일반적으로 승인된 국제법규는 국내법과 동일한 효력을 가진다. 외국인의 법적 지위는 국제법, 국제조약과 국제관습의 범위내에서 보장된다.」

조헌영 의원　　국제관습이라는 말은 막연합니다. 장래 외국인이 우리 국내에서 재산소유권이라든지 하는 문제가 일어날 염려가 많은데 여기에 대해서 앞으로 대단히 곤란한 문제에 봉착할 여지가 있지 않은가 하는 것을 우리가 보장하지 아니하면 안될 줄 압니다.

의장 이승만 「국제관습」이라고 하는 넉 자를 빼자고 하는 것이 동의입니다. 그러면 표결에 부칩니다.

(거수표결)

재석의원 161인, 가에 126, 부에 3, 그러므로 그 동의가 가결되어서 이 원문으로 돌아갈 때에 이 「국제관습」이라고 하는 글자는 빼게 될 것이올시다.

서상일 의원 그러면 「외국인의 법적지위는 국제법, 국제조약의 범위내에서 보장된다.」 이렇게 됩니다.

「제2장 국민의 권리·의무」

「제8조 모든 국민은 법률 앞에 평등이며 성별, 신앙 또는 사회적 신분에 의하여 정치적, 경제적, 사회적 생활의 모든 영역에 있어서 차별을 받지 아니한다.

사회적 특수계급의 제도는 일체 인정되지 아니하며 여하한 형태로도 이를 창설하지 못한다.

훈장, 기타 영전의 수여는 오로지 그 받은 자의 영예에 한한 것이며 여하한 특권도 창설되지 아니한다.」

「제9조 모든 국민은 신체의 자유를 가진다. 법률에 의하지 아니하고는 체포, 구금, 수색, 심문, 처벌과 강제노역을 받지 아니한다.

체포, 구금, 수색에는 법관의 영장이 있어야 한다. 단 범죄의 현행범인의 도피 또는 증거인멸의 염려가 있을 때에는 수사기관은 법률의 정하는 바에 의하여 사후에 영장의 교부를 청구할 수 있다.

누구든지 체포, 구금을 받은 때에는 즉시 변호인의 조력을 받을 권리와 그 당부의 심사를 법원에 청구할 권리가 보장된다.」

「제10조 모든 국민은 법률에 의하지 아니하고는 거주와 이전의 자유를 제한받지 아니하며 주거의 침입 또는 수색을 받지 아니한다.」

「제11조 모든 국민은 법률에 의하지 아니하고는 통신의 비밀을 침해받지 아니한다.」

「제12조 모든 국민은 신앙과 양심의 자유를 가진다.

국교는 존재하지 아니하며 종교는 정치로부터 분리된다.」

「제13조 모든 국민은 법률에 의하지 아니하고는 언론, 출판, 집회, 결사의 자유를 제한받지 아니한다.」

「제14조 모든 국민은 학문과 예술의 자유를 가진다.

저작자, 발명가와 예술가의 권리는 법률로써 보호한다.」

「제15조 재산권은 보장된다. 그 내용과 한계는 법률로써 정한다.

재산권의 행사는 공공복리에 적합하도록 하여야 한다.

공공 필요에 의하여 국민의 재산권을 수용, 사용 또는 제한함은 법률의 정하는 바에 의하여 상당한 보상을 지불함으로써 행한다.」

홍희종 의원   신성한 이 헌법을 창설함에 있어서는 절대적으로 우리 국민의 고유한 문자를 사용하는 것이 타당하다고 생각이 됩니다.

여기에 제15조에 「사용 또는 제한함은 법률의 정하는 바에 의하여 상당한 보상을 지불함으로써 행한다.」했는데 이 지불이라고 하는 문구는 왜인들에 한해서만 쓰는 문구라고 생각합니다. 그래서 그 글자를 쓰는 것보담 줄급 「급(給)」자가 가장 좋은 자라고 생각합니다.

또 그와 관련해서 다른 조에도 어떠한 한(限)이라고 하는 한자가 많이 쓰여 있는데 그것은 전부 「하지 못함」으로 고쳤으면 좋지 않을까 생각합니다.

의장 이승만　여기에 동의, 재청, 삼청까지 있으니까 여기에 대해서 가부 묻겠습니다.

재석의원 164인, 가에 106표, 부에 10표이기 때문에 가결된 것이올시다.

「제16조 모든 국민은 균등하게 교육을 받을 권리가 있다. 적어도 초등교육은 의무적이며 무상으로 한다.

모든 교육기관은 국가의 감독을 받으며 교육제도는 법률로써 정한다.」

「제17조 모든 국민은 근로의 권리와 의무를 가진다.

근로조건의 기준은 법률로써 정한다.

여자와 소년의 근로는 특별한 보호를 받는다.」

「제18조 근로자의 단결, 단체교섭과 단체행동의 자유는 법률의 범위 내에서 보장된다.

영리를 목적으로 하는 사기업에 있어서는 근로자는 법률의 정하는 바에 의하여 이익의 분배에 균점할 권리가 있다.」

이익균점권 문제를 재론

조봉암 의원　　18조에 대해서 말씀하겠습니다. 의장께서 분명히 설명하기를 17조에 있는 그대로 18조에 옮긴다 그러한 것을 그때 손을 들어서 결정한 것이올시다. 오늘 이 기록에 보면 번안동의한 문구가 그대로 들어가 있습니다. 이것은 아마 착오일 것 같습니다. 만일 이것이 착오라면 의장께서 설명하신 것이 있으니까 속기록을 참고하셔서 선처해 주시기를 바랍니다.

장면 의원　　여러 가지 문구 수정까지 상당한 토의가 있었는데, 거기에 대해서 수정하는데 대한 원 동의자로부터의 그 수정을 접수한 일이 있었습니다. 그래서 표결에 부치기 직전에 여기서기보는 분이 주문을 분명히 낭독을 해서 거수한 여러분께서 충분히 그 주문이 무엇인지 아시고 거수하신 것이올시다. 그런데 지금 와서 무슨 이러한 문제가 제기될 이유가 하등 없다고 생각합니다.

신성균 의원　　그때에 17조 단항을 18조 2항으로 그대로 옮긴다고 의장 선생님은 선포하셨고 헌법기초위원장께서는 수정동의에 나온 그 주문대로 설명하시고 해서 그것은 대단히 명확치 못하였습니다. 지금 그 속기록을 다시 참고해서 그것을 한 번 낭독하면 모든 사람의 의심이 자연 풀릴 것임으로 이것을 길게 논의할 것 없이 속기록을 한 번 읽기를 요청하는 바입니다.

서상일 의원   우리들이 이 회의 토의하는 것은 번안동의 원칙에 들어가 그 원칙에 의지해서 우리가 사무를 진행해 가지고 그렇게 해서 이 의사순서대로 결정된 문구라고 생각됩니다. 여러분이 혼동 마시기를 바랍니다.

의장 이승만   여기에 동의가 되었으니까 간단히 우리가 표결에 부쳐서 일을 합시다.

이주형 의원   한번 결정된 법률 조문을 다시 고칠 때에는 신중을 기하기 위해서 수정동의안을 제출하는 여러 가지 수속이 있습니다. 가령 의장 선생이 그렇게 말씀했다고 합시다. 그러나 그것은 다만 한 표현의 방법에 지나지 못하고 그 정신은 어디까지든지 우리가 옳을 줄로 생각합니다. 노령하신 의장 선생께서 말씀하신 것을 이렇게 주장하시는 의원들의 본 정신이 어디있는가 의심하고 싶습니다. 그러므로 거기에 말씀하신 그것을 가지고 시간 낭비하지 마시고 이 문제를 그대로 앞으로 진행하시기를 바랍니다.

의장 이승만   그럼 그대로 진행하기로 합니다.

「제19조 노령, 질병, 기타 근로능력의 상실로 인하여 생활유지의 능력이 없는 자는 법률의 정하는 바에 의하여 국가의 보호를 받는다.」

혼인의 순결과 가족의 건강

「제20조 혼인은 남녀동권을 기본으로 하며 가족의 순결과 건강은 국가의 특별한 보호를 받는다.」

장면 의원　이것은 우리가 채택한 것과 의미가 다릅니다. 원래 채택된 것은 「혼인은 남녀동권을 기본으로 하며 혼인의 순결과 가족의 건강은 국가의 특별한 보호를 받는다.」 이렇게 되어 있었습니다.

혼인의 순결과 가족의 건강이라고 이렇게 두 가지를 구별한 것입니다. 여기에 가족의 순결과 건강이라고 하는 것은 전연 의미를 몰각하고 관련성이 없는 것이올시다. 이와 같이 원의 결의를 원에 묻지 않고 맘대로 고친 것은 큰 과오라고 생각합니다.

전문위원 유진오　이 20조는 지금 장면 의원께서 말씀하신 바와 마찬가지로 「혼인은 남녀동권을 기본으로 하며 혼인의 순결과 가족의 건강은 국가의 특별한 보호를 받는다.」 그렇게 됐습니다. 그것을 제안하신 권태욱 의원하고 의논해서 제3독회에서 문구 수정을 할 수가 있으니까 문구를 잘 만들어야겠습니다.

혼인의 순결이라고 그랬으면 여자나 남자나 다 결백해야 한다는 그 의미를 강조하고 혼인한 후에 부부라든지 그것을

> 혼인은 남녀동권을 기본으로 하며 혼인의 순결과 가족의 건강은 국가의 특별한 보호를 받는다.

포함하지 않은 그러한 인상을 줍니다. 「가족의 순결」이라고 하면 혼인도 들어가고 혼인 이후의 부부관계도 들어갈 것이고, 그러므로 해서 우리 국가가 가족제도를 보호한다, 혼인과 가족 이것을 명맥히 나타내는 것이 좋다고 생각해서 미리 혼인을 가족으로 고쳐서 제안한 것입니다.

장면 의원 대단히 유감으로 생각합니다. 이것을 권태욱 의원 개인으로서 전문위원과 합의해서 할 성질의 것이 아닙니다. 「혼인의 순결」이라는 것은 결단코 혼인한 후에도 이 불순한 축첩제도를 분명히 포함한 줄 알고 제의한 것입니다. 해석이 다릅니다. 도저히 이대로 용납할 수 없습니다.

의장 이승만 가부를 물어 작정합시다.

(「가부 아닙니다.」 하는 이 있음)

표결해서 작정하자는 것입니다.

이성득 의원 원문대로 읽으면 됩니다.

의장 이승만 원문대로 읽으시오.

「제20조 혼인은 남녀동권을 기본으로 하며 혼인의 순결과 가족의 건강은 국가의 특별한 보호를 받는다.」

「제21조 모든 국민은 국가 각 기관에 대해서 문서로써 청원을 할 권리가 있다. 청원에 대하여 국가는 심사할 의무를 가진다.」

「제22조 모든 국민은 법률의 정한 법관에 의하여 법률에 의한 재판을 받을 권리가 있다.」

「제23조 모든 국민은 법률에 의하여 범죄를 구성하지 아니하는 행동에 대하여 소추를 받지 아니하며 또 동일한 범죄에 대하여 두 번 처벌되지 아니한다.」

「제24조 형사 피고인은 상당한 이유가 없는 한 지체없이 공개재판을 받을 권리가 있다.

형사 피고인으로서 구금되었던 자가 무죄판결을 받은 때에는 법률의 정하는 바에 의하여 국가에 대하여 보상을 청구할 수 있다.」

홍희종 의원　아까 동의했습니다마는 이 한(限)은 없이 하기로 하여 고쳐서 읽었으면 좋겠습니다.

「제25조 모든 국민은 법률의 정하는 바에 의하여 공무원을 선거할 권리가 있다.」

장병만 의원　한정「한」자는 일본 사람이 쓰는 글자가 아니라고 생각합니다. 그대로 써도 좋을 줄 생각합니다.

「제26조 모든 국민은 법률의 정하는 바에 의하여 공무를 담임할 권리가 있다.」

「제27조 공무원은 주권을 가진 국민의 수임자이며 언제든지 국민에 대하여 책임을 진다. 국민은 불법행위를 한 공무원의 파면을 청원할 권리가 있다. 공무원의 직무상 불법행위로 인하여 손해를 받은 자는 국가 또는 공공단체에 대하여 배상을 청구할 수 있다. 단 공무원 자신의 민사상이나 형사상의 책임이 면제되는 것은 아니다.」

「제28조 국민의 모든 자유와 권리는 헌법에 열거되지 아니한 이유로써 경시되지는 아니한다.

국민의 자유와 권리를 제한하는 법률의 제정은 질서유지와 공공복리를 위하여 필요한 경우에 한한다.」

「제29조 모든 국민은 법률의 정하는 바에 의하여 납세의 의무를 진다.」

「제30조 모든 국민은 법률의 정하는 바에 의하여 국토방위의 의무를 진다.」

「제3장 국회」

「제31조 입법권은 국회가 행한다.」

「제32조 국회는 보통, 직접, 평등, 비밀선거에 의하여 공선된 의원으로써 조직한다.

국회의원의 선거에 관한 사항은 법률로써 정한다.」

「제33조 국회의원의 임기는 4년으로 한다.」

「제34조 국회의 정기회는 매년 1회 12월 20일에 집회한다.

당해일이 공휴일인 때에는 그 익일에 집회한다.」

국회 정기회의는 매년 12월 20일에 개회한다. 임시회의는 대통령 또는 국회의원 1/4의 요구로 소집된다.

「제35조 임시 긴급의 필요가 있을 때에는 대통령 또는 국회의 재적의원 4분지 1 이상의 요구에 의하여 의장은 국회의 임시회의 집회를 공고한다.

국회 폐회중에 대통령 또는 부통령의 선거를 행할 사유가 발생한 때에는 국회는 지체없이 당연히 집회한다.」

조헌영 의원 국무총리의 임명에 관한 수정이 제69조에 들어 있는데, 그것을 넣을 필요가 있다고 생각합니다. 국회 폐회 중에 대통령, 부통령을 선거하거나 국무총리를 승인을 얻을 필요가 있으면 당연히 대통령의 요구로 한다든지, 이것을 명문에 넣는 것이 좋을까 합니다. 국무총리를 임명해서 승인을 얻을 필요가 있을 때에 국회는 당연히 소집해야 될 줄 아는데 이 원문을 만들 때에는 이 조문에 안 들어있는데 제69조에 국무위원을 국회에서 승인했으니까 그 조문이 빠졌다고 생각합니다. 동의합니다.

신성균 의원   제35조 1항은 임시긴급의 필요가 있을 때에는 대통령이 국회를 소집하게 됩니다. 국무총리는 대통령이 임명권을 가지고 국회의 승인을 받는 까닭에 대통령이 여기에 당연히 부수적인 수속을 해야 할 것입니다. 따라서 동의에 반대하는 것입니다.

의장 이승만   그러면 낭독하십시오.

「제36조 국회는 의장 1인, 부의장 2인을 선거한다.」

「제37조 국회는 헌법 또는 국회법에 특별한 규정이 없는 한 그 재적의원의 과반수의 출석과 출석의원의 과반수로써 의결을 행한다.

의장은 의결에 있어서 표결권을 가지며 가부 동수인 경우에는 결정권을 가진다.」

「제38조 국회의 회의는 공개한다. 단 국회의 결의에 의하여 비밀회로 할 수 있다.」

「제39조 국회의원과 정부는 법률안을 제출할 수 있다.」

「제40조 국회에서 의결된 법률안은 정부로 이송되어 15일 이내에 대통령이 공포한다. 단 이의가 있는 때에는 대통령은 이의서를 부하여 국회로 환부하고 국회는 재의에 부한다.

재의의 결과 국회의 재적의원 3분지 2 이상의 출석과 출석 의원 3분지 2 이상의 찬성으로 전과 동일한 의결을 한 때에는 그 법률안은 법률로서 확정된다.

법률안이 정부로 이송된 후 15일 이내에 공포 또는 환부되지 아니하는 때에도 그 법률안은 법률로서 확정된다.

대통령은 본조에 의하여 확정된 법률을 지체없이 공포하여야 한다.

법률은 특별한 규정이 없는 한 공포일로부터 20일을 경과함으로써 효력을 발생한다.」

「제41조 국회는 예산안을 심의결정한다.」

'동의를 한다'를 '동의권을 가진다'로 수정

「제42조 국회는 국제조직에 관한 조약, 상호원조에 관한 조약, 강화조약, 통상조약, 국가 또는 국민에게 재정적 부담을 지우는 조약, 입법사항에 관한 조약의 비준과 선전포고에 대하여 동의를 한다.」

이원홍 의원 제42조의 「동의를 한다.」를 「동의권을 가진다.」고 그렇게 수정하기를 동의합니다. 그 이유는 동의하게 하는 것은 개인의 한 권리입니다. 만일 '동의한다'면 반드시 동의를 해야 될 것입니다. 의무적 의미를 표현하고 있습니다. 그러므로 동의권을 갖는다고 할 것이 당연하다고 생각합니다.

박해정 의원   그것을 재청합니다.

이진수 의원   삼청합니다.

의장 이승만   가부묻겠습니다.

(거수표결)

이것 한 자, 두 자 고치는 것은 큰 일이 아닌 것은 그냥 두면 좋겠네요.

(소성)

재석의원 171인, 가 83이고, 부 18입니다. 그러면 이것은 미결이니까 다시 그대로……

이원홍 의원   미결인 동시에는 두 번 묻기로 되어 있습니다.

의장 이승만   원안에 대한 것을 한 번 묻겠습니다.

원안 그대로 두자는 것입니다.

(거수표결)

재석의원 171인에 가 54, 부 70이니까 또 미결입니다. 그러면 그냥 두고……

서상일 의원   동의를 한 번 더 물어보십시오.

의장 이승만   그러면 동의를 한 번 더 묻습니다. 아까 동의의 뜻은 다 여러분이 잘 아니까 설명 안 합니다. 아까는 투표를 잘 못했어요.

(소성)

(거수표결)

재석의원 171인, 가 120, 부 25입니다. 가결되었습니다.

또 인제는 그 다음 낭독하십쇼.

「제43조 국회는 국정을 감사하기 위하여 필요한 서류를 제출케하며 증인의 출두와 증언 또는 의견의 진술을 요구할 수 있다.」

나용균 의원　조그마한 문제인 것 같습니다마는 「출두」라는 말은 일본 냄새가 납니다. 「출석」이라고 고치는 것이 어떨까요? 그렇게 동의합니다.

의장 이승만　「출두」라는 말이 왜놈 냄새가 난답니다.

(소성)

(거수표결)

재석의원 171인, 가 133, 부는 없으니까, 아마 마흔 분은 기권을 한 모양인데 이 다음엔 기권 마세요.

「제44조 국무총리, 국무위원과 정부위원은 국회에 출석하여 의견을 진술하고 질문에 응답할 수 있으며 국회의 요구가 있을 때에는 출석 답변하여야 한다.」

「제45조 국회는 의원의 자격을 심사하고 의사에 관한 규칙을 제정하고 의원의 징벌을 결정할 수 있다.

의원을 제명함에는 재적의원 3분지 2 이상의 찬성이 있어야 한다.」

「제46조 대통령, 부통령, 국무총리, 국무위원, 심계원장, 법관, 기타 법률이 정하는 공무원이 그 직무수행에 관하여 헌법 또는 법률에 위배한 때에는 국회는 탄핵의 소추를 결의할 수 있다.

국회의 탄핵소추의 발의는 의원 50인 이상의 연서가 있어야 하며 그 결의는 재적의원 3분지 2 이상의 출석과 출석의원 3분지 2 이상의 찬성이 있어야 한다.」

「제47조 탄핵사건을 심판하기 위하여 법률로써 탄핵재판소를 설치한다.

탄핵재판소는 부통령이 재판장의 직무를 행하고 대법관 5인과 국회의원 5인이 재판관이 된다.[25] 단 대통령과 부통령을 심판할 때에는 대법원장이 재판장의 직무를 행한다.

> 탄핵소추의 결의는 국회 재적의원 3분의 2를 요한다. 탄핵재판소는 재판장이 되는 부통령과 5인의 대법관, 5인의 국회의원으로 구성한다.

탄핵 판결은 심판관 3분지 2 이상의 찬성이 있어야 한다.

탄핵 판결은 공직으로부터의 파면함에 그친다. 단 이에 의하여 민사상이나 형사상의 책임이 면제되는 것은 아니다.」

「제48조 국회의원은 동시에 지방의회의 의원을 겸할 수 없다.」

최운교 의원　제48조에 「동시에」라는 말을 빼기를 바랍니다. 동의합니다.

이유선 의원　동의합니다.

신광균 의원　삼청합니다.

의장 이승만　48조에 「동시에」라는 것에 동의, 재청있습니다. 가부 묻습니다.

(거수표결)

재석의원 163인, 가 132, 부 1, 가결된 것입니다.

25　최종안에는 '재판관이 된다'를 '심판관이 된다'로 하였다.

「제49조 국회의원은 현행범을 제한 외에는 회기중 국회의 동의없이 체포 또는 구금되지 아니하며 회기 전에 체포 또는 구금되었을 때에는 국회의 요구가 있으면 회기중 석방된다.」

「제50조 국회의원은 국회내에서 발표한 의견과 표결에 관하여 외부에 대하여 책임을 지지 아니한다.」

「제4장 정부」

「제1절 대통령」

「제51조 대통령은 행정권의 수반이며 외국에 대하여 국가를 대표한다.」

「제52조 대통령이 사고로 인하여 직무를 수행할 수 없을 때에는 부통령이 그 권한을 대행하고 대통령, 부통령 모다 사고로 인하여 그 직무를 수행할 수 없을 때에는 국무총리가 그 권한을 대행한다.」

「제53조 대통령과 부통령은 국회에서 무기명투표로써 각각 선거한다.

전항의 선거는 재적의원 3분지 2 이상의 출석과 출석의원 3분지 2 이상의 찬성 투표로써 당선을 결정한다. 단 3분지 2 이상의 득표자가 없는 때에는 2차 투표를 한다. 2차 투표에도 3분지 2 이상의 득표자가 없는 때에는 최고득표자 2인에 대하여 결선투표를 행하여 다수득표자를 당선자로 한다.

대통령과 부통령은 국무총리 또는 국회의원을 겸하지 못한다.」

홍희종 의원   제53조 제1항에 「3분지 2 이상의 찬성 투표로써」라고 하였는데 찬성 투표라고 하면 후보자를 내세운 경우에는 거기에 해당할는지 몰라도 후보자를 안 내세우고는 무기명투표를 해서 득표라고 하면 좋겠습니다.

의장 이승만　그냥 낭독하시오.

「제54조 대통령은 취임에 제하여 국회에서 좌[26]의 선서를 행한다.」

「나는 국헌을 준수하며 국민의 복리를 증진하며 국가를 보위하여 대통령의 직무를 성실히 수행할 것을 국민에게 엄숙히 선서한다.」

「제55조 대통령과 부통령의 임기는 4년으로 한다. 단 재선에 의하여 1차 중임할 수 있다.

부통령은 대통령 재임중 재임한다.」

「제56조 대통령, 부통령의 임기가 만료되는 때에는 늦어도 그 임기가 만료되기 30일 전에 그 후임자를 선거한다.

대통령 또는 부통령이 궐위된 때에는 즉시 그 후임자를 선거한다.」

「제57조 내우, 외환, 천재, 지변 또는 중대한 재정, 경제상의 위기에 제하여 공공의 안녕질서를 유지하기 위하여 긴급한 조치를 할 필요가 있는 때에는 대통령은 국회의 집회를 기다릴 여유가 없는 경우에 한하여 법률의 효력을 가진 명령을 발하거나 또는 재정상 필요한 처분을 할 수 있다.

26　세로쓰기로 표기해서 '좌'로 되어 있다.

전항의 명령 또는 처분은 지체없이 국회에 보고하여 승인을 얻어야 한다.

만일 국회의 승인을 얻지 못한 때에는 그때부터 효력을 상실하며 대통령은 지체없이 차를 공포하여야 한다.」

「제58조 대통령은 법률에서 일정한 범위를 정하여 위임을 받은 사항과 법률을 실시하기 위하여 필요한 사항에 관하여 명령을 발할 수 있다.」

「제59조 대통령은 조약을 체결하고 비준하며 선전포고와 강화를 행하고 외교사절을 신임·접수한다.」

「제60조 대통령은 중요한 국무에 관하여 국회에 출석하여 발언하거나 또는 서한으로 의견을 표시한다.」

「제61조 대통령은 국방군을 통수한다. 국방군의 조직과 편성은 법률로써 정한다.」

서상일 의원　　국방군의 「방」자는 뺐습니다.

최규옥 의원　　지금은 제3독회인데 제2독회는 지냈습니다마는 제61조의 2항만은 삭제를 아니할 수 없습니다. 「국방군의 조직과 편성은 법률로써 정한다.」 하였는데 국방군의 조직과 편성은 기밀일 것입니다. 비밀로 되어야 할 것인데 법률로 정한다고 하였으니 이것은 삭제하지 않으면 안 된다고 생각합니다.

서상일 의원　　참고로 들어둡니다.

「제62조 대통령은 헌법과 법률의 정하는 바에 의하여 공무원을 임면한다.」

「제63조 대통령은 법률의 정하는 바에 의하여 사면, 감형과 복권을 명한다. 일반사면을 명함에는 국회의 동의를 얻어야 한다.」

「제64조 대통령은 법률의 정하는 바에 의하여 계엄을 선포한다.」

「제65조 대통령은 훈장, 기타 영예를 수여한다.」

「제66조 대통령의 국무에 관한 행위는 문서로 하여야 하며 모든 문서에는 국무총리와 관계 국무위원의 부서가 있어야 한다. 군사에 관한 것도 또한 같다.」

「제67조 대통령은 내란 또는 외환의 죄를 범한 때 이외에는 재직중 형사상의 소추를 받지 아니한다.」

이진수 의원 제51조에 「대통령은 행정권의 수반이며 외국에 대하여 국가를 대표한다.」 여기서 외국에 대하여 국가를 대표한다는 이 글자는 필요 없을 줄 압니다. 「외국에 대하여」이 다섯 자를 삭제하기를 동의합니다.

(「동의 안 돼요」 하는 이 있음)

(「재청합니다.」, 「삼청합니다.」 하는 이 있음)

동의의 이유에 대한 것을 설명하겠습니다.

서상일 의원 그것은 지나간 것입니다.

(「읽으시요.」 하는 이 다수 있음)

「제2절 국무원」

「제68조 국무원은 대통령과 국무총리, 기타의 국무위원으로 조직되는 합의체로서 대통령의 권한에 속한 중요 국책을 의결한다.」

「제69조 국무총리는 대통령이 임명하고 국회의 승인을 얻어야 한다.

국회의원 총선거 후 신 국회가 개회되었을 때에는 국무총리 임명에 대한 승인을 다시 얻어야 한다.

국무위원은 대통령이 임명한다.

국무위원의 총수는 국무총리를 합하여 8인 이상 15인 이내로 한다.

군인은 현역을 면한 후가 아니면 국무총리 또는 국무위원에 임명될 수 없다.」

「제70조 대통령은 국무회의의 의장이 된다.

국무총리는 대통령을 보좌하며 국무회의의 부의장이 된다.」

「제71조 국무회의의 의결은 과반수로써 행한다.

의장은 의결에 있어서 표결권 이외에 가부 동수인 경우에는 결정권을 가진다.」

「제72조 좌의 사항은 국무회의의 의결을 경하여야 한다.

1. 국정의 기본적 계획과 정책
2. 조약안, 선전, 강화, 기타 중요한 대외정책에 대한 사항
3. 헌법 개정안, 법률안, 대통령령안
4. 예산안, 결산안, 재정상의 긴급처분안, 예비비 지출에 관한 사항
5. 임시국회의 집회요구에 관한 사항
6. 계엄안, 해엄안
7. 군사에 관한 중요사항
8. 영예수여, 사면, 감형, 복권에 관한 사항
9. 행정 각부간의 연락사항과 권한의 획정

10. 정부에 제출 또는 회부된 청원의 심사

11. 대법관, 검찰총장, 심계원장, 국립대학총장, 대사, 공사, 군사령관, 군참모장, 기타 법률에 의하여 지정된 공무원과 중요 국영기업의 관리자의 임면에 관한 사항

12. 행정 각부의 중요한 정책의 수립과 운용에 관한 사항

13. 기타 국무총리 또는 국무위원이 제출하는 사항」

서상일 의원 　제71조에 「국무회의의 의결은 과반수로써 행한다. 의장은 의결에 있어서 표결권 이외에……」 라고 읽었는데 「표결권을 가지며……」를 잘못 읽었습니다.

'군사령관'을 '국군총사령관'으로 수정

윤치영 의원 　제72조 11항에 있어서 군사령관이라고 하는 것은 수십 명이 있는 것은 다 아는 것입니다. 「국군 총사령관」으로 고치고 이 「총」자 하나를 넣기를 바랍니다.

그 다음에 가서 군참모장이라고 하는 것은 「국군 총참모장」[27]이라고 그 「총」자를 삽입하는 것을 동의합니다.

장면 의원 　재청합니다.

정균식 의원 　삼청합니다.

의장 이승만 　다 그렇게 아시면 표결에 부치겠습니다.

27 　최종안에는 국군참모총장으로 하였다.

(거수표결)

재석의원 163인, 가에 89, 부에 8, 가결입니다.

의장으로서 말씀할 것은 이 조문이 다 넘어가는 중이니까 이것을 다 통과한 뒤에 점심 잡수러 가기로 하겠습니다. 여러분이 이야기 많이 하신 벌로…….

「제3절 행정 각부」

「제73조 행정 각부 장은 국무위원중에서 대통령이 임명한다.

국무총리는 대통령의 명을 승하여 행정 각부 장을 통리·감독하며 행정 각부에 분담되지 아니한 행정사무를 담임한다.」

「제74조 국무총리 또는 행정 각부 장은 그 담임한 직무에 관하여 직권 또는 특별한 위임에 의하여 총리령 또는 부령을 발할 수 있다.」

「제75조 행정 각부의 조직과 직무범위는 법률로써 정하다.」

「제5장 법원」

「제76조 사법권은 법관으로써 조직된 법원이 행한다.

최고법원인 대법원과 하급법원의 조직은 법률로써 정한다.

법관의 자격은 법률로써 정한다.」

서상일 의원　행정 각부에 제73조와 제74조에 「행정 각부 장은……」 행정조직안에 행정 각부 장관이라고 하였으니 여기에도 이 「관」 하나를 넣는 것이 좋을 줄 생각합니다.

좋습니까?

(「좋습니다.」 하는 이 다수 있음)

「제77조 법관은 헌법과 법률에 의하여 독립하여 심판한다.」

「제78조 대법원장인 법관은 대통령이 임명하고 국회의 승인을 얻어야 한다.」

「제79조 법관의 임기는 10년으로 하되 법률의 정하는 바에 의하여 연임할 수 있다.」

「제80조 법관은 탄핵, 형벌 또는 징계처분에 의하지 아니하고는 파면, 정직 또는 감봉되지 아니한다.」

「제81조 대법원은 법률의 정하는 바에 의하여 명령, 규칙과 처분이 헌법과 법률에 위반되는 여부를 최종적으로 심사할 권한이 있다.

법률이 헌법에 위반되는 여부가 재판의 전제가 되는 때에는 법원은 헌법위원회에 제청하여 그 결정에 의하여 재판한다.

헌법위원회는 부통령을 위원장으로 하고 대법관 5인과 국회의원 5인의 위원으로 구성한다.

헌법위원회에서 위헌 결정을 할 때에는 위원 3분지 2 이상의 찬성이 있어야 한다.

헌법위원회의 조직과 절차는 법률로써 정한다.」

「제82조 대법원은 법원의 내부규율과 사무처리에 관한 규칙을 제정할 수 있다.」

서상일 의원   제82조를 이렇게 고쳐도 상관없어요?[28]

---

28 헌법초안 제81조「대법원은 법원의 내부규율과 사무처리에 관한 사항에 관한 규칙을 제정할 수 있다.」

(「상관없습니다.」하는 이 있음)

「제83조 재판의 대심과 판결은 공개한다. 단 안녕질서를 방해하거나 풍속을 해할 염려가 있는 때에는 법원의 결정으로써 공개를 아니할 수 있다.」

「제6장 경제」

「제84조 대한민국의 경제질서는 모든 국민에게 생활의 기본적 수요를 충족할 수 있게 하는 사회정의의 실현과 균형있는 국민경제의 발전을 기함을 기본으로 삼는다. 각인의 경제상 자유는 이 한계내에서 보장된다.」

「제85조 광물, 기타 중요한 지하자원, 수산자원, 수력과 경제상 이용할 수 있는 자연력은 국유로 한다. 공공 필요에 의하여 일정한 기간 그 개발 또는 이용을 특허하거나 또는 특허를 취소함은 법률의 정하는 바에 의하여 행한다.」

「제86조 농지는 농민에게 분배하며 그 분배의 방법, 소유의 한도, 소유권의 내용과 한계는 법률로써 정한다.」

「제87조 중요한 운수, 체신,[29] 금융, 보험, 전기, 수리, 수도, 까스 및 공공성을 가진 기업은 국영 또는 공영으로 한다. 공공 필요에 의하여 사영을 특허하거나 또는 그 특허를 취소함은 법률의 정하는 바에 의하여 행하다.

대외무역은 국가의 통제하에 둔다.」

---

29 최종안에는 통신이라고 하였다.

「88조 국방상 또는 국민생활상 긴절한 필요에 의하여 사영 기업을 국유 또는 공유로 이전하거나 또는 그 경영을 통제, 관리함은 법률의 정하는 바에 의하여 행한다.」

「제89조 제85조 내지 제88조에 의하여 특허를 취소하거나 권리를 수용, 사용 또는 제한하는 때에는 제15조 제3항의 규정을 준용한다.」

「제7장 재정」

「제90조 조세의 종목과 세율은 법률로써 정한다.」

「제91조 정부는 국가의 총수입과 총지출을 회계연도마다 예산으로 편성하여 매년 국회의 정기회 개회 초에 국회에 제출하여 그 의결을 얻어야 한다.

특별히 계속지출의 필요가 있을 때에는 연한을 정하여 계속비로서 국회의 의결을 얻어야 한다.

국회는 정부의 동의없이는 정부가 제출한 지출예산 각항의 금액을 증가하거나 또는 신 비목을 설치할 수 없다.」

「제92조 국채를 모집하거나 예산외에 국가의 부담이 될 계약을 함에는 국회의 의결을 얻어야 한다.」

「제93조 예측할 수 없는 예산외의 지출 또는 예산 초과지출에 충당하기 위한 예비비는 미리 국회의 의결을 얻어야 한다.

예비비의 지출은 차기 국회의 승인을 얻어야 한다.」

「제94조 국회는 회계연도가 개시되기까지에 예산을 의결하여야 한다. 부득이한 사유로 인하여 예산이 의결되지 못한 때에는 국회는 1개월 이내의 가예산을 의결하고 그 기간내에 예산을 의결하여야 한다.」

「제95조 국가의 수입·지출의 결산은 매년 심계원에서 검사한다.

정부는 심계원의 검사보고와 함께 결산을 차년도의 국회에 제출하여야 한다.

심계원의 조직과 권한은 법률로써 정한다.」

「제8장 지방자치」

「제96조 지방자치단체는 법령의 범위내에서 단체의 자치에 관한 행정사무와 국가가 위임한 행정사무를 처리하며 재산을 관리한다.

지방자치단체는 법령의 범위내에서 그 자치에 관한 규정을 제정할 수 있다.」

「제97조 지방자치단체의 조직과 운영에 관한 사항은 법률로써 정한다.

지방자치단체에는 각각 의회를 둔다.

지방의회의 조직, 권한과 의원의 선거는 법률로써 정한다.」

헌법개정은 재적의원 3분의 2 이상의 찬성으로

「제9장 헌법 개정」

「제98조 헌법 개정의 제안은 대통령 또는 국회의 재적의원 3분지 1 이상의 찬성으로써 한다.

헌법 개정의 제의는 대통령이 이를 공고하여야 한다.

전항의 공고 기간은 30일 이상으로 한다.

헌법 개정의 의결은 국회에서 재적의원 3분지 2 이상의 찬성으로써 한다.

헌법 개정이 의결된 때에는 대통령은 즉시 공포한다.」

「제10장 부칙」

「제99조 이 헌법은 이 헌법을 제정한 국회의 의장이 공포한 날로부터 시행한다. 단 법률의 제정이 없이는 실현될 수 없는 규정은 그 법률이 시행되는 때부터 시행된다.」

「제100조 현행 법령은 이 헌법에 저촉되지 아니하는 한 효력을 가진다.」

「제101조 이 헌법을 제정한 국회는 단기 4278년 8월 15일 이전의 악질적인 반민족 행위를 처벌하는 특별법을 제정할 수 있다.」

서상일 의원　이 「4278년」을 「사천이백칠십팔년」으로 고치십시오.

이종근 의원　101조에 「할 수 있다.」 하는 것을 「한다.」로 고치십시오.

서상일 의원　「할 수 있다.」고 하는 것이 법률상 옳지 「한다.」 하면 법리상 안 된다는 것을 먼저 회의에서도 말이 있었습니다.

이종근 의원　「할 수 있다.」고 하면 해도 그만 안 해도 그만입니다. 악질적인 반민족 행위를 처벌하는 특별법은 절대로 제정해야 할 것입니다. 일반 국민이 이 특별법을 얼마나 기다리고 있는지 아십니까? 그러므로 이 「제정할 수 있다.」 이것을 「제정한다.」고 하기로 동의합니다.

김기철 의원　재청합니다.

류홍열 의원　삼청합니다.

의장 이승만　재청없어요? 재청없으면 그대로 갑니다.

(「재청있습니다.」하는 이 있음)

서상일 의원　동의, 재청이 되지 않습니다. 먼저 회의에서도 이 말이 있었는데 이것은 법률상으로 법리적으로 불소급의 원칙으로 규정된 특별법입니다. 그런 까닭에 「할 수 있다.」라고 하는 것이예요. 「한다.」고 안 붙이드라도 상관없어요. 그렇게 법률상에 위반되는 것을 기어이 고칠 필요가 무엇이 있습니까? 할 수 있는 것을……, 제2독회에 부결된 문제예요. 부결된 것을 다시 여기서 말하면 어떻게 합니까? 정신들 차리고 잘 생각해서 말을 해 주세요. 제2독회에서 부결되었어요.

> 반민족행위를 처벌할 수 있게 하는 것은 헌법상의 불소급 원칙에 예외를 허용하는 것으로서 '한다'가 아니라 '할 수 있다'고 표현해야

(「의장」하는 이 다수 있음)

(장내소연)

김명동 의원　당연히 그것을 「할 수 있다.」는 것을 고칠 수가

있을 것입니다. 정신차려라 하는 것은 그것은 도저히 말이 안 됩니다. 그러니까 표결해 주십시오.

(장내소연)

의장 이승만　제2독회에서 부결된 것 문제삼지 말고 다음으로 넘어갑시다.

「제102조 이 헌법을 제정한 국회는 이 헌법에 의한 국회로서의 권한을 행하며 그 의원의 임기는 국회 개회일로부터 2년으로 한다.」

「제103조 이 헌법 시행시에 재직하고 있는 공무원은 이 헌법에 의하여 선거 또는 임명된 자가 그 직무를 계승할 때까지 계속하여 직무를 행한다.」

서상일 의원　잠깐 한 마디 드리겠습니다.

제96조에 「지방자치단체는 법령의 범위내에서 단체의 자치에 관한」을 「지방자치단체는 법령의 범위내에서 그 자치에 관한」로 고쳤습니다.

대한민국 헌법 채택

전원기립으로 대한민국 헌법 채택

서정희 의원　　오늘 우리 국회의원은 참 경사스럽고도 기쁜 낭독을 다 마친 줄 압니다. 오늘 참으로 시원스럽게 제3독회를 마치게 되는 이 때에 이 3독회로 제103조까지 낭독한 이상에는 이 헌법을 비로소 통과하기를 동의하는 것이올시다.

김철 의원　　재청합니다.

김영동 의원　　삼청합니다.

윤석구 의원　　사청합니다.

이범교 의원　　오청합니다.

의장 이승만　　동의, 재청은 이 전체 103조를 낭독한 것을 전체로 통과하자는 동의, 재청, 삼청이니까…….

윤재욱 의원　　동의측에서 이것을 받는다면 여기 3독회 하면서 문구 수정으로서 대개 몇 군데 있는 것 같은데 이 문구 수정과 이것을 완비하는 동시에 전문에 단기 4281년 월 일이라고 했습니다. 동의측에 첨부하고 싶은 것은 이것을 7월 12일 날짜로 규정하는 것을 받으시면 동의측에 첨부합니다.

　　서정희 의원　　접수합니다.

　　의장 이승만　　여기 대해서는 긴 토론이 없으니까 이것을 신중히 하기 위해서 여기서 호명을 할테니까 호명을 하면 「가라」, 「부라」 이렇게 넘어가면 좋겠습니다. 이의 없으면 그대로 하겠습니다.

　　이종근 의원　　제101조에 「제정할 수 있다.」는 것을 「제정한다.」고 동의했습니다. 거기에 재청, 삼청이 있는데도 불구하고 그냥 넘어가는 것은 위법입니다.

　　의장 이승만　　요전에 이것은 동의, 재청이 되어가지고 부결이 되었는데 또 이렇게 해서 문제를 만들면 안 되니까 동의, 재청 안 된다고 하였습니다. 그러면 이 전문을 그대로 통과하자는 것을 가케 여기면 기립하시오. 이것은 대한민국 헌법을 103조를 다 낭독한 대로 꼭 통과했다는 표적(表迹)입니다.

　　(전원기립)

　　한 분도 빠짐이 없으니까 전체가 통과된 것이니까…….

　　(박수)

헌법제정은 해방의 기쁨

이정래 의원   우리는 역사적으로 이 대한민국 헌법을 우리의 손으로 우리가 제정해서 우리 자손만대에 전해주는 영광을 가졌습니다. 그러면 우리가 경하하는 의미로서 전체가 기립해 가지고 만세삼창하는 것을 동의합니다.

의장 이승만   삼천만 민족이 지난 40년 동안에 남의 법률 아래서 살아왔던 것입니다. 그런데 오늘 이 때에 우리 민족의 대표로 자유선거로써 우리가 여기에 모여가지고 삼천만을 대표하는 민의를 받아서 이 헌법을 우리의 손으로 만들게 되었습니다. 이 국법으로 우리가 다스리고 또 다스림을 받게 이렇게 제정한 것입니다. 그러므로서 우리 헌법의 제정은 실로 해방의 기쁨입니다.

여러분들이 그동안 많이 노력하시고 의견이 서로 같지 않은 것도 다 희생들 하시고서 오늘이 있게 한 것을 의장으로서 감사하게 생각합니다. 특히 기초위원들이 자율적으로 생각을 해서 한국인들의 의사로 한국인들의 법률을 이만치 만들었다고 외국 사람들이, 더욱이 미국 사람들이 충분하게 다 되었다고 이야기하는 것을 들었습니다.

이 헌법은 따로 날을 정해서 공포하겠지만 우리 국회 안에서는 충분히 작정이 되어서 국법을 세운 것이니까 공포하는 날에 전국에 이것이 다 시행될 것입니다. 노력하신 위원과 특히 기초위원장이 낭독을 잘해서…….

(소성)

대단히 고맙습니다.

대한민국과 KOREA

의장 이승만　　그러면 다른 것 없으면 이것으로 오늘 오후는 산회를 하고 모래 아침에 개회합니다.

이제 보고하려는 것은 무엇인고 하니 외국 손님들이 잘못하면 의아하게 생각할 것이 있습니다. 외국 사람들이 우리나라를 생각하기를 「고려(Korea)」라고 했습니다. 우리 국호를 대한민국으로 한 것은 새로 국호를 고친 것이 아니라 기미년에 왜놈들이 「조선」이라고 한 것이 진절머리가 나서 우리는 대한민국이라고 선포했던 것입니다.

이번에 대한민국이라고 한 것은 「고려(Korea)」라고 하는 것을 고친 것이 아니고 그대로 한 것입니다. 이를 신문에 내서 외국 사람들도 국호를 고치지 않은 것이라고 양해하도록 사무국에 영문으로 공문을 만들어서 공포하도록 지시합니다.

지금 다른 의견 없으면…….

이구수 의원　　우리가 기대하고 있던 헌법이 오늘 통과되니 우리 삼천만 동포는 누구 할 것 없이 감격하겠습니다마는 몇몇 의원이 이 좌석에 참석하지 못하고 또 이북 동포는 참으로 눈물을 흘리면서 계실 줄 생각합니다. 그러니 의장 선생에게 특별히 부탁 올릴 말씀은 이북 100명 국회의원이 하루속히 이북 동포의 선출을 받아 이 국회에 나와서 일해 주시도록 의장 선생님이 특히 요청해 주시기를 부탁합니다.

    의장 이승만   오늘 우리가 책임을 다하였으니 대단히 마음이 기쁩니다. 산회합니다.

(하오 0시 35분 산회)

유진오·행정연구회 헌법안(한국헌법 초안) *

전문(前文)

유구한 역사와 전통에 빛나는 우리 한국인민은 3·1혁명의 위대한
발자취와 거룩한 희생을 추억하며 불굴의 독립정신을 계승하여
지금 자주독립의 조국을 재건함에 있어서 우리들과 우리들의 자
손을 위하여 정의와 인도의 그 발밑에 민족의 단결을 공고히 하며
모든 봉건적 인습을 타파하고 세계진운(世界進運)에 뒤지지 않도록
진취적인 민주주의 제제도(諸制度)를 수립하여 정치, 경제, 사회, 문
화의 모든 영역에 있어서 각인의 기회를 균등히 하고 각인의 능력
을 최고도로 발휘케 하며 근로역행(勤勞力行)하여 각인의 책임과 의
무를 완수케 하여서 안으로는 인민의 복지를 향상케 하고 밖으로
는 항구적인 국제평화의 유지에 노력하여 모든 침략과 전제(專制)
와 빈곤을 배제하고 우리들의 자손의 안전과 자유와 행복을 영원
히 확보할 것을 결의하고 1948년 월(月) 일(日) 우리들의 자유로이
선거된 대표로써 구성된 국회에서 이 헌법을 채택한다.

---

*   국회사무처, 1958, 『국회보』 제20호, 70-76.

제1장 총강

제1조 한국은 민주공화국이다.

제2조 한국의 주권은 인민에게 있고 모든 권력은 인민으로부터
발한다.

제3조 한국 국민의 요건을 법률로써 정한다.

제4조 한국의 영토는 조선반도와 울릉도 및 기타의 부속도서로
한다.

제5조 한국은 정치, 경제, 사회, 문화의 모든 영역에 있어서 개인
의 자유, 평등과 창의를 존중하고 보장하며 공공복지의 향상
을 위하여 차(此)를 보호하고 조정하는 의무를 진다.

제6조 한국은 국책의 수단으로써의 모든 침략적인 전쟁을 부인
하고 포기한다. 국방군은 국토방위의 신성한 의무를 수행함을
사명으로 한다.

제7조 정식으로 비준공포된 조약과 일반으로 승인된 법규는 국
내법으로서의 효력을 가진다.

제2장 인민의 권리 의무

제8조 모든 인민은 법률 앞에 평등이며 성별, 신앙 또는 사회적
신분에 의하여 정치적, 경제적, 사회적 생활의 모든 영역에 있
어서 차별을 받지 안는다.

신분상의 특권적 지위는 일절 인정되지 않으며 장래 영구히
여하한 형태로도 창설하지 못한다. 훈장 기타 영예의 수여는

오로지 각인의 명예에 관한 것이다.

제9조 모든 인민은 신체의 자유를 가진다. 법률에 의하지 아니하고는 체포, 구금, 수색, 심문, 처벌되지 않는다.

하인(何人)이든지 현행범으로 체포되는 경우 이외에는 이유를 명시한 재판관의 영장에 의하지 않고는 체포, 구금, 수색을 받지 아니하며 체포, 구금을 받은 때에는 즉시 변호인의 조력을 받을 권리와 그 당부의 심사를 법원에 청구할 권리가 보장된다.

제10조 모든 인민은 법률에 의하지 아니하고는 거주와 이전의 자유를 제한받지 아니하며 주거에 침입 또는 수색을 받지 않는다.

제11조 모든 국민은 법률에 의하지 아니하고는 통신의 비밀을 침해받지 않는다.

제12조 모든 인민은 신앙과 양심의 자유를 가진다.

국교는 존재하지 않으며 종교는 정치로부터 분리된다.

제13조 모든 인민은 법률에 의하지 아니하고는 언론, 출판, 집회, 결사의 자유를 제한받지 않는다.

제14조 모든 인민은 학문과 예술의 자유를 가진다. 저작자 발명가와 미술가의 권리는 법률로써 보호된다.

제15조 재산권은 보장된다. 그 내용과 한계는 법률로써 정한다.

재산권의 행사는 공공복지에 적합하도록 하여야 한다.

공공 필요에 의하여 인민의 재산을 수용 사용 또는 제한함은 법률이 정하는 바에 의하며 상당한 보상을 지불함으로써 행한다.

제16조 모든 인민은 균등하게 교육을 받을 권리가 있다. 초등교육은 의무적이며 무상으로 한다.

모든 교육기관은 국가의 감독을 받으며 교육제도는 법률로써 정한다.

종교교육을 목적으로 하는 학교 이외의 학교에서는 종교에 관한 학과를 강제로 과(課)하지 못한다.

제17조 모든 인민은 근로의 권리와 의무를 가진다.

근로조건의 기준은 법률로써 정한다.

여자와 소년의 근로는 특별한 보호를 받는다.

제18조 근로자의 단결, 단체교섭과 단체행동의 자유는 법률의 범위 내에서 보장된다.

제19조 노령, 병약, 기타 근로능력의 상실로 인하여 생활을 유지할 능력이 없는 자는 법률이 정하는 바에 의하여 국가의 보호를 받을 권리가 있다.

제20조 모든 인민은 국가기관에 대하여 문서로써 청원을 할 권리가 있다.

청원에 대하여 국가는 차(此)를 심사할 의무를 진다.

제21조 모든 인민은 법률이 정한 재판관에 의하여 법률에 의하여 재판을 받을 권리가 있다.

제22조 모든 인민은 행위시의 법률에 의하여 범죄를 구성하지 아니하는 행위에 대하여 소추를 받지 아니하며 또 동일한 범죄에 대하여 두 번 처벌되지 아니한다.

제23조 형사피고인은 상당한 이유가 없는 한 지체없이 공개재판을 받을 권리가 있다.

고문과 잔혹한 형벌은 금한다.

형사피고인으로서 구금되었던 자가 무죄판결을 받은 때에는 법률의 정하는 바에 의하여 국가에 대하여 보상을 청구할 수 있다.

제24조 모든 인민은 법률이 정하는 바에 의하여 공무원을 선거할 권리가 있다.

제25조 모든 인민은 법률이 정하는 바에 의하여 공무를 담임(擔任)할 권리가 있다.

제26조 공무원은 주권을 가진 인민의 수임자이며 언제든지 인민에 대하여 책임을 진다.

인민은 불법행위를 한 공무원의 파면을 청원할 권리가 있다.

공무원의 직무상 불법행위로 인하여 손해를 받은 자는 국가 또는 공공단체에 대하여 배상을 청구할 수 있다. 단 공무원 자신의 민사상이나 형사상의 책임이 면제되는 것은 아니다.

제27조 인민의 모든 자유와 권리는 헌법에 열거되지 아니한 이유로써 경시되지는 않는다. 인민의 자유와 권리를 제한하는 법률의 제정은 질서유지와 공공복지를 위하여 필요한 경우에 한한다.

제28조 모든 인민은 법률이 정하는 바에 의하여 납세의 의무를 진다.

제29조 모든 인민은 법률이 정하는 바에 의하여 국토방위의 의무를 진다.

제3장 국회

제30조 입법권은 국회가 행한다.

제31조 국회는 민의원과 참의원의 양원으로써 구성한다.

제32조 민의원은 보통, 직접, 평등, 비밀선거에 의하여 공선(公選)된 의원으로써 조직한다.

제33조 참의원은 좌(左)의 의원으로써 조직하고 그 정수는 민의원 의원 정수의 3분지 1 이상 2분지 1 이하의 범위 내로 한다.

  1, 지방의회 의원에 의하여 선거된 의원

  2, 경제, 교육, 종교, 사회, 노동과 문화의 각계에서 선임된 의원

  3, 국가에 공로가 있는 자 또는 학식 덕망이 있는 자 중에서 선임된 의원

  전항 제3호와 제3호의 의원 정원 총수는 제1호의 의원 정수의 3분지 2를 초과하지 못한다.

제34조 민의원 의원의 선거와 참의원의 조직에 관한 사항은 법률로써 정한다.

제35조 민의원 의원의 임기는 4년으로 한다.

  참의원 의원의 임기는 6년으로 하고 3년마다 의원의 반수를 개체(改替)한다.

제36조 국회의 정기국회는 매년 1회 12월 20일에 집합한다. 당해일(當該日)이 공휴일인 때에는 그 익일에 집회한다.

제37조 임시긴급의 필요가 있을 때에는 대통령 또는 어느 의원의 재적의원 4분지 1 이상의 요구에 의하여 양원 의장의 연명

(連名)으로 국회의 임시회의 집회를 공고한다.

국회 개회중에 대통령 또는 부통령의 선거와 국무총리의 임명에 대한 승인을 행할 사유가 발생한 때에는 국회는 지체없이 당연히 집회한다.

제38조 참의원의 회기는 민의원의 회기와 동시에 시종(始終)한다.

제39조 민의원이 해산된 때에는 해산된 날로부터 60일 이내에 총선거를 행하여 선거일부터 20일을 경과한 후 제1 월요일에 국회는 집회한다.

제40조 양의원(兩議院)은 각각 의장 1인 부회장 1인을 선거한다.

제41조 양의원은 헌법 또는 국회법에 특별한 규정이 없는 한 각각 그 재적의원의 과반수의 출석과 출석의원 과반수로써 의결을 행한다. 의장은 의결에 있어서 표결권 이외에 가부 동수인 경우에는 결정권을 가진다.

제42조 양의원의 회의는 공개한다. 단 의원의 결의에 의하여 비밀회로 할 수 있다.

제43조 양의원 의원(議員)과 정부는 법률안을 제출할 수 있다.

제44조 법률은 양의원의 일치(一致)한 가결로써 제정한다.

민의원에서 의결된 법률안이 참의원으로 회부되면 참의원은 그날부터 늦어도 20일 이내에 의결하여야 한다.

참의원의 의결이 민의원의 의결과 다를 때에 또는 참의원에서 전항의 기간 내에 의결하지 아니한 때에는 민의원의 재의에 부한다. 단 민의원은 재의 전에 양의원 협의회를 요구할 수 있다.

재의의 결과 민의원이 재적의원 3분지 2 이상의 출석과 출석

의원 3분지 2 이상의 다수로써 다시 전과 동일한 의결을 하는 때에는 민의원의 의결이 국회의 의결이 된다.

국회에서 제정된 법률은 정부에 이송되며 대통령은 이송된 후 15일 이내에 차(此)를 공포하여야 한다.

법률은 특별한 규정이 없는 한 공포일로부터 20일을 경과함으로써 효력을 발생한다.

제45조 국회는 예산안을 심의결정한다. 예산안과 조세에 관한 법률안은 먼저 민의원에 제출되어야 한다.

예산안에 관하여 참의원이 민의원과 다른 의결을 할 때 또는 예산안이 회부된 날부터 20일 이내에 의결을 하지 아니할 때에는 양의원 협의회를 연다. 협의가 성립되지 아니할 때에는 민의원의 의결을 국회의 의결로 한다.

제46조 국회는 국제조직에 관한 조약, 강화조약, 통상조약, 국가 또는 국민에게 재정적 부담을 지우는 조약입법사항에 관한 조약의 비준과 선전포고에 대하여 동의(同意)를 한다.

제47조 양의원은 국정을 감사하기 위하여 필요한 서류를 제출케 하며 증인의 출두와 증언 또는 의견의 진술을 요구할 수 있다.

제48조 국무총리, 국무위원과 정부위원은 양의원에 출석하여 의견을 진술하고 질문에 응답할 수 있으며 각 의원의 요구가 있을 때에는 출석 답변하여야 한다.

제49조 양의원은 각각 의원의 자격을 심사하고 의사에 관한 규칙을 제정하고 의원의 징벌을 결정할 수 있다.

의원을 제명함에는 재적의원 3분지 2 이상의 찬성이 있어야 한다.

제50조 대통령, 부통령, 국무총리, 국무위원, 심계원장, 재판관 기타 중요한 공무원이 그 직무수행에 관하여 헌법 또는 법률에 위배할 때에는 민의원이 탄핵의 소추를 결의하고 참의원이 심판한다.

민의원의 탄핵소추의 결의와 참의원의 탄핵의 판결을 각각 재적의원 3분지 2 이상의 출석과 출석의원 3분지 2 이상의 찬성이 있어야 한다.

탄핵판결은 공직으로부터 파면함에 그친다. 단 차에 의하여 민사상이나 형사상의 책임이 면제되는 것은 아니다.

제51조 국회의원은 동시에 양의원의 의원을 겸할 수 없으며 또 지방의회의 의원을 겸할 수 없다.

제52조 국회의원은 현행범을 제(除)한 외에는 회기 중 그 의원의 동의없이 체포 또는 구금되지 아니하며 회기 전에 체포 또는 구금되었을 때에는 그 의원의 요구가 있으면 회기 중 석방된다.

제53조 국회의원은 의원(議院) 내에서 발표한 의견과 표결에 관하여 외부에 대하여 책임을 지지 않는다.

제4장 정부

제1절 대통령

제54조 대통령은 행정권의 수반이며 외국에 대하여 국가를 대표한다.

제55조 대통령이 사고로 인하여 직무를 수행할 수 없을 때에는 부통령이 그 권한을 대행하고 대통령, 부통령 모두 사고로 인하여 그 직무를 수행할 수 없을 때에는 국무총리가 그 권한을 대행한다.

제56조 대통령과 부통령은 전임자의 임기가 만료되기 늦어도 30일 전에 국회양의원합동회의에서 무기명 투표로써 각별(各別)히 선거한다.

전항의 선거는 재적의원 3분지 2 이상의 출석과 출석의원 3분지 2 이상의 찬성투표로써 당선을 결정한다. 단 3분지 2 이상의 특표자가 없는 때에는 최고득점표자 2인에 대하여 결선투표를 행하여 전투표(全投票)의 과반수 득표자를 당선자로 한다.

대통령과 부통령은 국무총리 또는 국회의원을 겸하지 못한다.

제57조 대통령은 취임에 제(際)하여 국회양원합동회의에서 좌(左)의 선서를 행한다.

「나는 성실히 국법을 준수하고 힘을 다하여 국가를 보위하며 국리민복을 증진하며 대통령의 직무를 충실히 수행할 것을 국민에게 대하여 엄숙히 선서한다.」

제58조 대통령의 임기는 6년으로 한다. 단 재선에 의하여 1차 중임할 수 있다.

부통령은 대통령 재임중 존재한다.

제59조 대통령 또는 부통령이 궐위된 때에는 즉시 국회양의원합동회의에서 대통령 또는 부통령을 선거한다.

제60조 대통령은 민의원의 해산을 명할 수 있다. 단 동일한 사유로 인한 해산은 2회에 한(限)한다.

제61조 전시 또는 비상사태에 제(際)하여 공공의 안녕질서를 유지하기 위하여 긴급한 조치를 할 필요가 있는 때에는 대통령은 국회의 소집을 기다릴 여유가 없을 경우에 한하여 법률의 효력을 가진 명령을 발하거나 또는 재정상 필요한 처분을 할 수 있다.

전항의 명령 또는 처분은 지체없이 국회에 보고하여 승인을 얻어야 한다.

만일 국회의 승인을 얻지 못한 때에는 그때부터 효력을 상실하며 대통령은 지체없이 차를 공포하여야 한다.

제62조 대통령은 법률에서 일정한 범위를 정하여 위임을 받은 사항과 법률을 실시하기 위하여 필요한 사항에 관하여 명령을 발(發)할 수 있다.

제63조 대통령은 조약을 체결하고 비준하며 선전포고와 강화를 행하고 외교사절을 신임접수(信任接受)한다.

제64조 대통령은 국방군을 통솔하고 지휘한다.

국방군의 조직과 편성은 법률로써 정한다.

제65조 대통령은 헌법과 법률이 정하는 바에 의하여 공무원을 임면(任免)한다.

제66조 대통령은 법률이 정하는 바에 의하여 사면 감형과 복권을 명한다.

일반사면을 명함에는 국회의 동의를 얻어야 한다.

제67조 대통령은 법률이 정하는 바에 의하여 계엄을 선포한다.

제68조 대통령은 훈장 기타 영예를 수여한다.

제69조 대통령의 국무에 관한 행위는 문서로 하여야 하며 모든 문서에는 국무총리와 관계 국무위원의 부서(副署)가 있어야 한다. 군사에 관한 것도 같다.

부서로써 국무총리와 국무위원은 책임을 진다.

제70조 대통령은 내란 또는 외환의 죄를 범한 이외에는 재직중 형사상의 소추를 받지 아니한다.

제2절 내각

제71조 내각은 국무총리와 국무위원으로서 조직된 합의체로써 대통령의 국무수행에 대하여 동의하며 국회에 대하여 책임을 진다.

제72조 국무총리는 대통령이 임명하고 민의원의 승인을 받어야 한다.

국무위원은 국무총리 임명에 대한 민의원의 승인이 있은 후 국무총리의 제천으로 대통령이 임명한다.

국무위원의 총수는 국무총리를 합하여 8인 이상 15인 이내로 한다.

군인은 현역을 면한 후가 아니면 국무총리 또는 국무위원에 임명될 수 없다.

제73조 국무총리는 내각의 수반으로서 내각회의의 의장이 되며 내각을 통일을 유지하기 위하여 국무위원을 통리(統理)한다.

제74조 내각회의의 의결은 과반수로서 행한다. 의장은 의결에 있어서 표결권 이외에 가부 동수인 경우에는 결정권을 가진다. 국무총리는 내각회의의 결의에 복종하지 않거나 또는 내각의 통일을 조해(阻害)하는 국무위원을 대통령에게 제청하여 파면할 수 있다.

제75조 국무총리와 국무위원은 내각의 일반정책에 관하여는 연대적으로 각자의 행위에 관하여는 개별적으로 국회에 대하여 책임을 진다.

제76조 민의원에서 내각 또는 국무위원에 대한 불신임결의안이 가결된 때에는 내각이 총사직하거나 또는 당해 국무위원이 사직하여야 한다. 단 7일 이내에 민의원이 해산된 때에는 예외로 한다.

내각 또는 국무위원에 대한 신임 또는 불신임 결의는 기명투표로써 행한다.

제77조 좌의 사항은 내각회의의 의결을 경(經)하여야 한다.

1, 국정의 기본적 계획과 정책

2, 조약, 선전, 강화 기타 중요한 대외정책에 관한 사항

3, 헌법개정안, 법률안, 대통령령안

4, 예산안, 결산안, 재정상의 긴급처분안, 예비비 지출에 관한 사항

5, 임시국회의 집회요구와 민의원 해산에 관한 사항

6, 계엄안 해산안

7, 군사에 관한 중요사항

8, 영예, 수여, 사면, 감형, 복권에 관한 사항

9, 행정각부간의 연락사항과 권환의 획정

10, 내각에 제출 또는 회부된 청원의 심사

11, 대법관, 심계원장, 국립대학총장, 외교관, 행정각부차관 기
　　타 법률에 의하여 지정된 공무원과 중요 국영기업의 관리
　　자의 임면에 관한 사항

12, 행정각부의 중요정책의 수립과 운영에 관한 사항

13, 기타 국무총리 또는 국무위원이 제출하는 사항

제3절 행정각부

제78조 행정각부장은 국무위원 중에서 국무총리의 제청으로 대
　　통령이 임명한다.

　　국무총리는 행정각부장을 지휘감독하며 행정각부에 분담되지
　　않은 행정사무를 담임한다.

제79조 국무총리 또는 행정각부장은 그 담임한 직무에 관하여
　　직권 또는 특별한 위임에 의하여 총리령 또는 부령(部令)을 발
　　할 수 있다.

제80조 행정각부의 조직과 직무범위는 법률로써 정한다.

제5장 법원

제81조 사법권은 재판관으로서 조직되는 법원이 행한다.

　　최고법원인 대법원과 하급법원의 조직은 법률로써 정한다.

　　재판관의 자격은 법률로써 정한다.

제82조 재판관은 헌법과 법률에 의하여 독립하여 심판한다.

제83조 대법원장인 재판관은 참의원의 승인으로서 대통령이 임명한다. 국회 폐회중에 전항의 승인을 행할 사유가 발생한 때에는 참의원은 지체없이 당연히 집회한다.

제84조 재판관은 탄핵에 의하는 외에는 형벌 또는 징계처분에 의하지 아니하고는 파면 정직 또는 감봉되지 아니한다.

제85조 법원은 모든 종류의 명령 규칙과 처분이 헌법과 법률에 위반되는 여부를 심사할 권한이 있다.

법률이 헌법에 위반되는 여부가 재판의 전제가 되는 때에는 법원은 대법원에 제청하여 그 결정에 의하여 재판한다.

제86조 대법원은 소송에 관한 절차 법원의 내부규율과 사법사무 처리에 관한 사항에 관하여 규칙을 제정할 수 있다.

검찰관은 대법원이 제정한 규칙을 준수하여야 한다.

제87조 법원의 대심(對審)과 판결은 공개한다. 단 안녕질서를 방해하거나 풍속을 해할 염려가 있을 때에는 법원의 결정으로서 공개하지 아니할 수 있다.

제6장 경제

제88조 한국의 경제질서는 모든 인민에게 생활의 기본적 수요를 충족할 수 있게 하는 사회정의의 실현과 균형있는 국민경제의 발전을 기함을 기본으로 삼는다. 각인의 경제상 자유는 이 한계 내에서 보장한다.

제89조 광물 기타 중요한 지하자원, 수력 기타 경제상 이용할 수

있는 모든 자연력은 국유로 한다. 공공필요에 의하여 일정한 기간 그 개발 또는 이용을 특허하거나 또는 특허를 취소함은 법률에 의하여 차를 행한다.

제90조 농지는 농민에게 분배함을 원칙으로 하며 그 분배의 방법 소유의 한도 소유권의 내용과 한계는 법률로써 정한다.

제91조 운수, 교통, 통신, 금융, 수도, 까스 기타 독점성 또는 공공성을 가진 기업은 국영으로 한다. 공공필요에 의하여 그 공영 또는 사영을 특허하거나 또는 특허를 취소함은 법률이 정하는 바에 의하여 행한다.

대외무역은 국가의 감독하에 둔다.

제92조 공공필요에 의하여 사영기업을 국유 또는 공유로 이전하거나 또는 그 경영을 통제 관리함은 법률이 정하는 바에 의하여 행한다.

제93조 제89조 내지 제92조에 의하여 특허를 취소하거나 권리를 수용 사용 또는 제한하는 때에는 제15조 제3항을 준용한다.

제94조 종전 일본정부와 일본인의 소유에 속하였던 모든 재산은 국유로 한다. 그 불하 또는 사용의 특허는 법률이 정하는 바에 의하여 정한다.

제95조 국민경제회의는 경제의 사회문제에 관한 기본정책에 관하여 내각의 자문에 응하며 그 입안한 바를 내각에 건의한다.

국민경제회의는 법률로써 정한다.

제7장 재정

제96조 조세의 종목과 세율은 법률로써 정한다.

제97조 국가의 총수입과 총지출은 각 회계년도마다 내각이 예산으로 편성하여 국회의 의결을 얻어야 한다.

특별히 계속하여 지출할 필요가 있을 때에는 연한을 정하여 계속비로서 국회의 의결을 얻어야 한다.

국회는 내각의 동의 없이는 내각이 제출한 지출예산 각항의 금액을 증가하거나 또는 신비목을 설치할 수 없다.

제98조 공채(公債)를 모집하고 예산외에 국가의 부담이 될 계약을 함에는 국회의 의결을 얻어야 한다.

제99조 예측할 수 없는 예산의 지출 또는 예산초과지출에 충당하기 위한 예비비는 미리 국회의 의결을 얻어야 한다.

예비비의 지출은 차기 국회의 승인을 얻어야 한다.

제100조 회계년도가 개시될 때까지에 예산이 의결되지 아니한 때에는 내각은 전년도의 예산을 실행한다.

제101조 국가의 수입지출의 결산은 매년 심계원에서 검사한다.

내각은 심계원의 검사보고와 함께 결산을 차년도 국회에 제출하여 책임 해제를 얻어야 한다.

심계원의 조직과 권한은 법률로써 정한다.

제8장 지방자치

제102조 지방자치단체는 재산을 관리하며 법령의 범위 내에서 고유의 행정사무와 법률에 대하여 위임된 행정사무를 처리

한다.

지방자치단체는 법령의 범위 내에서 자치규정을 제정할 수
있다.

제103조 지방자치단체의 조직과 운영에 관한 사항은 법률로써
정한다.

지방자체에는 각각 의회를 둔다.

지방의회의 조직권한과 의원의 선거는 법률로써 정한다.

제9장 헌법개정

제104조 헌법개정의 제안은 대통령 또는 국회 어느 의원의 재적
의원 3분지 1 이상의 찬성으로써 한다.

헌법개정의 의결은 양원합동회의에서 재적의원 3분지 2 이상
의 찬성으로써 한다.

헌법개정이 의결된 때에는 대통령은 즉시 공포한다.

제10장 부칙

제105조 이 헌법은 이 헌법을 제정한 국회의 의장이 공포한 날
로부터 시행한다. 단 법률의 제정 없이는 실현될 수 없는 규정
은 그 법률이 선행(旋行)되는 때부터 시행된다.

제106조 현행 법령은 이 헌법에 저촉되지 않는 한 효력을 가
진다.

제107조 이 헌법을 제정한 국회는 참의원이 성립될 때까지 이
헌법에 의한 국회로서의 권한을 행하며 참의원이 성립된 후에

는 2년의 임기가 다할 때까지 이 헌법에 의한 민의원으로서의
권한을 행한다.

제108조 이 헌법 시행시에 재직해 있는 공무원은 이 헌법에 의
하여 선거 또는 임명된 자가 그 직무를 계승할 때까지 계속하
여 직무를 행한다.

헌법초안*

목차

---

*   국회사무처, 1948,「제1회국회속기록」, 제17호, 2-7.

전문

유구한 역사와 전통에 빛나는 우리들 대한민국은 3 · 1혁명의 위대한 독립정신을 계승하여 지금 자주독립의 조국을 재건함에 있어서 정의, 인도와 동포애로써 민족의 단결을 공고히 하며, 모든 봉건적 인습을 타파하고 민주주의 제 제도를 수립하여 정치, 경제, 사회, 문화의 모든 영역에 있어서 각인의 기회를 균등히 하고 능력을 최고도로 발케 하며, 각인의 책임과 의무를 완수케 하여 안으로는 국민생활의 균등한 향상을 기하고, 밖으로는 항구적인 국제평화의 유지에 노력하여 우리들과 우리들의 자손의 안전과 자유와 행복을 영원히 확보할 것을 결의하고 우리들의 정당 또 자유로히 선거된 대표로써 구성된 국회에서 단기 4281년 월 일 이 헌법을 제정한다.

제1장 총강

제1조 대한민국은 민주공화국이다.

제2조 대한민국의 주권은 국민에게 있고 모든 권력은 국민으로 부터 발한다.

제3조 대한민국의 국민되는 요건은 법률로써 정한다.

제4조 대한민국의 영토는 한반도와 그 부속도서로 한다.

제5조 대한민국은 정치, 경제, 사회, 문화의 모든 영역에 있어서 개인의 자유, 평등과 창의를 존중하고 보장하며 공공복리의 향상을 위하여 차를 보호하고 조정하는 의무를 진다.

제6조 대한민국은 모든 침략적인 전쟁을 부인한다. 국방군은 국

토방위의 신성한 의무를 수행함을 사명으로 한다.

제7조 비준 공포된 국제조약과 일반적으로 승인된 국제법규는 국내법과 동일한 효력이 있다.

제2장 국민의 권리·의무

제8조 모든 국민은 법률 앞에 평등이며 성별, 신앙 또는 사회적 신분에 의하야 정치적, 경제적, 사회적 생활의 모든 영역에 있어서 차별을 받지 아니한다.

사회적 특수계급의 제도는 일체 인정되지 아니하며 여하한 형태로도 이를 창설하지 못한다.

훈장과 기타 영전의 수여는 오로지 그 받은 자의 영예에 한한 것이며 여하한 특권도 창설되지 아니한다.

제9조 모든 국민은 신체의 자유를 가진다. 법률에 의하지 아니하고는 체포, 구금, 수색, 심문, 처벌과 강제노역을 받지 아니한다. 체포, 구금, 수색에는 법관의 영장이 있어야 한다. 단 범죄의 현행, 범인의 도피 또는 증거인멸의 염려가 있을 때에는 수사기관은 법률의 정하는 바에 의하여 사후에 영장의 교부를 청구할 수 있다.

체포, 구금을 받은 때에는 즉시 변호인의 조력을 받을 권리와 그 당부의 심사를 법원에 청구할 권리가 보장된다.

제10조 모든 국민은 법률에 의하지 아니하고는 거주의 이전의 자유를 제한받지 아니하며 주거에 침입 또는 수색을 받지 아니한다.

제11조 모든 국민은 법률에 의하지 아니하고는 통신의 비밀을 침해받지 아니한다.

제12조 모든 국민은 신앙과 양심의 자유를 가진다.

국교는 존재하지 아니하며 종교는 정치로부터 분리된다.

제13조 모든 국민은 법률에 의하지 아니하고는 언론, 출판, 집회, 결사의 자유를 제한받지 아니한다.

제14조 모든 국민은 학문과 예술의 자유를 가진다. 저작자, 발병가와 예술가의 권리는 법률로써 보호한다.

제15조 재산권은 보장된다. 그 내용과 한계는 법률로써 정한다.

재산권의 행사는 공공복리에 적합하도록 하여야 한다.

공공 필요에 의하여 국민의 재산권을 수용, 사용 또는 제한함은 법률의 정하는 바에 의하여 상당한 보상을 지불함으로써 행한다.

제16조 모든 국민은 균등하게 교육을 받을 권리가 있다. 초등교육은 의무적이며 무상으로 한다.

모든 교육기관은 국가의 감독을 받으며 교육제도는 법률로써 정한다.

제17조 모든 국민은 근로의 권리와 의무를 가진다.

근로조건의 기준은 법률로써 정한다.

여자와 소년의 근로는 특별한 보호를 받는다.

제18조 근로자의 단결, 단체교섭과 단체행동의 자유는 법률의 범위내에서 보장된다.

제19조 노령, 질병, 기타 근로능력의 상실로 인하여 생활유지의

능력이 없는 자는 법률의 정하는 바에 의하여 국가의 보호를
받는다.

제20조 모든 국민은 국가 각 기관에 대하여 문서로써 청원을 할
　　　권리가 있다. 청원에 대하여 국가는 심사할 의무를 진다.

제21조 모든 국민은 법률이 정한 법관에 의하여 법률에 의한 재
　　　판을 받을 권리가 있다.

제22조 모든 국민은 행위시의 법률에 의하여 범죄를 구성하지
　　　아니하는 행위에 대하여 소추를 받지 아니하며, 동일한 범죄
　　　에 대하여 두 번 처벌되지 아니한다.

제23조 형사 피고인은 상당한 이유가 없는 한 지체없이 공개재
　　　판을 받을 권리가 있다.

　　　형사 피고인으로서 구금되였든 자가 무죄판결을 받은 때에는
　　　법률의 정하는 바에 의하여 국가에 대하여 보상을 청구할 수
　　　있다.

제24조 모든 국민은 법률의 정하는 바에 의하여 공무원을 선거
　　　할 권리가 있다.

제25조 모든 국민은 법률의 정하는 바에 의하여 공무를 담임할
　　　권리가 있다.

제26조 공무원은 주권을 가진 국민의 수임자이며 언제든지 국민
　　　에 대하여 책임을 진다. 국민은 불법행위를 한 공무원의 파면
　　　을 청원할 권리가 있다.

　　　공무원의 직무상 불법행위로 인하여 손해를 받은 자는 국가
　　　또는 공공단체에 대하여 배상을 청구할 수 있다. 단 공무원 자

신의 민사상이나 형사상의 책임이 면제되는 것은 아니다.

제27조 국민의 모든 자유와 권리는 헌법에 열거되지 아니한 이유로써 경시되지는 아니한다.

국민의 자유와 권리를 제한하는 법률의 제정은 질서유지와 공공복리를 위하여 필요한 경우에 한한다.

제28조 모든 국민은 법률의 정하는 바에 의하여 납세의 의무를 진다.

제29조 모든 국민은 법률의 정하는 바에 의하여 국토방위의 의무를 진다.

제3장 국회

제30조 입법권은 국회가 행한다.

제31조 국회는 보통, 직접, 평등, 비밀선거에 의하여 공선된 의원으로써 조직한다.

국회의원의 선거에 관한 사항은 법률로써 정한다.

제32조 국회의원의 임기는 4년으로 한다.

제33조 국회의 정기회는 매년 1회 12월20일에 집회한다. 당해일이 공휴일인 때에는 그 익일에 집회한다.

제34조 임시 긴급의 필요가 있을 때에는 대통령 또는 국회의 재적의원 4분지 1 이상의 요구에 의하여 의장은 국회의 임시회의 집회를 공고한다.

국회 폐회중에 대통령 또는 부통령의 선거를 행할 사유가 발생한 때에는 국회는 지체없이 당연히 집회한다.

제35조 국회는 의장 1인, 부의장 2인을 선거한다.

제36조 국회는 헌법 또는 국회법에 특별한 규정이 없는 한 그 재적의원의 과반수의 출석과 출석의원의 과반수로써 의결을 행한다.

의장은 의결에 있어서 표결권 이외에 가부 동수인 경우에는 결정권을 가진다.

제37조 국회의 회의는 공개한다. 단 국회의 결의에 의하여 비밀회로 할 수 있다.

제38조 국회의원과 정부는 법률안을 제출할 수 있다.

제39조 국회에서 의결된 법률안은 정부로 이송되어 정부의 이의가 없는 한 이송된 지 15일 이내에 대통령이 공포한다. 만일 이의가 있는 때에는 대통령은 이의서를 부하여 국회로 환부하고 국회는 재의에 부한다. 재의의 결과 국회의 재적의원 3분지 2 이상의 출석과 출석의원 3분지 2 이상의 찬성으로 전과 동일한 의결을 한 때에는 그 법률안은 법률로써 확정된다.

법률안이 정부로 이송된 후 15일 이내에 공포 또는 환부되지 아니하는 때에도 그 법률안은 법률로써 확정된다.

대통령은 본조에 의하여 확정된 법률을 지체없이 공포하여야 한다.

법률은 특별한 규정이 없는 한 공포일로부터 20일을 경과함으로써 효력을 발생한다.

제40조 국회는 예산안을 심의·결정한다.

제41조 국회는 국제조직에 관한 조약, 구화조약, 통상조약, 국가

또는 국민에게 재정적 부담을 지우는 조약, 입법사항에 관한 조약의 비준과 선전포고에 대하여 동의를 한다.

제42조 국회는 국정을 감사하기 위하여 필요한 서류를 제출케 하며 증인의 출두와 증언 또는 의견의 진술을 요구할 수 있다.

제43조 국무총리 국무위원과 정부위원은 국회에 출석하여 의견을 진술하고 질문에 응답할 수 있으며 국회의 요구가 있을 때에는 출석·답변하여야 한다.

제44조 국회는 의원의 자격을 심사하고 의사에 관한 규칙을 제정하고 의원의 징벌을 결정할 수 있다.

의원을 제명함에는 재적의원 3분지 2 이상의 찬성이 있어야 한다.

제45조 대통령, 부통령, 국무총리, 국무위원, 심계원장, 법관, 기타 법률이 정하는 공무원이 그 직무수행에 관하여 헌법 또는 법률에 위배한 때에는 국회는 탄핵의 소추를 결의할 수 있다.

국회의 탄핵소추의 발의는 의원 50인 이상의 연서가 있어야 하며 그 결의는 재적의원 3분지 2 이상의 출석과 출석의원 3분지 2 이상의 찬성이 있어야 한다.

제46조 탄핵사건을 심판하기 위하여 법률로서 탄핵재판소를 설치한다.

탄핵재판소는 부통령이 재판장의 직무를 행하고 대법관 5인과 국회의원 5인이 심판관이 된다. 단 대통령과 부통령을 심판할 때에는 대법원장이 재판장의 직무를 행한다.

탄핵판결은 심판관 3분지 2 이상의 찬성이 있어야 한다.

탄핵판결은 공직으로부터 파면함에 끄친다. 단 차에 의하여
민사상이나 형사상의 책임이 면제되는 것은 아니다.

제47조 국회의원은 동시에 지방의원의 의원을 겸할 수 없다.

제48조 국회의원은 현행범을 제한 외에는 회기중 국회의 동의없
이 체포 또는 구금되지 아니하며 회기 전에 체포 또는 구금되
었을 때에는 국회의 요구가 있으면 회기중 석방된다.

제49조 국회의원은 국회내에서 발표한 의견과 표결에 관하여 외
부에 대하여 책임을 지지 아니 한다.

제4장 정부

제1절 대통령

제50조 대통령은 행정권의 수반이며 외국에 대하여 국가를 대표
한다.

제51조 대통령이 사고로 인하여 직무를 수행할 수 없을 때에는
부통령이 그 권한을 대행하고 대통령, 부통령 모다 사고로 인
하여 그 직무를 수행할 수 없을 때에는 국무총리가 그 권한을
대행한다.

제52조 대통령과 부통령은 국회에서 무기명투표로써 각각 선거
한다.

전항의 선거는 재적의원 3분지 2 이상의 출석과 출석의원 3분
지 2 이상의 찬성 투표로써 당선을 결정한다. 단 3분지 2 이상
의 득표자가 없을 때에는 2차 투표를 한다. 2차 투표에도 3분
지 2 이상의 득표자가 없을 때에는 최고득표자 2인에 대하여

결선투표를 행하여 전 투표의 과반수 득표자를 당선자로 한다.

대통령과 부통령은 국무총리 또는 국회의원을 겸하지 못한다.

제53조 대통령은 취임에 제하여 국회에서 좌의 선서를 행한다.

「나는 국헌을 준수하며 국민의 복리를 증진하며 국가를 보위하여 대통령의 직무를 성실히 수행할 것을 국민에게 엄숙히 선서한다.」

제54조 대통령과 부통령의 임기는 4년으로 한다. 단 재선에 의하여 1차 중임할 수 있다.

부통령은 대통령 재임중 재임한다.

제55조 대통령, 부통령의 임기가 만료되는 때에는 그 임기가 만료되기 늦어도 30일 전에 국회에서 후임 대통령, 부통령을 선거한다.

대통령 또는 부통령이 궐위된 때에는 즉시 국회에서 대통령 또는 부통령을 선거한다.

제56조 전시 또는 비상사태에 제하여 공공의 안녕질서를 유지하기 위하여 긴급한 조치를 할 필요가 있는 때에는 대통령은 국회의 집회를 기다릴 여유가 없는 경우에 한하여 법률의 효력을 가진 명령을 발하거나 또는 재정상 필요한 처분을 할 수 있다.

전항의 명령 또는 처분을 지체없이 국회에 보고하여 승인을 얻어야 한다.

만일 국회의 승인을 얻지 못한 때에는 그때부터 효력을 상실하며 대통령은 지체없이 차를 공포하여야 한다.

제57조 대통령은 법률에서 일정한 범위를 정하여 위임을 받은

사항과 법률을 실시하기 위하여 필요한 사항에 관하여 명령을 발할 수 있다.

제58조 대통령은 조약을 체결하고 비준하며 선전포고와 구화를 행하고 외교사절을 신임·접수한다.

제59조 대통령은 중요한 국무에 관하여 국회에 출석하여 발언하거나 또는 서한으로 연락한다.

제60조 대통령은 국방군을 통수한다.

국방군의 조직과 편성은 법률로써 정한다.

제61조 대통령은 헌법과 법률의 정하는 바에 의하여 공무원을 임면한다.

제62조 대통령은 법률의 정하는 바에 의하여 사면, 감형과 복권을 명한다.

일반사면을 명함에는 국회의 동의를 얻어야 한다.

제63조 대통령은 법률에 정하는 바에 의하여 계엄을 선포한다.

제64조 대통령은 훈장, 기타 영예를 수여한다.

제65조 대통령의 국무에 관한 행위는 문서로 하여야 하며 모든 문서에는 국무총리와 관계 국무위원의 부서가 있어야 한다. 군사에 관한 것도 또한 같다.

제66조 대통령은 내란 또는 외환의 죄를 범한 때 이외에는 재직 중 형사상의 소추를 받지 아니한다.

제2절 국무원

제67조 국무원은 대통령과 국무총리, 기타의 국무위원으로 조직

되는 합의체로서 대통령의 권한에 속한 중요 국책을 의결한다.

제68조 국무총리와 국무위원은 대통령이 임면한다.

국무위원의 총수는 국무총리를 합하여 8인 이상 15인 이내로 한다.

군인은 현역을 면한 후가 아니면 국무총리 또는 국무위원에 임명될 수 없다.

제69조 대통령은 국무회의의 의장이 된다.

국무총리는 대통령을 보좌하며 국무회의의 부의장이 된다.

제70조 국무회의의 의결은 과반수로써 행한다.

의장은 의결에 있어서 표결권 이외에 가부 동수인 경우에는 결정권을 가진다.

제71조 좌의 사항은 국무회의의 의결을 경하여야 한다.

1. 국정의 기본적 계획과 정책

2. 조약안, 선전, 구화, 기타 중요한 대외정책에 관한 사항

3. 헌법 개정안, 법률안, 대통령령안

4. 예산안, 결산안, 재정상의 긴급처분안, 예비비 지출에 관한 사항

5. 임시국회의 집회 요구에 관한 사항

6. 계엄안, 해엄안

7. 군사에 관한 중요사항

8. 영예수여, 사면, 감형, 복권에 관한 사항

9. 행정 각부간의 연락사항과 권한의 획정

10. 정부에 제출 또는 회부된 청원의 심사

11. 대법관, 검찰청장, 심계원장, 국립대학총장, 대사, 공사, 군
사령관, 군참모장, 기타 법률에 의하여 지정된 공무원과
중요 국영기업의 관리자의 임면에 관한 사항
12. 행정 각부의 중요한 정책의 수립과 운영에 관한 사항
13. 기타 국무총리 또는 국무위원의 제출하는 사항

제3절 행정 각부

제72조 행정 각부 장은 국무위원중에서 대통령이 임명한다.
국무총리는 대통령의 명을 승하여 행정 각 부장을 통리·감독
하며 행정 각부에 분담되지 아니한 행정사무를 담임한다.
제73조 국무총리 또는 행정 각부 장은 그 담임한 직무에 관하여
직권 또는 특별한 위임에 의하여 총리령 또는 부령을 발할 수
있다.
제74조 행정 각부의 조직과 직무범위는 법률로써 정한다.

제5장 법원

제75조 사법권은 법관으로써 조직된 법원이 행한다.
최고법원인 대법원과 하급법원의 조직은 법률로써 정한다.
법관의 자격은 법률로써 정한다.
제76조 법관은 헌법과 법률에 의하여 독립하여 심판한다.
제77조 대법원장인 법관은 대통령이 임명하고 국회의 승인을 얻
어야 한다.
제78조 법관의 임기는 10년으로 하되 법률의 정하는 바에 의하

여 중임할 수 있다.

제79조 법관은 탄핵에 의하는 외에는 형벌 또는 징계처분에 의하지 아니하고는 파면, 정직 또는 감봉되지 아니한다.

제80조 대법원은 법률의 정하는 바에 의하여 명령, 규칙과 처분이 헌법과 법률에 위반되는 여부를 최종적으로 심사할 권한이 있다.

법률이 헌법에 위반되는 여부가 재판의 전제가 되는 때에는 법원은 헌법위원회에 제청하여 그 결정에 의하여 재판한다.

헌법위원회는 부통령을 위원장으로 하고 대법관 5인과 국회의원 5인의 위원으로 구성한다.

헌법위원회에서 위헌 결정을 할 때에는 위원 3분지 2 이상의 찬성이 있어야 한다.

헌법위원회의 조직과 절차는 법률로써 정한다.

제81조 대법원은 법원의 내부규율과 사무처리에 관한 사항에 관한 규칙을 제정할 수 있다.

제82조 재판의 대심과 판결은 공개한다. 단 안녕질서를 방해하거나 풍속을 해할 염려가 있는 때에는 법원의 결정으로써 공개를 아니할 수 있다.

제6장 경제

제83조 대한민국의 경제질서는 모든 국민에게 생활의 기본적 수요를 충족할 수 있게 하는 사회정의의 실현과 균형있는 국민경제의 발전을 기함을 기본으로 삼는다.

각인의 경제상 자유는 이 한계내에서 보장된다.

제84조 광물, 기타 중요한 지하자원, 수력과 경제상 이용할 수
있는 자연력은 국유로 한다. 공공 필요에 의하여 일정한 기간
그 개발 또는 이용을 특허하거나 또는 특허를 취소함은 법률
의 정하는 바에 의하여 행한다.

제85조 농지는 농민에게 분배함을 원칙으로 하며 그 분배의 방
법, 소유의 한도, 소유권의 내용과 한계는 법률로써 정한다.

제86조 중요한 운수, 통신, 금융, 보험, 전기, 수도, 까스 및 공공
성을 가진 기업은 국영 또는 공영으로 한다. 공공 필요에 의하
여 사영을 특허하거나 또는 그 특허를 취소함은 법률의 정하
는 바에 의하여 행한다.

대외무역은 국가의 통제하에 둔다.

제87조 국방상 또는 국민생활상 긴절한 필요에 의하여 사영기업
을 국유 또는 공유로 이전하거나 또는 그 경영을 통제·관리함
은 법률의 정하는 바에 의하여 행한다.

제88조 제84조 내지 제87조에 의하여 특허를 취소하거나 권리를
수용, 사용 또는 제한하는 때에는 제15조 제3항의 규정을 준
용한다.

제7장 재정

제89조 조세의 세목과 세율은 법률로써 정한다.

제90조 국가의 총수입과 총지출은 각 회계연도마다 정부는 예산
안을 편성하여 국회의 의결을 얻어야 한다.

특별히 계속지출의 필요가 있을 때에는 연한을 정하여 계속비로서 국회의 의결을 얻어야 한다.

국회는 정부의 동의없이는 정부가 제출한 지출예산 각항의 금액을 증가하거나 또는 신비목을 설치할 수 없다.

제91조 국채를 모집하거나 예산 외에 국가의 부담이 될 계약을 함에는 국회의 의결을 얻어야 한다.

제92조 예측할 수 없는 예산 외의 지출 또는 예산 초과지출에 충당하기 위한 예비비는 미리 국회의 의결을 얻어야 한다.

예비비의 지출은 차기 국회의 승인을 얻어야 한다.

제93조 회계연도가 개시될 때까지에 예산이 의결되지 아니한 때에는 정부는 전년도의 예산을 실행한다.

제94조 국가의 수입·지출의 결산은 매년 심계원에서 검사한다.

정부는 심계원의 검사보고와 함께 결산을 차년도의 국회에 제출하여야 한다.

심계원의 조직과 권한은 법률로써 정한다.

제8장 지방자치

제95조 지방자치단체는 재산을 관리하며 법령의 범위내에서 고유의 행정사무와 법률에 의하여 위임된 행정사무를 처리한다.

지방자치단체는 법령의 범위내에서 자치규정을 제정할 수 있다.

제96조 지방자치단체의 조직과 운영에 관한 사항은 법률로써 정한다.

지방자치단체에는 각각 의회를 둔다.

지방의회의 조직, 권한과 의원의 선거는 법률로써 정한다.

제9장 헌법 개정

제97조 헌법 개정의 제안은 대통령 또는 국회의 재적의원 3분지 1 이상의 찬성으로써 한다.

헌법 개정의 제의는 대통령이 이를 공고하여야 한다.

전항의 공고기간은 30일 이상으로 한다.

헌법 개정의 의결은 국회에서 재적의원 3분지 2 이상의 찬성으로써 한다.

헌법 개정이 의결된 때에는 대통령은 즉시 공포한다.

제10장 부칙

제98조 이 헌법은 이 헌법을 제정한 국회의 의장이 공포한 날로부터 시행한다. 단 법률의 제정이 없이는 실현될 수 없는 규정은 그 법률이 시행되는 때부터 시행한다.

제99조 현행 법령은 이 헌법에 저촉되지 아니하는 한 효력을 가진다.

제100조 이 헌법을 제정한 국회는 단기 4278년 8월15일 이전의 악질적인 반민족 행위를 처벌하는 특별법을 제정할 수 있다.

제101조 이 헌법을 제정한 국회는 이 헌법에 의한 국회로서의 권한을 행하며 그 의원의 임기는 국회 개회일로부터 2년으로 한다.

제102조 이 헌법 시행시에 재직하고 있는 공무원은 이 헌법에 의하여 선거 또는 임명된 자가 그 직무를 계승할 때까지 계속 하여 직무를 행한다.

대한민국헌법

[1948. 7. 17. 공포]

전문

유구한 역사와 전통에 빛나는 우리들 대한국민은 기미 삼일운동
으로 대한민국을 건립하여 세계에 선포한 위대한 독립정신을 계
승하여 이제 민주독립국가를 재건함에 있어서 정의인도와 동포
애로써 민족의 단결을 공고히 하며 모든 사회적 폐습을 타파하
고 민주주의제제도를 수립하여 정치, 경제, 사회, 문화의 모든 영
역에 있어서 각인의 기회를 균등히 하고 능력을 최고도로 발휘
케 하며 각인의 책임과 의무를 완수케하여 안으로는 국민생활의
균등한 향상을 기하고 밖으로는 항구적인 국제평화의 유지에 노
력하여 우리들과 우리들의 자손의 안전과 자유와 행복을 영원히
확보할 것을 결의하고 우리들의 정당 또 자유로히 선거된 대표로
써 구성된 국회에서 단기 4281년 7월 12일 이 헌법을 제정한다.

단기 4281년 7월 12일

대한민국국회의장 이 승 만

제1장 총강

제1조 대한민국은 민주공화국이다.

제2조 대한민국의 주권은 국민에게 있고 모든 권력은 국민으로 부터 나온다.

제3조 대한민국의 국민되는 요건은 법률로써 정한다.

제4조 대한민국의 영토는 한반도와 그 부속도서로 한다.

제5조 대한민국은 정치, 경제, 사회, 문화의 모든 영역에 있어서 각인의 자유, 평등과 창의를 존중하고 보장하며 공공복리의 향상을 위하여 이를 보호하고 조정하는 의무를 진다.

제6조 대한민국은 모든 침략적인 전쟁을 부인한다.

국군은 국토방위의 신성한 의무를 수행함을 사명으로 한다.

제7조 비준공포된 국제조약과 일반적으로 승인된 국제법규는 국 내법과 동일한 효력을 가진다.

외국인의 법적지위는 국제법과 국제조약의 범위내에서 보장 된다.

제2장 국민의 권리의무

제8조 모든 국민은 법률앞에 평등이며 성별, 신앙 또는 사회적 신분에 의하여 정치적, 경제적, 사회적 생활의 모든 영역에 있 어서 차별을 받지 아니한다.

사회적 특수계급의 제도는 일체 인정되지 아니하며 여하한 형 태로도 이를 창설하지 못한다.

훈장과 기타 영전의 수여는 오로지 그 받은 자의 영예에 한한 것이며 여하한 특권도 창설되지 아니한다.

제9조 모든 국민은 신체의 자유를 가진다. 법률에 의하지 아니하고는 체포, 구금, 수색, 심문, 처벌과 강제노역을 받지 아니한다. 체포, 구금, 수색에는 법관의 영장이 있어야 한다. 단, 범죄의 현행 범인의 도피 또는 증거인멸의 염려가 있을 때에는 수사 기관은 법률의 정하는 바에 의하여 사후에 영장의 교부를 청구할 수 있다.

누구든지 체포, 구금을 받은 때에는 즉시 변호인의 조력을 받을 권리와 그 당부의 심사를 법원에 청구할 권리가 보장된다.

제10조 모든 국민은 법률에 의하지 아니하고는 거주와 이전의 자유를 제한받지 아니하며 주거의 침입 또는 수색을 받지 아니한다.

제11조 모든 국민은 법률에 의하지 아니하고는 통신의 비밀을 침해받지 아니한다.

제12조 모든 국민은 신앙과 양심의 자유를 가진다.

국교는 존재하지 아니하며 종교는 정치로부터 분리된다.

제13조 모든 국민은 법률에 의하지 아니하고는 언론, 출판, 집회, 결사의 자유를 제한받지 아니한다.

제14조 모든 국민은 학문과 예술의 자유를 가진다.

저작자, 발명가와 예술가의 권리는 법률로써 보호한다.

제15조 재산권은 보장된다. 그 내용과 한계는 법률로써 정한다.

재산권의 행사는 공공복리에 적합하도록 하여야 한다.

공공필요에 의하여 국민의 재산권을 수용, 사용 또는 제한함

은 법률의 정하는 바에 의하여 상당한 보상을 지급함으로써
행한다.

제16조 모든 국민은 균등하게 교육을 받을 권리가 있다. 적어도
초등교육은 의무적이며 무상으로 한다.

모든 교육기관은 국가의 감독을 받으며 교육제도는 법률로써
정한다.

제17조 모든 국민은 근로의 권리와 의무를 가진다.

근로조건의 기준은 법률로써 정한다.

여자와 소년의 근로는 특별한 보호를 받는다.

제18조 근로자의 단결, 단체교섭과 단체행동의 자유는 법률의
범위내에서 보장된다.

영리를 목적으로 하는 사기업에 있어서는 근로자는 법률의 정
하는 바에 의하여 이익의 분배에 균점할 권리가 있다.

제19조 노령, 질병 기타 근로능력의 상실로 인하여 생활유지의
능력이 없는 자는 법률의 정하는 바에 의하여 국가의 보호를
받는다.

제20조 혼인은 남녀동권을 기본으로 하며 혼인의 순결과 가족의
건강은 국가의 특별한 보호를 받는다.

제21조 모든 국민은 국가 각기관에 대하여 문서로써 청원을 할
권리가 있다.

청원에 대하여 국가는 심사할 의무를 진다.

제22조 모든 국민은 법률의 정한 법관에 의하여 법률에 의한 재
판을 받을 권리가 있다.

제23조 모든 국민은 행위시의 법률에 의하여 범죄를 구성하지 아니하는 행위에 대하여 소추를 받지 아니하며 또 동일한 범죄에 대하여 두 번 처벌되지 아니한다.

제24조 형사피고인은 상당한 이유가 없는 한 지체없이 공개재판을 받을 권리가 있다.

형사피고인으로서 구금되었던 자가 무죄판결을 받은 때에는 법률의 정하는 바에 의하여 국가에 대하여 보상을 청구할 수 있다.

제25조 모든 국민은 법률의 정하는 바에 의하여 공무원을 선거할 권리가 있다.

제26조 모든 국민은 법률의 정하는 바에 의하여 공무를 담임할 권리가 있다.

제27조 공무원은 주권을 가진 국민의 수임자이며 언제든지 국민에 대하여 책임을 진다. 국민은 불법행위를 한 공무원의 파면을 청원할 권리가 있다.

공무원의 직무상 불법행위로 인하여 손해를 받은 자는 국가 또는 공공단체에 대하여 배상을 청구할 수 있다. 단, 공무원 자신의 민사상이나 형사상의 책임이 면제되는 것은 아니다.

제28조 국민의 모든 자유와 권리는 헌법에 열거되지 아니한 이유로써 경시되지는 아니한다.

국민의 자유와 권리를 제한하는 법률의 제정은 질서유지와 공공복리를 위하여 필요한 경우에 한한다.

제29조 모든 국민은 법률의 정하는 바에 의하여 납세의 의무를

진다.

제30조 모든 국민은 법률의 정하는 바에 의하여 국토방위의 의무를 진다.

제3장 국회

제31조 입법권은 국회가 행한다.

제32조 국회는 보통, 직접, 평등, 비밀선거에 의하여 공선된 의원으로써 조직한다.

국회의원의 선거에 관한 사항은 법률로써 정한다.

제33조 국회의원의 임기는 4년으로 한다.

제34조 국회의 정기회는 매년 1회 12월 20일에 집회한다. 당해일이 공휴일인 때에는 그 익일에 집회한다.

제35조 임시긴급의 필요가 있을 때에는 대통령 또는 국회의 재적의원 4분지 1이상의 요구에 의하여 의장은 국회의 임시회의 집회를 공고한다.

국회폐회중에 대통령 또는 부통령의 선거를 행할 사유가 발생한 때에는 국회는 지체없이 당연히 집회한다.

제36조 국회는 의장 1인 부의장 2인을 선거한다.

제37조 국회는 헌법 또는 국회법에 특별한 규정이 없는 한 그 재적의원의 과반수의 출석과 출석의원의 과반수로써 의결을 행한다.

의장은 의결에 있어서 표결권을 가지며 가부동수인 경우에는 결정권을 가진다.

제38조 국회의 회의는 공개한다. 단, 국회의 결의에 의하여 비밀회로 할 수 있다.

제39조 국회의원과 정부는 법률안을 제출할 수 있다.

제40조 국회에서 의결된 법률안은 정부로 이송되어 15일 이내에 대통령이 공포한다. 단, 이의가 있는 때에는 대통령은 이의서를 부하여 국회로 환부하고 국회는 재의에 부한다. 재의의 결과 국회의 재적의원 3분지 2이상의 출석과 출석의원 3분지 2이상의 찬성으로 전과 동일한 의결을 한 때에는 그 법률안은 법률로서 확정된다. 법률안이 정부로 이송된 후 15일이내에 공포 또는 환부되지 아니하는 때에도 그 법률안은 법률로서 확정된다.

대통령은 본조에 의하여 확정된 법률을 지체없이 공포하여야 한다.

법률은 특별한 규정이 없는 한 공포일로부터 20일을 경과함으로써 효력을 발생한다.

제41조 국회는 예산안을 심의결정한다.

제42조 국회는 국제조직에 관한 조약, 상호원조에 관한 조약, 강화조약, 통상조약, 국가 또는 국민에게 재정적 부담을 지우는 조약, 입법사항에 관한 조약의 비준과 선전포고에 대하여 동의권을 가진다.

제43조 국회는 국정을 감사하기 위하여 필요한 서류를 제출케 하며 증인의 출석과 증언 또는 의견의 진술을 요구할 수 있다.

제44조 국무총리, 국무위원과 정부위원은 국회에 출석하여 의견

을 진술하고 질문에 응답할 수 있으며 국회의 요구가 있을 때
에는 출석답변하여야 한다.

제45조 국회는 의원의 자격을 심사하고 의사에 관한 규칙을 제
정하고 의원의 징벌을 결정할 수 있다.

의원을 제명함에는 재적의원 3분지 2 이상의 찬성이 있어야
한다.

제46조 대통령, 부통령, 국무총리, 국무위원, 심계원장, 법관 기
타 법률이 정하는 공무원의 그 직무수행에 관하여 헌법 또는
법률에 위배한 때에는 국회는 탄핵의 소추를 결의할 수 있다.

국회의 탄핵소추의 발의는 의원 50인이상의 연서가 있어야 하
며 그 결의는 재적의원 3분지 2이상의 출석과 출석의원 3분지
2이상의 찬성이 있어야 한다.

제47조 탄핵사건을 심판하기 위하여 법률로써 탄핵재판소를 설
치한다.

탄핵재판소는 부통령이 재판장의 직무를 행하고 대법관 5인과
국회의원 5인이 심판관이 된다. 단, 대통령과 부통령을 심판할
때에는 대법원장이 재판장의 직무를 행한다.

탄핵판결은 심판관 3분지 2이상의 찬성이 있어야 한다.

탄핵판결은 공직으로부터 파면함에 그친다. 단, 이에 의하여
민사상이나 형사상의 책임이 면제되는 것은 아니다.

제48조 국회의원은 지방의회의 의원을 겸할 수 없다.

제49조 국회의원은 현행범을 제한 외에는 회기중 국회의 동의없
이 체포 또는 구금되지 아니하며 회기전에 체포 또는 구금되

었을 때에는 국회의 요구가 있으면 회기중 석방된다.

제50조 국회의원은 국회내에서 발표한 의견과 표결에 관하여 외부에 대하여 책임을 지지 아니한다.

제4장 정부

제1절 대통령

제51조 대통령은 행정권의 수반이며 외국에 대하여 국가를 대표한다.

제52조 대통령이 사고로 인하여 직무를 수행할 수 없을 때에는 부통령이 그 권한을 대행하고 대통령, 부통령 모다 사고로 인하여 그 직무를 수행할 수 없을 때에는 국무총리가 그 권한을 대행한다.

제53조 대통령과 부통령은 국회에서 무기명투표로써 각각 선거한다.

전항의 선거는 재적의원 3분지 2이상의 출석과 출석의원 3분지 2이상의 찬성투표로써 당선을 결정한다. 단, 3분지 2이상의 득표자가 없는 때에는 2차투표를 행한다. 2차투표에도 3분지 2이상의 득표자가 없는 때에는 최고득표자 2인에 대하여 결선투표를 행하여 다수득표자를 당선자로 한다.

대통령과 부통령은 국무총리 또는 국회의원을 겸하지 못한다.

제54조 대통령은 취임에 제하여 국회에서 좌의 선서를 행한다.

「나는 국헌을 준수하며 국민의 복리를 증진하며 국가를 보위하여 대통령의 직무를 성실히 수행할 것을 국민에게 엄숙히 선서한다.」

제55조 대통령과 부통령의 임기는 4년으로 한다. 단, 재선에 의하여 1차중임할 수 있다.

부통령은 대통령재임중 재임한다.

제56조 대통령, 부통령의 임기가 만료되는 때에는 늦어도 그 임기가 만료되기 30일전에 그 후임자를 선거한다.

대통령 또는 부통령이 궐위된 때에는 즉시 그 후임자를 선거한다.

제57조 내우, 외환, 천재, 지변 또는 중대한 재정, 경제상의 위기에 제하여 공공의 안녕질서를 유지하기 위하여 긴급한 조치를 할 필요가 있는 때에는 대통령은 국회의 집회를 기다릴 여유가 없는 경우에 한하여 법률의 효력을 가진 명령을 발하거나 또는 재정상 필요한 처분을 할 수 있다.

전항의 명령 또는 처분은 지체없이 국회에 보고하여 승인을 얻어야 한다.

만일 국회의 승인을 얻지 못한 때에는 그때부터 효력을 상실하며 대통령은 지체없이 차를 공포하여야 한다.

제58조 대통령은 법률에서 일정한 범위를 정하여 위임을 받은 사항과 법률을 실시하기 위하여 필요한 사항에 관하여 명령을 발할 수 있다.

제59조 대통령은 조약을 체결하고 비준하며 선전포고와 강화를 행하고 외교사절을 신임접수한다.

제60조 대통령은 중요한 국무에 관하여 국회에 출석하여 발언하

거나 또는 서한으로 의견을 표시한다.

제61조 대통령은 국군을 통수한다.

국군의 조직과 편성은 법률로써 정한다.

제62조 대통령은 헌법과 법률의 정하는 바에 의하여 공무원을 임면한다.

제63조 대통령은 법률의 정하는 바에 의하여 사면, 감형과 복권을 명한다.

일반사면을 명함에는 국회의 동의를 얻어야 한다.

제64조 대통령은 법률의 정하는 바에 의하여 계엄을 선포한다.

제65조 대통령은 훈장 기타 영예를 수여한다.

제66조 대통령의 국무에 관한 행위는 문서로 하여야 하며 모든 문서에는 국무총리와 관계국무위원의 부서가 있어야 한다. 군사에 관한 것도 또한 같다.

제67조 대통령은 내란 또는 외환의 죄를 범한 때 이외에는 재직 중 형사상의 소추를 받지 아니한다.

제2절 국무원

제68조 국무원은 대통령과 국무총리 기타의 국무위원으로 조직되는 합의체로서 대통령의 권한에 속한 중요 국책을 의결한다.

제69조 국무총리는 대통령이 임명하고 국회의 승인을 얻어야 한다.

국회의원총선거후 신국회가 개회되었을 때에는 국무총리임명에 대한 승인을 다시 얻어야 한다.

국무위원은 대통령이 임명한다.

국무위원의 총수는 국무총리를 합하여 8인이상 15인이내로 한다.

군인은 현역을 면한 후가 아니면 국무총리 또는 국무위원에 임명될 수 없다.

제70조 대통령은 국무회의의 의장이 된다.

국무총리는 대통령을 보좌하며 국무회의의 부의장이 된다.

제71조 국무회의의 의결은 과반수로써 행한다.

의장은 의결에 있어서 표결권을 가지며 가부동수인 경우에는 결정권을 가진다.

제72조 좌의 사항은 국무회의의 의결을 경하여야한다.

1. 국정의 기본적 계획과 정책

2. 조약안, 선전, 강화 기타 중요한 대외정책에 관한 사항

3. 헌법개정안, 법률안, 대통령령안

4. 예산안, 결산안, 재정상의 긴급처분안, 예비비지출에 관한 사항

5. 임시국회의 집회요구에 관한 사항

6. 계엄안, 해엄안

7. 군사에 관한 중요사항

8. 영예수여, 사면, 감형, 복권에 관한 사항

9. 행정각부간의 연락사항과 권한의 획정

10. 정부에 제출 또는 회부된 청원의 심사

11. 대법관, 검찰총장, 심계원장, 국립대학총장, 대사, 공사, 국

군총사령관, 국군참모총장, 기타 법률에 의하여 지정된 공
무원과 중요 국영기업의 관리자의 임면에 관한 사항
12. 행정각부의 중요한 정책의 수립과 운영에 관한 사항
13. 기타 국무총리 또는 국무위원이 제출하는 사항

제3절 행정각부

제73조 행정각부장관은 국무위원중에서 대통령이 임명한다.
　국무총리는 대통령의 명을 승하여 행정각부장관을 통리감독
하며 행정각부에 분담되지 아니한 행정사무를 담임한다.
제74조 국무총리 또는 행정각부장관은 그 담임한 직무에 관하여
직권 또는 특별한 위임에 의하여 총리령 또는 부령을 발할 수
있다.
제75조 행정각부의 조직과 직무범위는 법률로써 정한다.

제5장 법원

제76조 사법권은 법관으로써 조직된 법원이 행한다.
　최고법원인 대법원과 하급법원의 조직은 법률로써 정한다.
　법관의 자격은 법률로써 정한다.
제77조 법관은 헌법과 법률에 의하여 독립하여 심판한다.
제78조 대법원장인 법관은 대통령이 임명하고 국회의 승인을 얻
어야 한다.
제79조 법관의 임기는 10년으로 하되 법률의 정하는 바에 의하
여 연임할 수 있다.

제80조 법관은 탄핵, 형벌 또는 징계처분에 의하지 아니하고는 파면, 정직 또는 감봉되지 아니한다.

제81조 대법원은 법률의 정하는 바에 의하여 명령, 규칙과 처분이 헌법과 법률에 위반되는 여부를 최종적으로 심사할 권한이 있다.

법률이 헌법에 위반되는 여부가 재판의 전제가 되는 때에는 법원은 헌법위원회에 제청하여 그 결정에 의하여 재판한다.

헌법위원회는 부통령을 위원장으로 하고 대법관 5인과 국회의원 5인의 위원으로 구성한다.

헌법위원회에서 위헌결정을 할 때에는 위원 3분지 2이상의 찬성이 있어야 한다.

헌법위원회의 조직과 절차는 법률로써 정한다.

제82조 대법원은 법원의 내부규율과 사무처리에 관한 규칙을 제정할 수 있다.

제83조 재판의 대심과 판결은 공개한다. 단, 안녕질서를 방해하거나 풍속을 해할 염려가 있는 때에는 법원의 결정으로써 공개를 아니할 수 있다.

제6장 경제

제84조 대한민국의 경제질서는 모든 국민에게 생활의 기본적 수요를 충족할 수 있게 하는 사회정의의 실현과 균형있는 국민경제의 발전을 기함을 기본으로 삼는다. 각인의 경제상 자유는 이 한계내에서 보장된다.

제85조 광물 기타 중요한 지하자원, 수산자원, 수력과 경제상 이
　용할.수 있는 자연력은 국유로 한다. 공공필요에 의하여 일정
　한 기간 그 개발 또는 이용을 특허하거나 또는 특허를 취소함
　은 법률의 정하는 바에 의하여 행한다.
제86조 농지는 농민에게 분배하며 그 분배의 방법, 소유의 한도,
　소유권의 내용과 한계는 법률로써 정한다.
제87조 중요한 운수, 통신, 금융, 보험, 전기, 수리, 수도, 까스 및
　공공성을 가진 기업은 국영 또는 공영으로 한다. 공공필요에
　의하여 사영을 특허하거나 또는 그 특허를 취소함은 법률의
　정하는 바에 의하여 행한다.
　대외무역은 국가의 통제하에 둔다.
제88조 국방상 또는 국민생활상 긴절한 필요에 의하여 사영기업
　을 국유 또는 공유로 이전하거나 또는 그 경영을 통제, 관리함
　은 법률이 정하는 바에 의하여 행한다.
제89조 제85조 내지 제88조에 의하여 특허를 취소하거나 권리를
　수용 사용 또는 제한하는 때에는 제15조 제3항의 규정을 준용
　한다

제7장 재정

제90조 조세의 종목과 세율은 법률로써 정한다.
제91조 정부는 국가의 총수입과 총지출을 회계연도마다 예산으
　로 편성하여 매년 국회의 정기회개회초에 국회에 제출하여 그
　의결을 얻어야 한다.

특별히 계속지출의 필요가 있을 때에는 연한을 정하여 계속비로서 국회의 의결을 얻어야 한다.

국회는 정부의 동의없이는 정부가 제출한 지출예산 각항의 금액을 증가하거나 또는 신비목을 설치할 수 없다.

제92조 국채를 모집하거나 예산외에 국가의 부담이 될 계약을 함에는 국회의 의결을 얻어야 한다.

제93조 예측할 수 없는 예산외의 지출 또는 예산초과지출에 충당하기 위한 예비비는 미리 국회의 의결을 얻어야 한다.

예비비의 지출은 차기국회의 승인을 얻어야 한다.

제94조 국회는 회계연도가 개시되기까지에 예산을 의결하여야 한다. 부득이한 사유로 인하여 예산이 의결되지 못한 때에는 국회는 1개월이내의 가예산을 의결하고 그 기간내에 예산을 의결하여야 한다.

제95조 국가의 수입지출의 결산은 매년 심계원에서 검사한다.

정부는 심계원의 검사보고와 함께 결산을 차년도의 국회에 제출하여야 한다.

심계원의 조직과 권한은 법률로써 정한다.

제8장 지방자치

제96조 지방자치단체는 법령의 범위내에서 그 자치에 관한 행정사무와 국가가 위임한 행정사무를 처리하며 재산을 관리한다.

지방자치단체는 법령의 범위내에서 자치에 관한 규정을 제정할 수 있다.

제97조 지방자치단체의 조직과 운영에 관한 사항은 법률로써 정한다.

지방자치단체에는 각각 의회를 둔다.

지방의회의 조직, 권한과 의원의 선거는 법률로써 정한다.

제9장 헌법개정

제98조 헌법개정의 제안은 대통령 또는 국회의 재적의원 3분지 1이상의 찬성으로써 한다.

헌법개정의 제의는 대통령이 이를 공고하여야 한다.

전항의 공고기간은 30일이상으로 한다.

헌법개정의 의결은 국회에서 재적의원 3분지 2이상의 찬성으로써 한다.

헌법개정이 의결된 때에는 대통령은 즉시 공포한다.

제10장 부칙

제99조 이 헌법은 이 헌법을 제정한 국회의 의장이 공포한 날로부터 시행한다. 단, 법률의 제정이 없이는 실현될 수 없는 규정은 그 법률이 시행되는 때부터 시행된다.

제100조 현행법령은 이 헌법에 저촉되지 아니하는 한 효력을 가진다.

제101조 이 헌법을 제정한 국회는 단기 4278년 8월 15일 이전의 악질적인 반민족행위를 처벌하는 특별법을 제정할 수 있다.

제102조 이 헌법을 제정한 국회는 이 헌법에 의한 국회로서의

권한을 행하며 그 의원의 임기는 국회개회일로부터 2년으로
한다.

제103조 이 헌법시행시에 재직하고 있는 공무원은 이 헌법에 의
하여 선거 또는 임명된 자가 그 직무를 계승할 때까지 계속하
여 직무를 행한다.

대한민국국회의장은 대한민국국회에서 제정된 대한민국 헌법을
이에 공포한다.

단기 4281년 7월 17일
대한민국 국회의장 이승만

참고문헌

회고록 및 평전

곽상훈 외 1957. 『내가 걸어온 길 내가 걸어갈 길: 나의 정치백서』. 신태양
　　사.

김도연. 1967. 『인생백서』. 상산회고록출판동지회.

김수선. 1957. 『누구를 위한 정치인가: 민의원 김수선 선생 논설집』. 통일
　　청년웅변회.

낭산김준연선생기념사업회·허도산 편저. 1998. 『건국의 원훈: 낭산 김준
　　연』. 자유지성사.

로버트 T. 올리버 저. 박마리아 역. 1956. 『리승만박사전: 신비에 싸인 인
　　물』. 합동도서.

로버트 올리버 저. 서정탁 역. 2009. 『이승만: 대한민국 건국대통령』. 단석
　　연구원.

박용만. 1965. 『경무대비화』. 삼국문화사.

서병조. 1963. 『주권자의 증언: 한국대의정치사』. 모음출판사.

신창현. 1992. 『해공 신익희』. 해공신익희선생기념회.

우남전기편찬위원회. 1959. 『우남노선: 리승만박사 투쟁노선』. 동아출판사
　　공무국.

유진산. 1972. 『해뜨는 지평선 : 정계회고록』. 한얼문고.

유진오. 1980. 『헌법기초회고록』. 일조각.

유진오. 1957. 『신고 헌법해의』. 일조각.

유치송. 1984.『해공신익희일대기』. 해공신익희선생기념회.

윤길중. 1991.『청곡 윤길중 회고록: 이 시대를 앓고 있는 사람들을 위하여』. 호암출판사.

윤치영. 1991.『(동산회고록) 윤치영의 20세기』. 삼성출판사.

이응선. 2004.『동은 이재학 회고록』. 이화문화사.

이인. 1974.『반세기의 증언』. 명지대출판부.

인촌기념회. 1976.『인촌 김성수전』. 인촌기념회

조병옥. 1959.『나의 회고록』. 민교사.

허정. 1979.『내일을 위한 증언』. 샘터사.

희망출판사 편. 1966.『사실의 전부를 기술한다』. 희망출판사.

단행본 및 논문

고중용. 2021.“제헌국회 초기의 정치세력 분포에 대한 연구.”『한국정치연구』, 30(1).

권기돈. 2022.『오늘이 온다』. 소명출판.

그레고리 헨더슨 저. 박행웅·이종삼 역. 2000.『소용돌이의 한국정치』. 한울.

김성호·최선. 2009.“1948년 건국헌법에 나타난 혼합적 권력구조의 기원: 미군정기와 제헌국회의 헌법안 및 헌법논의를 중심으로.”『헌법학연구』, 15(2).

김수용. 2008.『건국과 헌법: 헌법논의를 통해 본 대한민국 건국사』. 경인문화사.

김홍우. 1997.“제헌국회에서의 정부형태론 논의.”『의정연구』. 4.

박광훈·최정욱. 2021. “동아시아 5개국 제헌 과정의 민주적 정당성 비교.”『한국정치연구』, 30(1).

박명림. 2009.“남한과 북한의 헌법 제정과 국가정체성 연구: 국가 및 헌법 특성의 비교적 관계적 해석.”『국제정치논총』, 49(4).

박찬표. 1992. “제헌국회와 한국의 의회민주주의.”『입법조사연구』, 국회도서관.

백영철. 1995. 『제1공화국과 한국민주주의』. 나남.

서희경. 2012. 『대한민국 헌법의 탄생: 한국헌정사, 만민공동회에서 제헌 까지』. 창비.

서희경. 2020. 『한국헌정사 1948-1987』. 도서출판 포럼

서희경. 2022. "근현대 한국 연호의 변화 양상과 논쟁: 한말, 대한민국 임 시정부, 제헌국회의 연호 논쟁." 『한국정치연구』, 31(1).

신용옥. 2008. "대한민국 제헌헌법 기초 주체들의 헌법 기초와 그 정치적 성격." 『고려법학』, 51.

신우철. 2009. "대한민국헌법(1948)의 "민주주의 제 제도 수립": 그 역사적 연속성의 복원." 『중앙법학』, 11(1).

심지연. 1986. "해방 후 주요 정치집단의 통치구조와 정책구상에 대한 분 석: 미소공동위원회 답신안을 중심으로." 『한국정치학회보』, 20(2).

안도경. 2021. "1949 국회프락치사건의 재조명." 『한국정치학회보』, 55(5).

이철순 편. 2010. 『남북한 정부수립 과정 비교: 1945-1948』. 인간사랑.

이택선. 2020. 『취약국가 대한민국의 탄생: 국가건설의 시대, 1945-1950』. 미지북스.

이현우. 2018. "민주주의 선거제도 관점에서 본 제헌국회의원선거법." 『한 국정치연구』, 27(2), 57-83.

정상우. 2007. "미군정기 중간파의 헌정구상에 관한 연구." 서울대학교 법 학과 박사학위논문.

정현직·최정욱. 2022. "헌법 제1조의 민주 개념에 대한 제헌국회의 상충 적 이해: 공화 개념과의 관계 설정 문제와 그 역사적 기원." 『한국정 치연구』, 31(1).

홍기태. 1986. "해방 후의 헌법구상과 1948년 헌법 성립에 관한 연구." 서 울대학교 법학과 석사학위논문.

황수익. 1995. "제헌국회의원 선거." 『한국의 현대정치: 1945-1948년』. 서 울대학교 출판부.

찾아보기